理財規劃實訓

主　　編 ● 萬思杞
副主編 ● 陳勇陽、徐磊、蔣雨宏

財經錢線

Preface 前言

随著經濟全球化趨勢日益明顯以及中國等新興市場的崛起,全球個人財富迅速增長,理財規劃業務在各國受到越來越廣泛的關注和重視。目前,理財規劃業務在發達國家已經比較成熟,形成了一套非常完整的理財體系,也具備一大批優秀的、專業的理財人員。雖然國內理財觀念由來已久,但是真正現代意義上的理財體系尚未建成。

根據金融應用型人才的需要,以培養應用型人才為目標的理財專業正迅速成為國內高校金融學科教學科研的焦點之一。本教材以「教學與服務相統一」為特色,與「國家理財規劃師」和銀行從業「個人理財」資格考證相融合,並適度豐富職業素養與職業發展教育。要求學生在全面分析客戶的基礎上,就現金與消費規劃、退休規劃、住房規劃、保險規劃、投資規劃、稅收籌劃、遺產傳承規劃等進行全方位設計,形成可執行的綜合理財方案。

本教材全面介紹了理財規劃的基礎理論;系統地介紹了理財規劃的基本工作流程和理財規劃的工具與技術;以大量案例為基礎詳盡地分析了如何實現理財規劃的動態平衡,並介紹了金融理財規劃的具體種類以及如何評估;最後,通過對幾個比較典型的綜合性金融理財規劃案例的分析,使讀者能夠較為熟練地撰寫規劃報告。

與其他同類教材相比,本教材在實訓實操上具有鮮明特點。第一,時效性。吸收了發達國家金融理財的理論和方法,從更廣闊的視角闡述理財方法,對中國的理財實踐具有一定的借鑑意義。第二,注重科學性和趣味性的有機結合。為取得更好的教學效果,本教材在各章節設置了「課後閱讀」「案例分析」「拓展思考」等欄目,並在部分章節結合中國經濟發展的現狀特點進行針對性分析。第三,創新性。教材按照理財規劃的流程體系進行講解,理論結構和內容體系思路新穎、體例獨特。第四,實用性。本教材在結構上分為理論篇和實務篇,兩個部分都充分體現了應用型本科教學和金融理財專業特色,將基礎知識、專業理論和理財實踐融為一體,有助於學生做好入職前的必要準備,具備勝任實際崗位工作要求和處理操作性事務的綜合能力。第五,項目式教學。本教材在實訓篇中採用項目教學方法,在項目教學

中遵循引導案例、知識介紹、案例分析、情景模擬、職業技能訓練、檢測反饋的過程，通過螺旋式上升的實踐訓練，培養學生的各項專業技能，同時在項目中配有小插圖、名人名言、閱讀材料等欄目，增強了教材的趣味性和可讀性。第六，課證結合。本教材在內容設置上兼顧了國家助理理財規劃師考試的內容，配備了助理理財規劃師考試習題，使學生在學完本教材後具備通過助理理財規劃師考試的潛力。

全書分為兩個篇章，即理論篇和實務篇。理論篇共6個章節，第1~3章是理財規劃概論、金融理財的理論基礎以及理財規劃的工作流程，闡述投資理財的基本理論、基本概念和基本程序，為以後各章的學習奠定基礎；第4、5章是財務與預算分析、投資者分析，闡述理財規劃中的投資者客觀財務分析和主觀行為的分析方法和技巧；第6章是撰寫理財規劃方案，是理財規劃最終成果的表現，從理財規劃方案的結構、寫作方法、格式等方面介紹理財規劃方案的寫作。第二篇是實務篇，採用項目式教學方法，包括貨幣時間價值的計算方法、投資者評估、消費信貸規劃、住房規劃、教育金規劃、保險規劃、金融投資規劃、退休規劃和遺產規劃等九個具體的實訓章節，主要內容為具體理財項目中的基礎知識、產品種類和投資技巧，使學生對投資理財產品有更深入的瞭解。最後一章是綜合投資理財的設計與規劃，從全面綜合的視角讓學生學習如何為客戶制定綜合投資理財規劃。

書中行文所涉及的人名、公司名、商業銀行等均屬虛構，僅為實訓仿真練習需要，如有雷同純屬巧合。

由於作者學識水平和精力有限，實踐經歷不足，本教材難免存在不足之處，敬請專家和讀者批評指正。

萬思杺

目錄

第一篇　理論篇

第一章　理財規劃概論　　3

第一節　理財規劃的基本知識　　3
第二節　理財規劃事業的產生與發展　　10
第三節　理財規劃的內容和步驟　　12
第四節　投資理財的資產選擇　　17
第五節　中國理財市場現狀　　25

第二章　金融理財的理論基礎　　31

第一節　生命週期理論　　31
第二節　貨幣時間價值理論　　36
第三節　投資理論　　40
第四節　資產配置原理　　44

第三章　理財規劃的工作流程　　53

第一節　建立客戶關係　　53
第二節　收集客戶信息　　60
第三節　制訂理財方案　　69
第四節　實施並調整理財計劃方案　　75

第四章	財務與預算分析	80
第一節	個人財務記錄	81
第二節	個人資產負債表	85
第三節	個人現金收支表	91
第四節	財務預算規劃	97

第五章	投資者分析	102
第一節	行為金融學	103
第二節	理財活動中的投資心理學	109
第三節	家庭投資理財的風險及其規避	116

第六章	撰寫理財規劃方案	122
第一節	理財規劃報告書的構成	122
第二節	個人理財規劃報告的決策與評價	133
第三節	理財規劃方案書案例分析	134

第二篇　實務篇

實訓任務一	貨幣的時間價值	145
第一節	貨幣時間價值理論概述	145
第二節	貨幣時間價值實訓	151

實訓任務二	銀行理財產品調查	154
第一節	銀行理財產品概述	154
第二節	銀行理財產品調查實訓	159

實訓任務三　投資者評估　　166

第一節　投資者行為評估　　166
第二節　投資者財務分析　　170

實訓任務四　現金與消費信貸規劃　　179

第一節　現金規劃　　179
第二節　消費支出規劃　　185
第三節　現金與消費信貸規劃實務　　189

實訓任務五　住房規劃　　192

第一節　住房規劃相關理論　　193
第二節　購房籌資規劃　　198
第三節　住房規劃實訓　　202

實訓任務六　教育規劃　　206

第一節　教育規劃相關理論　　206
第二節　教育規劃實務　　217

實訓任務七　保險規劃　　223

第一節　保險規劃相關理論　　223
第二節　保險規劃實務　　229

實訓任務八　金融投資規劃　　235

第一節　投資規劃相關理論概述　　235

第二節　投資規劃實務　　　　　　　　　　　　　　　　　　　239

實訓任務九　退休規劃和遺產規劃　　　　　　　　　　　　247

第一節　退休規劃相關理論概述　　　　　　　　　　　　　　248
第二節　財產傳承規劃　　　　　　　　　　　　　　　　　　252
第三節　退休與財產傳承規劃實務　　　　　　　　　　　　　259

實訓任務十　綜合理財規劃　　　　　　　　　　　　　　　　266

附錄 1　複利終值系數表　　　　　　　　　　　　　　　　　279

附錄 2　複利現值系數表　　　　　　　　　　　　　　　　　281

附錄 3　年金終值系數表　　　　　　　　　　　　　　　　　283

附錄 4　年金現值系數表　　　　　　　　　　　　　　　　　285

第一篇　理論篇

第一章　理財規劃概論

 **開**篇引言

俗話說「你不理財，財不理你」，那什麼是理財呢？關於個人理財規劃有三個比較相近的概念，分別是個人職業規劃、個人生涯規劃和個人理財規劃。讓我們首先來瞭解一下這三個概念的含義。

個人職業規劃：我是誰，我的年齡性別、居住地域、知識結構、能力才幹，文化教育、優勢特色資源、核心競爭力，尚存缺陷等。社會最需要什麼，我最適合做什麼，做什麼事最能發揮自己的價值。個人職業規劃是要在我為社會做出貢獻的同時，也為自己獲取較大的收益。

個人生涯規劃：我的一生將如何安排度過，如何進行就業擇業、結婚成家、子女生育教育、買房買車、納稅繳費、養老、遺產分配等。個人生涯規劃是安排一個人從搖籃到墳墓的一切內容。

個人理財規劃：如何賺錢花錢攢錢、存錢貸款，選擇什麼樣的股票債券、基金期貨、保險信託進行投資。個人理財規劃是對各類投資理財事項的系統安排。

以上三個概念之間既有聯繫，又有區別。個人生涯規劃立足於人生全程，職業規劃是人生先導，而理財規劃則奠定財力基礎。

第一節　理財規劃的基本知識

一、理財規劃的發展背景

隨著中國經濟的發展，人們財富累積速度的激增，理財已經不再是一個陌生的

概念了。據調查，2016 年中國中產階級（即年收入 10 萬元，家庭資產為 50 萬~70 萬元），人數為 7,000 萬~8,000 萬人，亞洲 170 萬人流動可投資額在 100 萬美金以上，中國人均 GDP 已經超過 8,000 美元，中國人均儲蓄超 4 萬元。與此同時，中國的城鎮化進程不斷推進，消費人群數量和消費需求不斷上升。隨著「90 後」踏入社會，人們的消費觀念開始轉變，享受性消費和超前消費需求開始爆發。改革開放以來，居民年消費水平呈現指數級增長，2015 年所有居民的平均年消費水平達到 19,308 元。城鄉居民儲蓄存款餘額持續增長，增長率從 2008 年之後呈下降趨勢，2015 年的增長率為 8.06%。2005—2015 年中國人均收入情況如圖 1-1 所示。

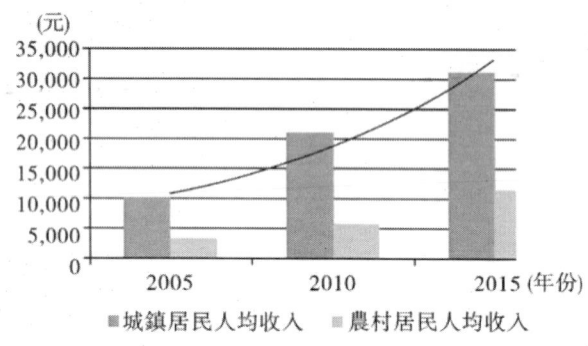

圖 1-1　2005—2015 年中國人均收入情況

數據來源：《2016 中國統計年鑒》

截至 2016 年年末，銀行間市場各類參與主體共計 14,127 家，較上年年末增加 4,491 家。存款類金融機構持有債券餘額 34 萬億元，持債占比 60.4%，較上年年末下降 1.7 個百分點；非法人機構投資者持債規模 14.5 萬億元，占比為 25.7%，較上年年末提高 3.5 個百分點。公司信用類債券持有者中存款類機構繼續下降，存款類金融機構、非銀行金融機構、非法人機構投資者和其他投資者的持有債券占比分別為 28.8%、7.8%、63.4%。2010 年與 2015 年社會金融資產結構如表 1-1 所示。

表 1-1　　　　　　　　　2010 年與 2015 年社會金融資產結構

	2010 年	2015 年
企業存款	25.3 萬億元	62.59 萬億元
其中：活期存款	16.5 萬億元	33.77 萬億元
定期存款	8.8 萬億元	28.82 萬億元
城鄉居民儲蓄存款	30.7 萬億元	55.21 萬億元
股票市值（家數、帳戶數）	26.5 萬億元 (2,062 只、1.3 億股票帳戶)	41.79 萬億元 (2,827 只、2.15 億股票帳戶)
債券市場規模	16.31 萬億元	36.1 萬億元
其中：銀行間市場債券	15.8 萬億元	32.2 萬億元
基金數量（封閉式基金數量）	711 只	2,722 只
基金規模（淨值）	2.51 萬億元	7.67 萬億元

數據來源：《2016 年金融市場運行情況》

第一篇　理論篇

　　由此可見，國民經濟的發展帶來的財富累積構成了我們理財的基礎。如此龐大的財富，在金融市場中的股票、基金、債券等金融工具理應成為最具投資價值的產品，但中國股市的實際情況卻是表現平平，2010 年中國股市表現全球倒數第二，上證指數全年下跌 14.31%；2011 年中國股市表現全球倒數第一。面對這種情況，人們除了對普通理財具有保值增值的需求，在經濟制度的轉型背景下還產生了不少基本的理財需求，如住房（私有化）、醫療（保險）、養老、教育等。

二、理財的概念

　　理財，首先要理解什麼是財，財有狹義和廣義之分。狹義的財是指能夠給所有者直接帶來價值利益的有形資產或無形資產。有形資產是指特定主體所控制的，具有實物形態，對個人和組織長期發揮作用，並且能夠直接帶來經濟利益的資源。無形資產是指特定主體控制的，不具有實物形態，對個人和組織長期發揮作用，並能帶來直接經濟利益的資源。

　　廣義的財，具有更豐富的內涵，它包括狹義的財的範圍，還包括可以間接帶來價值利益的無形資源，例如社會關係、智慧、榮譽、健康、知識、理念、經驗、形象等。這些東西一般不能通過某種方法進行度量，但實際上它們也是財富的一部分，通過它們可間接轉化為狹義的財。我們通常所說的理財中的財，一般採用廣義的財的概念。

　　其次，要區分理財的主體，理財的主體可分為個人理財和公司理財兩類。在個人理財中，家庭是理財的主體，它被定義為在法律所保護的範疇內，對財產具有完全的自主處置能力的個人和家庭，任何共同享用財富、收入和支出的團體，只要是共同享用家庭的所有錢財，都可作為家庭對待。在公司理財中，公司企業是理財的主體，在中國公司理財又叫財務管理，是對公司財務活動所進行的管理活動。本書的理財主要指個人理財活動。

　　最後，回到最開始的問題，到底什麼是理財呢？個人理財是指，通過搜集整理和分析個人（或家庭）收入、消費、資產、負債等數據，根據客戶的理財目標、風險承受能力和風險態度的評估結果、心理偏好等情況，制訂系統的儲蓄計劃，策劃投資，設計家庭整體財務方案並予以執行、反饋、調整的過程。個人理財的核心在於根據客戶不同生活階段的財務狀況和財務需求，合理分配資產和收入，實現個人財務資源的有效管理和控制。個人理財的根本目的是實現人生目標中的經濟目標，同時降低人們對未來財務狀況的焦慮。

　　由此可以看出，理財規劃（Financial Planning），是指運用科學的方法和一定的程序為個人或企業制訂出切合實際的、具有高度可操作性的投資組合方案，以達到個人或企業資產的保值與增值目的的行為。理財規劃師，則是運用理財的原理、方法和工具，為客戶提供理財規劃服務的專業人員。

三、個人理財與公司理財的區別

從定義上來講，個人理財是指根據個人財務狀況，建立合理的個人財務規劃，並適當參與投資活動；公司理財是指在市場經濟條件下，研究以現代化企業和公司為代表的企業理財（或稱財務管理）行為，公司理財在中國更多的被稱為財務管理，其核心內容是投資、融資和資金營運管理。

另外，商業銀行或第三方理財機構針對理財用戶的不同也推出不同的理財產品，個人理財產品是出售給個人的小額理財產品，公司理財產品是出售給企業公司的大額理財產品。個人理財與公司理財有許多相同的地方，總的原則都是量入為出，善用現有資源增值，但同時在很多方面也有所區別。

1. 理財的目標不同

個人理財主要是為個人或家庭提供財務策劃服務，以實現個人的經濟目標，個人理財通常具有具體的理財目標，涉及時間較短。而公司理財則主要是為公司、企業提供財務策劃服務，以提高利潤率、增加市場份額、控制成本等為主要目標。

2. 服務對象的風險承擔能力不同

個人的風險承擔能力相對較弱，在權衡風險和收益時，往往把安全性放第一位，收益性放在第二位。而公司因為擁有相對雄厚的財力和專業的財務人員，為了追求較高的利潤，則能夠承擔較高的風險。

3. 主要內容不同

公司理財是指企業為了達到既定的戰略目標而制訂的一系列相互協調的計劃和決策方案，一般包括投資決策、融資決策、成本管理、現金流量管理等。個人理財是指個人或家庭根據財務資源而制訂的，旨在實現人生各階段生活目標的一系列相互協調的計劃，包括職業生涯規劃、房地產規劃、子女教育規劃、保險規劃、退休規劃、稅務籌劃、遺產管理規劃等。

4. 依據的法律法規不同

公司理財需要遵守《中華人民共和國公司法》《中華人民共和國證券法》以及與企業稅收、會計等方面相關的法律法規。而個人理財則需遵守《中華人民共和國個人所得稅法》、社會保障等相關規定，以及保險、遺產等方面的法律法規。

5. 行業管理不同

在成熟的市場裡，為了提供更好的服務、取得公眾的信任、加強行業的管理和自律，往往會成立專門的行業組織，如各種國際理財師資格認證機構和管理機構，用以指導成員國建立和維護行業的職業標準，負責職業培訓，組織職業資格考試，頒發從業資格證書等。這種做法主要是針對個人理財。

6. 研究對象不同

公司理財研究對象以公司的資產、負債和利潤為主。個人理財的研究對象以個

人收支、個人財富為主。一般而言，個人的收入主要來自工作及個人投資，而公司的收入則來自產品或服務的銷售。

四、投資與理財的區別

投資理財經常會放在一起說，但其實這是兩個不同的概念。投資是理財的一個部分，投資不等於理財。投資是放棄了現在確定的一部分收入，去爭取未來更高收益可能性的行為。而理財則是注重資產的最優配置，需要綜合考慮不同投資者的資產負債情況、現金收支情況、人生財務規劃、風險偏好程度等多方面因素，平衡收益率和風險，優化投資組合。

理財其實是一種戰略，注重的是資產的佈局，通過各種資產的互補，以實現家庭財務的平穩發展；投資則是戰略的運用，是一種戰術，是理財規劃的具體執行，因此投資僅僅是理財的一個部分而已。具體而言，它們有以下幾個方面的區別。

1. 目標不同

一般而言，投資是將資金投入到某一渠道或某些產品中進行增值、保值、超值，其目的是獲得利潤，它關注的是資金的流動性與收益率。而理財則不是為了賺錢，它是幫助人們更合理地安排收入與支出，以達到財務安全、生活無憂，並不單純地追求資產的保值。

2. 決策過程不同

在理財方案的設計與實施過程中，要考慮市場環境的因素，但更重要的是考慮個人及家庭的各方面因素，包括生活目標、財務需求、資產和負債、收入和支出等，甚至還要考慮個人的性格特徵、風險偏好、投資特點、健康狀況等。而在投資決策中，依據的則是對市場趨勢的判斷和把握，主要考慮的是各種投資工具的收益和風險特徵，而很少考慮個人的其他需求。

3. 結果不同

通常而言，投資的結果是獲得收益，實現資產的保值增值，但也可能因為風險而承受一定的損失。理財則是為了在目前的資產和收入狀況下，使我們未來的生活更加富有，生活更加有質量，家庭成員更加健康、更加快樂。

4. 涵蓋的範圍不同

具體而言，個人及家庭的投資渠道主要包括金融市場上買賣的各種資產，如在金融市場上購買汽車債權、債券、股票、基金、外匯、期貨，以及在實物市場上買賣的資產，如房地產、金銀珠寶、郵票、古玩，或者實業投資，如個人店鋪、小型企業等。與之相比，理財的內容則要豐富得多，它涵蓋的內容除上述之外，還包括個人及家庭收入與支出的方方面面。

理財規劃實訓教程

> 理財小故事

一富豪到華爾街銀行借5,000元貸款，借期兩週，銀行貸款須有抵押，富豪用停在門口的勞斯萊斯做抵押。銀行職員將他的勞斯萊斯停在地下車庫裡，然後借給富豪5,000元，兩週後富豪來還錢，利息僅15元。

銀行職員發現富豪帳上有幾百萬元，問為啥還要借錢，富豪說：「15元兩週的停車場，在華爾街是永遠找不到的。」

理財師點評：有時候換位思考，一件事情會找到更好的解決方案。

五、理財規劃的範圍、作用以及原則

（一）理財規劃的範圍

就理財規劃的範圍而言，其涉及很多方面如金融、社保、投資、房產、退休、遺產、稅收的策劃等。現代意義上的個人理財，不同於單純的儲蓄或投資，它不僅僅是財富的累積，而且還囊括了財富的保障和安排，財富保障的核心則是對風險的管理和控制。

（二）理財規劃的作用

1. 平衡現在和未來的收支

理財規劃可以調節我們的收支平衡，減輕生活壓力，將收入和支出進行空間和時間的重新配置，改變入不敷出的現象。

2. 提高生活水平，累積財富

俗話說的富不過三代，便是對不會進行理財規劃的寫照，只要我們進行合理的理財規劃，便可以獲得收益，累積並傳承不少的財富。

3. 規避風險與保障生活

有很多人認為把錢存進銀行便是資金的一大安全保障，但是銀行也是企業，銀行是可以宣布破產的，除了安全性方面的考慮外，銀行存款還會隨時面臨著降準降息和通貨膨脹的風險。生活中的不確定事件可能會導致我們正常生活遭受重創，而理財規劃可以讓我們在突發事件發生後，有足夠的資金保障生活。

4. 為子女的健康成長打好經濟基礎

在現代社會中，只有高素質的人才方能立於不敗之地。要想在競爭之中獲勝，必須重視人才綜合素質的提高。小孩從出生到大學畢業，需要大量的智力投資及其他物質投資（又稱為人力資本投資），總費用平均將在10萬元以上。在現實中，許多家長抱著「只要把錢花在子女的教育上就值得」的態度，心甘情願地盲目投資、無效投資、過度投資，不能使之產生良好的預期效果。巨額的人力資本投資，需要做好科學的財務規劃，針對子女的特長、興趣和愛好，把孩子培養成有用之才、高素質人才。一個家庭能夠合理地進行理財規劃，不僅能夠為子女累積財富，還能為

子女的未來教育質量提供保障。

（三）理財規劃的原則

1. 整體規劃

個人理財規劃通常不會是一個單一性規劃，而是一個包括現金規劃、投資規劃、稅收規劃、退休規劃、風險管理以及遺產規劃等單項規劃在內的綜合性規劃。每個單項規劃可以針對某一方面的具體問題提供解決方案，但僅僅依靠單項規劃並不能全面實現客戶的理財目標，因此，理財規劃必須是一個全面綜合的整體性解決方案。

2. 提早規劃

貨幣經過一段時間的投資和再投資之後可以進一步增值，這是貨幣的複利現象，稱為貨幣的時間價值。由於貨幣具有這樣的特性，所以理財規劃應盡早開始，理財方案應盡早制訂，避免資產受到時間和通脹因素的侵蝕。

3. 現金保障優先

不論個人及家庭做何種規劃，首先要保證日常生活和意外應急事件發生時的計劃外開支準備，如重大疾病、意外災難、犯罪事件、突發事件等。因此，根據理財規劃的基本要求，建立一個能夠幫助家庭在出現失業、大病、災難等意外事件的情況下，也能安然度過危機的現金保障系統十分關鍵，這也是進行任何理財規劃應首先考慮和重點安排的事項。

4. 風險管理優於追求收益

理財規劃首先應該考慮的因素是風險，而非收益。風險是指可能發生的危險，如利率風險、通貨膨脹風險、人身意外風險等。理財規劃旨在通過財務安排和合理運作來實現個人及家庭財富的保值增值，最終使生活更加舒適、快樂。保值是增值的前提，作理財規劃時要認清可能出現的各種風險，合理利用理財規劃工具規避風險，並採取措施來防範和控制風險。

5. 消費、投資與收入相匹配

消費支出通常用於滿足短期需求，投資則具有追求未來更高收益的特質，收入無疑是二者的源頭和活水。在收入一定的前提下，消費與投資支出此消彼長。理財規劃應該正確處理消費、資本投入與收入之間的矛盾，形成資產的動態平衡，確保在投資達到預期目的的同時保證生活質量的提高。

6. 家庭類型與理財策略相匹配

基本的家庭類型有青年家庭、中年家庭和老年家庭三種。不同的家庭形態，他們在財務收支狀況、風險承受能力方面都各不相同，理財需求和具體理財規劃內容也不盡相同。因此，根據不同家庭形態的特點，理財規劃師應該制定不同的理財規劃策略與之相匹配。

第二節　理財規劃事業的產生與發展

一、個人理財業務的萌芽階段

個人理財起源於20世紀30年代美國的保險業，它是隨著金融理財制度和金融創新的發展而逐步形成的。雖然美國現今已有30多萬名理財師，但是在其萌芽期，理財僅僅是保險工作人員為兜售本公司商品而採取的一種全新的營銷策略。

1929年10月，美國股市大蕭條，世界經濟危機爆發，導致全球股價大跌，投資者財產蒙受巨大損失，生活受到嚴重影響。由此人們萌生了綜合規劃個人財產與生活的需求。第二次世界大戰結束後，隨著經濟的復甦與社會財富的累積，美國人民逐步意識到個人理財的重要性，對金融服務和產品的需求進一步增加。

這個階段還沒有關於個人理財業務概念的明確界定，個人理財業務主要是為保險產品和基金產品的銷售而服務。現代意義上的理財出現於20世紀60年代，它的標誌是1969年國際金融理財協會的成立。

二、個人理財業務的形成與發展時期

20世紀60年代到20世紀80年代是理財業務的形成與發展時期。1969年是美國理財業發展的標誌年，這一年美國創立了首家理財團體機構——國際金融理財協會（International Association for Financial Planning，IAFP），它以普及理財知識、促進理財行業發展為宗旨。當時，人們已經認識到了個人理財的重要性，但還沒有發展到委託專業人員幫助其理財的地步。然而一部分保險工作人員和信託投資推銷員已經開始尋求系統化的理財概念，在這樣的背景下成立了以這些人為中心的專業策劃團體——國際金融理財協會。國際金融理財協會在成立初期僅有13名會員，隨著理財事業的普及、發展，國際通用的註冊理財師人數不斷增加，目前已經超過10萬人。

1972年，美國又創立了第一家專業理財教育機構——金融理財學院（College for Financial Planning），向社會推行金融理財師（又譯為財務規劃師）（Certified Financial Planners，CFP）認證制度。

20世紀70~80年代是美國理財業發展的關鍵時期。它的發展主要受兩方面的影響：一方面，20世紀70年代，證券、投資、保險的混業經營模式，以及金融改革浪潮的出現使創新金融產品不斷湧現，為個人理財提供了豐富的金融投資產品，金融改革不斷推進。另一方面，在能夠運用的資產增加的同時，能成為投資對象的商品也越來越多，但靠個人的判斷很難做出最佳選擇；再加上各國複雜的稅收制度，選擇商品投資的同時還必須考慮如何節稅和避稅，這時就需諮詢專業人員了。與此同時，為了滿足顧客的需要，理財師的教育制度和資格評定制度也趨於完善。也就是說，客戶理財需要的增加和理財行業的興起共同促進了理財師隊伍的發展。到20

世紀 80 年代，銀行管理理論的轉變和電子信息系統的使用，使融合了傳統存貸款業務、投資業務和諮詢顧問業務的「組合式」理財產品，開始成為銀行個人理財業務的主要方式。

這個階段，理財業務仍然以銷售產品為主要目標，同時幫助客戶規避繁重的賦稅。在 20 世紀 70 年代到 20 世紀 80 年代初期，個人理財業務的主要內容就是避稅、年金系列投資、參與有限合夥（即投資者投資合夥企業但只承擔有限責任）以及投資於硬資產（如黃金、白銀等貴金屬）。直到 1986 年，伴隨著美國稅法的改革以及里根總統時期通貨膨脹的顯著降低，個人理財業務的視角逐漸擴展，開始從整體角度考慮客戶的理財需求。

三、個人理財業務的成熟時期

20 世紀 90 年代，美國的理財行業已經發展成熟，有了穩定的社會地位，並著手理財師的選拔。理財業務開始廣泛涉足衍生金融產品領域，並且將信託業務、保險業務以及基金業務等相互結合，以滿足客戶的個性化需求。與此同時，金融管制開始鬆動，各類投資工具和衍生產品市場、場外市場交易規模迅速擴大，理財產品的投資空間得到進一步拓展，理財的組合方式、投資對象、風險承擔和利益分配模式更加多樣化，保證收益（保底）、浮動收益、有條件轉換收益等各類理財產品不斷推陳出新。

20 世紀末，體系完整、制度完善的理財行業在美國已經形成並在歐亞等經濟發達國家和地區得到了迅速的推廣與發展。至今，美國已成為擁有全球最先進理財文化和理財機構的國家之一。

理財行業有兩個重要的機構，一是國際 CFP 理事會，它於 1990 年成立，2004 年 3 月更名為國際金融理財標準委員會（Financial Planning Standards Board，簡稱 FPSB）；另一個機構是 CFP 標準委員會（CFP Board of Standards，簡稱 CFP Board），它於 1994 年成立，是由 CFP 更名形成的非營利性金融管理機構。在這兩個機構的推動下，國際金融理財行業在金融理財師的執業標準和業務操作流程方面基本上達成共識。

四、理財事業的發展趨勢

1. 客戶的需求呈多樣化、個性化、層次化趨勢

隨著大眾理財觀念的深入，人們逐漸將理財作為生活中必不可少的一部分，由於背景、收入、學歷、年齡、性別等因素的影響，不同消費者的理財需求也會有所不同，而且在不同年齡階段，理財要求也不同。

2. 理財業務細緻化

理財業務不斷地細分市場，實行人性化、個性化、差別化、分層次的理財服務，不斷提升服務理念。在滿足消費者物質理財需求的同時，更加重要的是要滿足他們

精神領域的內在需求，並在此基礎之上建立起和客戶之間相互信賴的關係。不斷改進經營理念，確立「以市場為導向」「以客戶利益為中心」的現代經營理念。

3. 加強金融機構之間跨行業的合作，豐富理財業務內涵

混業經營快速發展使商業銀行與證券、保險、基金等金融機構進一步加強了合作，從相互代理業務發展到更廣泛的行業間合作。中國金融行業目前仍是採用分業經營模式，但是各個金融機構之間的業務往來和合作一直在加強加深。

4. 理財規劃師將成為新興的熱門職業

目前，銀行等金融機構開始注重對從業人員進行專業的理財培訓。一些高等院校為適應理財業發展的需要，開設了理財專業或相關專業。而有關理財的國際和國內認證猶如雨後春筍般，撲面而來。

第三節　理財規劃的內容和步驟

一、理財規劃的主要內容

個人理財規劃是針對整個一生而不是某個階段的規劃，它包括個人生命週期每個階段的資產負債分析，現金流量預算和管理，個人風險管理與保險規劃，投資目標確立與實現，職業生涯規劃，子女養育及教育規劃，居住規劃，退休計劃，個人稅務籌劃及遺產規劃等多個方面。具體如圖 1-2 所示。

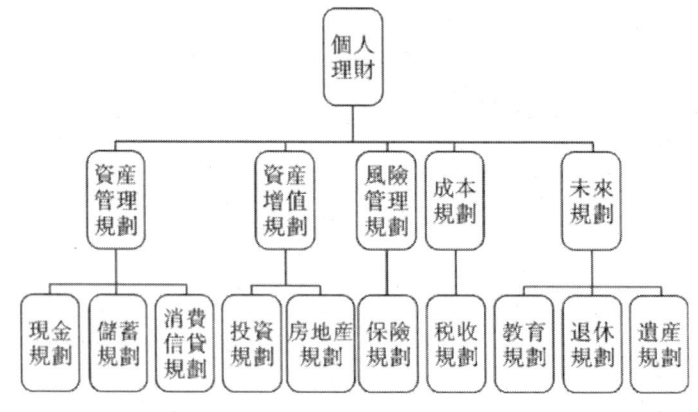

圖 1-2　個人理財政規劃的主要內容

（一）現金規劃

當前，現金消費仍然是人們常用的支付方式之一，現金在支付的安全性和方便性上具有其他支付方式不可替代的優越性。持有足夠的現金固然方便，但是現金並不具有收益性，在通貨膨脹嚴重的情況下其價值還會受到侵蝕。因此必須在現金支

付的方便性和由此喪失的收益之間進行權衡，找到最佳的現金持有量，使之既能滿足日常需要，又能在發生緊急情況下提供及時的幫助，這就是現金規劃的內容。

(二) 儲蓄規劃

儲蓄是所有個人理財規劃的源頭，對個人來講既有盈利的目的，更有安全、方便、備用和保值的需要，而且對國家經濟發展具有重大意義。個人進行儲蓄要滿足日常開支的需要，建立有效的儲蓄計劃，這樣不僅能夠緩衝財務危機，而且還可以累積資金。儲蓄的形式有很多種，常見的有活期存款、定期存款、定期定額存款、教育儲蓄等。

【理財小故事】

小杰和小明是兩個上班族，小杰愛理財，小明卻覺得理財沒有什麼作用。

從 20 歲開始，小杰每個月定投 500 元，並假設平均年化收益率 10%，連續投資 7 年就不再定投。我們可以估算一下，7 年之後小杰的本息加起來是 6 萬多塊錢。如果這 6 萬多塊錢繼續按照年化 10% 的收益率滾動增長，到了 60 歲退休的時候，小杰的本息金額已達到 160 多萬元。

等到小杰定投了 7 年，小明發現同齡人的小杰竟然存了不少錢，這時候也開始學習小杰的理財方式，每月定投 500 元。

那麼按照同樣 10% 的年化收益，小明追上小杰需要多久呢？

根據數據測算，小明需要持續定投 33 年，本息金額才能達到 160 多萬元。

達到同樣的目標，一個是定投 7 年，一個是定投 33 年。所以說，不要低估未來 10 年的變化，在理財上 7 年的差距，也許就是一輩子的差距。

【相關資料】

儲蓄率是指個人可支配收入總額中儲蓄所占的百分比。國際貨幣基金組織公布的數據顯示，中國的國民儲蓄率從 20 世紀 70 年代至今一直居世界前列，20 世紀 90 年代初居民儲蓄占國民生產總值的 35% 以上，到 2005 年中國居民儲蓄率更是高達 51%，而全球平均儲蓄率僅為 19.7%。2009 年中國居民儲蓄餘額已經突破 18 萬億元，儲蓄率在全世界排名第一，人均儲蓄超過 1 萬元。2013 年，中國居民儲蓄餘額連續 3 個月突破 43 萬億元，位於歷史最高位，已成為全球儲蓄金額最多的國家；居民人均儲蓄超過 3 萬元，是人均儲蓄最多的國家；居民儲蓄率超過 50%，是全球儲蓄率最高的國家。這也說明中國人民對未來缺乏安全感，以增加儲蓄來防範風險。

表 1-2　　　　　　　　2013 年中國各省人均存款排行榜

地區	城鄉居民儲蓄存款餘額（億元）	常住人口（萬人）	人均存款（元）
北京	23,747.60	2,114.80	112,292.42
上海	21,185.70	2,415.15	87,720.02

表1-2(續)

地區	城鄉居民儲蓄存款餘額（億元）	常住人口（萬人）	人均存款（元）
浙江	29,360.48	5,498.00	53,402.11
天津	7,695.80	1,472.21	52,273.79
廣東	50,638.60	10,644.00	47,574.78
遼寧	19,858.00	4,390.00	45,234.62
江蘇	34,072.80	7,939.49	42,915.60
山西	13,385.00	3,630.00	36,873.28
陝西	12,302.30	3,763.70	32,686.72
重慶	9,648.4	2,970.00	32,486.20
河北	23,421.50	7,332.61	31,941.56
福建	12,002.40	3,774.00	31,802.86
山東	29,967.30	9,733.39	30,799.14
內蒙古	7,479.00	2,497.61	29,944.63
寧夏	1,893.40	654.19	28,942.66
吉林	7,803.80	2,751.28	28,364.25
四川	22,663.49	8,107.00	27,955.45
海南	2,480.40	895.28	27,705.30
湖北	15,571.00	5,799.00	26,851.18
黑龍江	10,125.60	3,835.00	26,403.13

數據來源：《2013中國區域金融運行報告》和《國民經濟和社會發展統計公報》

（三）消費信貸規劃

以前負債被認為是不光彩的事，而現在借債並不可怕，負債僅僅代表提前使用自己未來的收入，可以享受以後才能得到的商品和勞務，是理財規劃的一種方式。消費信貸規劃能夠幫助人們在決策之前認清自己的還貸能力，選擇適合自己的信貸方式，充分享受信貸給生活帶來的方便和樂趣。

（四）投資規劃

投資是個人取得財富的主要手段，單一品種的投資工具很難滿足對資產流動性、回報率和風險的最佳組合要求，而且作為個人或家庭，也不具備投資的專業知識和信息優勢，在時間精力的投入方面都無法保證。投資規劃根據個人風險偏好和投資回報率需求，通過合理的資產分配，使投資組合滿足客戶的收益性、流動性和安全性要求。

（五）房地產規劃

住是衣食住行四大需求中期間最長、所需資金最多的一項。購買房地產有四種考慮：自己居住、對外出租、投資獲利和減免稅收。出於不同的目的，投資者也會有不同的購房選擇。在房地產規劃中，一方面應對國家的法律法規和影響房地產價格的各種因素有所瞭解；另一方面必須瞭解自己的支付能力，以確定合理的購置

計劃。

(六) 保險規劃

在日常生活中人們肯定會面對一些風險，有些風險事故一旦發生，就會給人們造成很大的負擔，而管理風險的一種常用方式就是通過購買保險來轉移風險。保險的最基本職能就是提供保障，除此以外現代保險還具有融資、投資的功能。保險品種多，條款複雜，有一定的專業性。保險規劃的目的是通過對個人經濟狀況和保險需求的詳細分析，選擇合適的保險產品和合理的期限金額，對個人的人身及財產進行保障。

(七) 稅收規劃

依法納稅是每個人的法定義務，但納稅人出於對自身利益的考慮，都希望將自己的稅負合理地降到最低，因此，如何在合法的前提下減少稅賦呢？這就是稅收規劃。稅收規劃能在充分瞭解稅收制度的前提下，通過各種稅務規劃構建策略，合法地減少稅收負擔，進行減稅避稅。

(八) 教育規劃

教育是一種智力投資，不僅可以提高人的文化水平和品位，還可以使受教育者增加人力資本。教育投資可以分為兩大類：對自身的教育投資和對子女的教育投資，對子女的教育投資又可以分為基礎教育投資和高等教育投資，而後者是所有教育項目中花費最高的一項。近年來教育投資數額不斷增加，而父母也是不惜血本，所以對教育投資進行規劃是十分必要的。

【延伸思考】

昂貴的教育費

在中國不久的將來，一對夫婦要供養一個小孩四個老人，這種「4+2+1」的家庭模式是社會的普遍形態，同時還需要面對激烈的社會競爭。而子女的教育費用從出生到讀完大學，人均花費為14.6萬元，望子成龍、望女成鳳的心願，應該如何來實現呢？中國0~18歲教育費用估計如圖1-3所示。

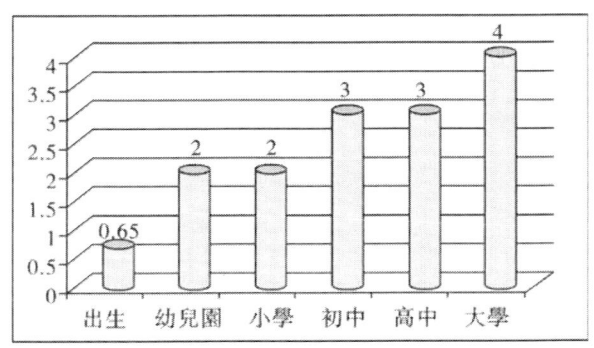

圖1-3　中國0~18歲教育費用估計（單位：萬元）

(九) 退休規劃

人們工作到一定年齡就會退休，一旦退休則工薪收入就會停止，人們的收入在整個人生中是不平衡的，而大部分人不希望自己的消費支出隨時間變化太多，也就是說人們總愛追求消費路徑的平滑性。並且從退休到去世畢竟還有很長一段時間，如何在退休期間保持一定的生活水平就成為每個人都會面對的現實問題。如不早做計劃就會導致自己退休後的生活水平急遽下降；另外，現在一對獨生子女夫婦要照顧四位老人，負擔很重。所以做好退休規劃不僅可以使自己的退休生活更有保障，同時還可以減輕子女的負擔。

(十) 遺產和財產傳承規劃

遺產的繼承是人生需要妥善安排的最後一個事項。遺產規劃的目標是高效率的管理遺產，並將遺產順利地轉移到受益人的手中。一方面遺產轉移需要時間，另一方面還要徵收遺產稅，所以如何盡快地、盡可能多地把遺產留給繼承人就是遺產和財產傳承規劃關注的問題。

二、理財規劃的一般步驟

1. 收集個人家庭信息

理財方案是否適合個人家庭的實際情況，取決於是否詳細瞭解個人家庭的財務信息、與理財相關的非財務信息和個人家庭的期望目標。收集、整理和分析個人家庭的財務信息和與理財有關的非財務信息，是制訂理財方案的關鍵第一步。

2. 分析個人家庭的風險偏好和理財目標

分析客戶的風險承受能力、投資偏好以及投資需求，是對客戶的主觀行為進行評估。一方面是對投資者的風險進行評估，主要內容包括風險承受能力，即損失最大限額、行為偏差的評估，以及風險態度的評估；另一方面是對投資者的理財目標進行評估，包括理財的短期目標、長期目標、目標的量化分析等。

3. 分析個人家庭財務狀況

個人家庭現行的財務狀況是達到未來財務目標的基礎，在提出具體的理財計劃之前必須客觀地分析個人家庭現行財務狀況並對未來的財務狀況進行預測。對個人家庭現行財務狀況的分析主要包括個人家庭資產負債表分析、個人家庭現金流量表分析以及財務比率分析等方面。

4. 制訂理財方案

在對客戶進行詳細分析後，就可以進行理財規劃了，在制定理財規劃方案時要綜合考慮每一具體項目的規劃，運用掌握的專業知識，結合個人家庭的實際情況，最終形成整體系統的理財方案。

5. 執行理財方案

一份書面的個人家庭理財方案本身是沒有意義的，只有通過執行理財方案才能

讓個人家庭的財務目標成為現實。

6. 持續關注

理財服務並不是一次性完成的。在完成方案後很長時期內，仍需要根據新情況來不斷地調整方案，使個人家庭更好地適應環境，達到預定的理財目標。持續關注包括定期對理財方案進行反饋和評估，以及不定期的信息服務和方案調整。理財規劃的一般步驟如圖1-4所示。

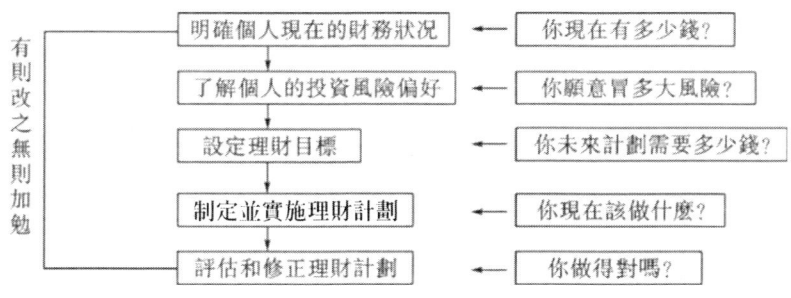

圖1-4　理財規劃的一般步驟

第四節　投資理財的資產選擇

一、理財的方式

一般而言，個人或家庭進行理財投資時有兩種選擇。一種是通過購買商業銀行或正規金融機構出售的理財產品進行理財，理財產品是由上述機構自行設計並發行的產品，銀行將募集到的資金根據產品合同約定投入相關金融市場及購買相關金融產品，獲取投資收益後，根據合同約定分配給投資人的一類理財產品。另一種方式是投資者自己進入金融市場或實體經濟，選擇不同的資產，進行比例配置。

前者不需要投資者自己進行理財，由銀行按照既定的投資策略代理投資者進行投資，這是目前大部分個人投資者選擇理財的主要方式；後者則要求投資者具備一定的專業能力和資產規模，自行選擇資產種類，並根據收益和風險配置資產比例。

二、銀行理財產品種類

1. 固定收益類理財產品

這類產品主要投資於銀行間市場、交易所以及其他金融市場的固定收益產品，是收益水平較為確定的一類產品，包括央行票據、金融債、企業債、短期融資券、貸款類信託、商業票據、優先股等。依據投資方向不同，可分為債券型理財產品、信託貸款型理財產品和票據型理財產品。

（1）債券型理財產品。債券型理財產品以國債、金融債和央行票據、高信用等級企業、公司債、短期融資券等為主要投資對象，產品結構期限固定，投資風險較低。債券型理財產品具有收益穩定、期限固定、風險較低的特點。

（2）信託貸款型理財產品。信託是指投資者基於對信託投資公司的信任，由信託公司按投資者的意願以自己的名義，為受益人的利益或為特定目的，進行管理或者處分的行為。信託貸款是指受託人（信託公司）接受委託人（如銀行）的委託，將委託人的資金按指定的對象、用途、期限、利率與金額等發放貸款，並負責到期收回貸款本息的一項金融業務。信託貸款型理財產品以信託貸款為投資對象，由銀行發行理財產品，將募集的資金投資於其指定的信託公司設立的信託貸款計劃，產品到期後銀行按照約定向客戶支付本金收益。這類理財產品期限固定，能夠準確測算出客戶預期年化收益率（即信託貸款利率減相關固定費率），投資者有望獲得較高收益但需承擔一定的投資風險。

（3）票據型理財產品。票據型理財產品以已貼現的商業匯票為投資對象，由銀行發行理財產品，將募集的資金投資於商業銀行已貼現的商業匯票。產品到期後，銀行按照約定向客戶支付本金和收益。票據型理財產品主要投資於已貼現的銀行承兌匯票，具有收益固定、風險較低的特點。

2. 現金管理類理財產品

這類理財產品大多可以隨時變現，流動性近似於儲蓄，申購和贖回交易都非常方便，主要投資於國債、央行票據、債券回購以及高信用級別的企業債、公司債、短期融資券等安全性高、可隨時變現的投資工具。現金管理類產品具有投資期短、交易靈活、收益較活期存款高等特點，通常作為活期存款的替代品，用來管理短期閒置資金。

3. 國內資本市場理財產品

這類產品主要投資於在上海、深圳證券交易所上市交易的投資品種，包括交易所股票、開放式基金以及交易所債券等，可分為新股申購類理財產品、證券投資類理財產品和股權投資類理財產品。

4. 代客境外理財類（QDII）產品

代客境外理財業務，是指具有代客境外理財資格的商業銀行，受境內機構和居民個人的委託，以其資金在境外進行規定的金融產品投資的經營活動。代客境外理財產品的資金投資市場在境外，但是可投資的境外金融產品和金融市場是有限的，投資者可以直接用人民幣進行投資。

5. 結構型理財產品

它是運用金融工程技術，將存款零息債券等固定收益產品與金融衍生產品（如遠期、期權、掉期等）組合在一起而形成的一種金融產品，簡而言之，就是將產品分為「固定收益+期權」的複合結構。其可分為保本型結構性產品和非保本型結構性產品。

第一篇　理論篇

【相關閱讀】

中國的結構型產品

　　結構型產品是目前銀行及證券公司理財業務的重要發展方向。隨著外資銀行大量進入國內市場，國內該類產品的發行增長迅速，以外幣型產品為主，發行機構利用境外投資工具多、風險對沖機制完善的優點，推出多種結構化產品。在產品結構方面，以本金保護型產品為主，掛勾標的包括利率、匯率、股票指數。以前國內銀行的人民幣理財業務投資範圍較窄，主要是債券、央行票據、存款等，收益率較低，對投資者吸引力不大。近年來國內銀行將外幣結構化產品設計模式用於人民幣理財已成趨勢，例如光大銀行推出的人民幣理財 A 計劃，即為包含了與原油期貨掛勾的產品。

　　結構型產品在國內有廣闊的發展前景。國內居民儲蓄存款多，存差大，而可供居民投資的品種太少。如果假定市場上投資者大部分是風險厭惡型，則風險越大的投資產品，市場需求量越小。結構化產品可以在風險介於股票和定期存款之間構造出多種類型的投資品種，它的市場規模理論上應大於股票市場，小於銀行存款餘額。從外幣結構化產品在國內銷售火爆的情況可以看出，結構化產品在國內有相當大的需求。

資料來源：周凱. 結構化產品探路中國 [N]. 證券時報，2006-04-10.

三、理財的資產選擇

　　目前中國的理財市場的產品種類越來越豐富，投資者在瞭解自身風險承受能力的情況下，可以通過多種產品類型的搭配來豐富自身的資產配置以及降低風險，優化理財方案。

　　1. 投資實體經濟

　　投資實體經濟即通過參與實體經濟的經營、投資、融資等活動，獲取回報的一種方式。首先從品種來講，投資實體經濟可選擇性比較豐富，市場常見的包括服裝、家具、建材等。從收益來講，如果投資比較成功，收益能在30%左右；但是實體經濟的投資需要考慮的東西也很多，包括店面的選擇、客戶的管理和挖掘、進貨、成本控制、推廣，如果可能還要求跑業務。這樣的情況費精力費時間，還要配合工商執法部門檢查，而且風險比較大。總而言之，這是一種高風險高回報的選擇。

　　2. 儲蓄存款

　　從存款的品種看，資金的存取方式多樣，基本形式有兩種，即定期存款和活期存款，定期存款回報收益相對高一點，但不夠靈活。2017 年的活期存款利率是 0.36%，定期 5 年的利率是 3.6%，擬 10,000 元做比較，活期存款一年之後本利和就是 10,036 元，如果定存五年，則每一年本利和也就 10,360 元。再考慮通貨膨脹的情況，2016 年 12 月國家公布的居民消費物價指數 CPI 同比增長 2.1%，也就是說這一個月裡，每 10,000 元，就會貶值 210 元。以 5 年定存為例，一個月的利息大概

為30元。從儲蓄存款的回報收益來看，如果我們把錢存在銀行，一個月的實際利息只有27.9元。

【相關資料】

通貨膨脹的侵蝕

　　1998年，如果你口袋裡揣了30元錢，可以買到5.6千克大米、1千克豬肉還有1.3千克食用油，一輛購物車都裝不下；2008年，30元錢只夠拿一只小環保袋到超市買2.5千克大米、0.35千克豬肉和0.55千克食用油（針對特定品級的同一產品）。

　　短短10年間，30元的購買力下降速度堪比跳水。作為一個現代的社會人，我們很難迴避通脹闖入生活，所以我們要懂得理財、學會理財，保證自己的資金不縮水，迴避通脹，首先做到保值，再是達到增值目的。

　　3. 基金

　　基金是指為了某種目的而設立的一定數量的資金。就交易的方式來分，有兩類：開放式基金和封閉式基金。開放式基金是指基金發行總額不固定，基金單位總數隨時增減，投資者可以按基金的淨值在基金管理人確定的營業場所進行申購或者贖回的一種基金，其解決了封閉式基金折價問題。封閉式基金是指有固定的存續期，在存續期間基金的總體規模固定，投資者可以通過二級市場買賣的基金。該類基金雖然長期持有靜態投資價值較高，但流動性差，中短線投資機會往往不佳。

　　從收益來劃分，主要有股票型基金和債券型基金。股票型基金，是指60%以上的基金資產投資於股票的基金，這一類基金品種風險大、收益大，並且由於是被別人管理操作，所以投資者需要承擔很大的管理風險和折價風險。這種基金比較類似於股票的風險收益，但它相對於股票的收益而言較小，有專人管理，省去了自己的操作精力。債券型基金，是指基金資產80%以上投資於債券的基金。在國內，投資對象主要是國債、金融債和企業債。它比較類似於債券的投資，有專人負責管理操作，但是收益較低，抗通貨膨脹的能力差。

　　4. 股票

　　股票按種類發行範圍可分為A股、B股、H股和F股四種。A股是在中國國內發行，供國內居民和單位用人民幣購買的普通股票；B股是專供境外投資者在境內以外幣買賣的特種普通股票；H股是中國境內註冊的公司在中國香港發行並在香港聯合交易所上市的普通股票；F股是中國股份公司在海外發行上市流通的普通股票。股票的主要收益方式是獲得紅利收入和股價買賣價差。而一般我們所說的炒股收益是指股價買賣差，即資本利得。就股票的投資管理來講，要經常關注宏觀經濟情況和行業的行情走勢，股市風險較大，容易受政策、產業趨勢、物價、人為操作以及市場環境所影響，投資股票要關注來自於宏觀、中觀和微觀三個層面的影響。

　　5. 外匯

　　中國的外匯交易品種主要是美元、港元、日元、歐元、英鎊、加拿大元、澳大

第一篇　理論篇

利亞元、瑞士法郎。投資外匯是從國際貨幣匯率的變化中，通過低買高賣來獲取收益，外匯投資最大的優勢是可以以小搏大，由於交易商允許使用借貸的方式參與交易，因此槓桿投資可以大大降低自己投入每筆交易的成本。一般外匯公司的交易比率為 200~400 倍，也就是說我們拿出 500 美元，就可以交易到 100,000（10 萬~20 萬）美元的貨幣交易額。外匯的收益非常高，但這與它的風險也成正比。外匯市場採用 24 小時連續交易，所花費的時間精力不利於個人時時守著這個市場，如果投資者判斷失誤，就很容易讓保證金全軍覆沒。外匯買賣的風險主要在於外匯匯率的變化，投資者從匯率的波動中賺錢可以說是外匯現貨合約投資獲取利潤的主要途徑。而匯率的變化受諸多因素的影響，包括中長期因素，如國際收支、經濟增長、宏觀政策、利率差異、物價水平等；還有短期因素，如央行干預、政治因素、市場表現、國際資本流動等。

總而言之，外匯投資是高收益高風險，投入資金以小搏大，專業性非常強，所耗費的精力和時間不是一般上班族能承受的。

6. 收藏品

就收藏的品種而言，有古董、郵票、藝術品等。在收藏品投資中，一雙火眼金睛不可或缺，尤其是古董投資，如果沒有專業知識是不可輕易介入的。實際上，許多識貨行家也會陰溝裡翻船，甚至許多贗品還躲避了許多業內頂級專家的眼光，堂而皇之地進入了許多國家的藝術殿堂。收藏品投資除了專業能力要求非常高之外，風險也非常大，投資收藏品的主要風險有以下幾類。

(1) 假貨風險。

(2) 時代風險。「三十年河東，三十年河西」，每個時代喜好的東西也有不同，昨日的香餑餑今天可能就沒人理睬。很多投資者一開始往往從自己喜歡的東西入手進行投資，時間一長，敝帚自珍，累積了深厚的感情，覺得千金難換，反而失去了市場價值。因此，投資收藏品關鍵是要抓大勢，從眾多投資者的品位和偏好入手，這樣才可能獲得不錯的收益。

(3) 市場風險。同股市一樣，收藏品市場同樣存在炒作，也有莊家出沒。

(4) 政策風險。許多收藏品因為本身價值極高，可列為國寶。比如《中華人民共和國文物保護法》第五章第二十五條規定：「非國有不可移動文物不得轉讓、抵押給外國人。」這一條肯定了私人收藏文物是合法的，同時也否定了將文物作為一種投資途徑的行為。因此，收藏品投資必須在國家允許的範圍之內，注意選擇投資對象，對於政府禁止在市場上買賣的，則不要進行投資。

7. 債券

中國的債券品種主要有三類：國債、企業債券、可轉換公司債券。中國的國債專指財政部代表中央政府發行的國家公債，由國家財政信譽作擔保，信譽度非常高，歷來有「金邊債券」之稱，穩健型的個人投資者喜歡投資國債。其種類有憑證式、記帳式、實物券式三種。現在常見的是前兩種。

理財規劃實訓教程

企業債券是公司依照法定程序發行、約定在一定期限還本付息的有價證券，通常泛指企業發行的債券。中國一部分發債的企業不是股份公司，一般把這類債券叫企業債，企業債和公司債的發行略有不同。符合深、滬證券交易所關於上市企業債券規定的企業債券可以申請上市交易。企業債券由於與國債相比具有更大的信用風險，因而本著風險與收益相符的原則，其利率通常也高於國債。但中國在交易所上市的公司債券基本是AAA級，相當於中央企業級債券，信用風險很低。

可轉換公司債券是一種特殊的企業債券，其發行公司在發行債券時事先規定債權人可以選擇有利時機，在一個特定時期（轉股期）內，按照特定的價格（當期轉股價）轉換為發債企業的等值股票。可轉換公司債是一種被賦予了股票轉換權的公司債券。所以可轉債既有普通債券的一些基本特徵（如票面利率、到期還本付息等），又具有一定的股票特徵，是一種混合型的債券形式。中國上市公司發行可轉債審批嚴格，債券信用等級要求AA級以上，加上可轉債具有「下跌風險有界，上漲幅度無界」的特性，因而較受機構投資者和專業投資者的青睞。

總的來說，債券是風險小收益小的投資工具，平均收益在2.40%~4.10%，投資效益低，抗通脹能力差。

8. 期貨

所謂期貨，是指由期貨交易所統一制定的、規定在將來某一特定的時間和地點交割一定數量標的物的標準化合約。這個標的物又叫基礎資產，是期貨合約所對應的現貨，可以是某種商品，如銅或原油；也可以是某個金融工具，如外匯、債券；還可以是某個金融指標，如三個月同業拆借利率或股票指數。期貨交易採用保證金交易制度，即投資者買入或賣出期貨只需繳納一定比例的保證金即可參與市場交易，而保證金只占交易金額的一小部分，約占總價值的10%，少量的保證金就可以進行大量數額的交易，這就形成了槓桿效應。

期貨市場收益很大，但是風險也很大，期貨價格的影響因素包括經濟波動週期因素（危機、蕭條、復甦、高漲）、金融貨幣因素（利率和匯率）、政治因素、政策措施因素、自然因素（氣候條件、地理變化和自然災害）、投機和心理因素等。

期貨投資的特徵是以小博大，收益和風險成正比，高槓桿高複雜性，對投資者的專業能力要求非常高，投資者必須具備豐富的經營知識和廣泛的信息渠道及科學的預測方法，而且所花費的時間精力也不是一般的上班族所能承受的，獲利最高達到十多倍。

【相關知識連結】

中國有四個期貨交易所：大連商品期貨交易所、鄭州商品期貨交易所、上海期貨交易所、中國金融期貨交易所。它們的經營品種分別是：

大連商品期貨交易所：主要交易黃大豆、豆油、豆粕、玉米、棕櫚油、塑料期貨。

鄭州商品期貨交易所：主要交易白糖，棉花，強麥，硬麥，菜籽油，PTA期貨。

上海期貨交易所：主要交易銅，鋁，鋅，燃料油，橡膠，黃金期貨。

中國金融期貨交易所：主要交易滬深300指數期貨合約。

9. 保險

就保險品種來講，常見的有醫療險，養老保險，失業保險、工傷保險和生育保險，這五險便是常說的五險一金中的五險。除此以外，各大保險公司還有多種不同的保險產品。保險主要功能是抗風險和保障性功能，作為投資理財產品它的收益和銀行的利率差不多，但是現在保險的功能正逐步多樣化。一般而言，保險投資收益性較低，占用資金比例依據所投品種種類和數量，保障抗風險性強，可選擇性購買投保。

投保選擇保險公司很重要，主要從三個方面考慮：一是公司實力，投保人一般願意選擇歷史悠久，信譽卓越，規模宏大，資金雄厚，網絡齊全，保費收入與市場份額均居前茅的保險公司。二是險種種類，優良的保險公司提供的險種應具備以下條件。①保險種類齊全；②靈活性高，在保費繳納、到期給付以及保額變更等方面靈活多樣；③競爭性強；④組合性強，主險與附加險可靈活搭配與組合，以便提供最全面的保障；⑤客戶服務功能強大。三是服務，保險產品歸根究柢是一種社會服務產品，因此在投保時，一定要注意該公司服務水平、服務質量與服務信譽。

10. 房地產

房地產是目前中國人的投資主選，它是實物投資，低風險高收益，受預期通脹影響不大。從1998年到現在，房地產投資造就了大批富人，據調查中國的億萬富豪，一半涉足房地產市場。但是房地產投資需要的資金數額龐大，投資風險不容易把握，操作複雜，費時費力，需要專業經紀人代為操作。

11. 現貨黃金和白銀

黃金投資的品種主要分為黃金現貨、黃金期貨、黃金股票、實物黃金、紙上黃金。貴金屬投資是以小博大，收益和風險成正比。目前比較普遍的交易方式主要是有兩種。

（1）櫃臺式交易，又稱場外交易，即直接購買金條、黃金首飾等實物或者紙黃金，目前只能買漲，不能買跌。它獲利收益來自於低買高賣的價差，比較適合中長期的投資群體，它最大的劣勢是交易費用比較高，報價不統一規範，而且回購渠道不完善，變現不易，一旦買入價格過高容易發生價格下跌帶來的市場風險。

（2）投資黃金現貨（俗稱炒黃金）。這種交易和炒股類似，就是通過網上交易平臺操作，以賺取黃金差價為盈利目的的一種投資品種，這種投資形式是一種針對個體投資客戶的24小時隨時隨地都可以操作的智能化投資形式，漲、跌都可以賺錢，較適合利用業餘時間來學習理財的投資者，不熟悉的投資者可以通過模擬操作來加強瞭解。

從黃金、白銀投資的獨特性看，貴金屬的價值一方面表現為它自身的獨特保值

功能，另一方面則體現在投資組合中的獨特價值。黃金、白銀價格變動具有非常突出的特點，這就是黃金、白銀與其他投資產品價格變動具有負相關性，例如當發生通貨膨脹時，市場所有的金融資產收益率都會受到影響，這個時候貴金屬就是保值的一種理想選擇。一般投資產品價格變動都具有高度的正相關性，如股票市場下跌那麼債券市場、基金市場等都會受到同樣因素的影響而下跌，因此很難達到分散風險的目的。而黃金、白銀與大多數投資產品之間存在的負相關關係，使之成為一種重要的分散風險的投資工具。黃金、白銀分散風險的功能不僅取決於它自身價格相對穩定，更重要的是，它的保值功能具有降低系統風險的功能，這是一般資產組合無法實現的。

無論在穩定時期，還是在不穩定時期，具有黃金、白銀的資產組合，都能以較小的風險取得較大的收益，這是具有黃金、白銀資產的組合與其他組合最大的區別。所以，雖然黃金、白銀投資的替代品在不斷增多，但由於這種獨特的保值功能，黃金、白銀的投資價值難以被取代。

黃金、白銀分散風險的功能，以及黃金、白銀在資產配置中的比例大小，與不同時期資產組合中各類資產收益、風險變動狀況有重要的關係，它不會長期維持在一個固定不變的數字。只要黃金、白銀在資產組合中維持一定的比例，則隨著國際市場金融資產總量的不斷增加，對黃金、白銀資產配置的需求也會持續增加。投資理財資產比較如表1-3所示。

表1-3　　　　　　　　　　投資理財資產比較

投資品種	特點	現狀與發展	結論
股票	1. 單向操作 2. 本身沒有任何價值 3. 市場不透明，容易受大戶操控 4. 撮合成交，若出現虧損，難以退出市場	1. 國內股票市場走勢與經濟表現背道而馳 2. 市場透明度較低，信息不對稱 3. 上市公司不夠規範，產權關係模糊	中國股票市場經常大起大落，股價變化無常，根本沒有反應出上市公司的經營與發展。非理性成分大，股票市場總體效率不高
債券	1. 時間跨度長 2. 風險較低 3. 收益率低	1. 品種不多 2. 供給有限，不易購買	低回報低風險，但中國債券市場還處於發展的初期階段
房地產	1. 資金佔用量大 2. 資金回籠比較慢 3. 交易費用較高	1. 固定資產投資過熱 2. 存在房價泡沫 3. 宏觀調控的直接對象	不適合做短線投資
紙黃金	1. 交易手續費較大 2. 只能做多，不能做空 3. 資金無放大功能	1. 只是一種憑證交易 2. 收益不會很大 3. 不能取得實物黃金	收益回報不高，並且不利於投資者進行交易
基金	1. 集合理財，專業管理 2. 組合投資，分散風險 3. 利益共享，風險共擔 4. 嚴格監管，信息透明	1. 自上而下受到挑戰 2. 政府目標與投資人利益的階段性失衡 3. 管理人與投資人風險收益不對稱	國內基金大部分是用來投資證券，而現階段股市低迷，收益不穩定，且伴隨一定的風險

第一篇　理論篇

表1-3(續)

投資品種	特點	現狀與發展	結論
存款儲蓄	1. 操作簡單 2. 較強的靈活性 3. 收益穩定	面臨貨幣貶值風險	一定比率的儲蓄應作為現金流，而不屬理財品種
黃金、白銀	1. 多空雙向操作 2. 貨幣屬性易於儲藏，保值避險 3. 較高流動性 4. 可以進行保證金交易	1. 與國際市場聯動 2. 正處於上升通道，被越來越多的投資者關注	1. 具有儲藏、保值和獲利的功能 2. 是應對危機的保障資產 3. 中國投資品種的新亮點

第五節　中國理財市場現狀

一、中國理財市場發展歷史沿革

回首中國理財文化發展的漫長歷程，我們可以發現近幾年理財行業興起的這段激盪的潮流後面蘊藏著深刻的經濟文化背景。

在中國古代，以家庭或個人致富為基本目標的私人理財思想萌芽於春秋時期，初步形成於戰國時期，到西漢中期臻於成熟，其標誌是司馬遷《史記》的問世。《史記》，尤其是其中的《貨殖列傳》篇，蘊含著豐富的中國古代私人理財思想，是中國私人理財發展史上一個重要的里程碑。中國真正意義上的理財業務興起於20世紀90年代中期，並在極短的時間內成為一種時尚，為大多數國人所接受。

1996年，中信實業銀行廣州分行率先掛出了「私人理財中心」的牌子，中國銀行的個人理財業務正式起步。1998年，中國規範的證券投資基金的推出標誌著現代理財制度正式建立。基金為中國人帶來了全新的理財之道。基金是眾多理財方式中發展更快、收益更明顯、安全更有保障的新的理財方式，正被人們逐步認知並接受，不僅已走進老百姓的生活，更在人們日常理財中發揮著越來越大的作用。同年，中國工商銀行的上海、浙江、天津等5家分行，根據總行的部署，分別在轄區內選擇了一些軟硬件條件符合要求的營業網點進行「個人理財」的試點。商業銀行、保險公司和證券公司根據自身業務的特點和對個人理財的認識，也競相推出了具有鮮明行業特點的理財服務。

在1995年至2005年期間，中國個人理財市場每年的業務增長率達到18%。2007年，中國個人理財市場規模達到5,000億元，今後的理財市場增長率將以每年10%~20%的速度突飛猛進。1996—2005年國內個人理財市場重要事件如表1-4所示。

表 1-4　　　　　1996—2005 年國內個人理財市場重要事件

年份	金融機構	詳細內容
1996	中信銀行	廣州分行成立私人銀行部，向貸款餘額 10 萬元以上客戶提供理財服務
1997	工商銀行	上海分行推出理財諮詢設計等 12 項理財服務
1998	工商銀行	在上海、浙江、天津等五家分行進行個人理財業務試點
1999	建設銀行	在上海、北京等 10 個城市的分行建立個人理財中心
2000	工商銀行	上海分行以員工名字做服務品牌，推出個人理財工作室
2001	農業銀行	推出金鑰匙金融超市，為客戶提供一站式理財服務
2002	中資銀行	招行工行建行民生等各大銀行先後推出各自的理財品牌
2002	外資銀行	花旗銀行在上海設定個人理財中心，匯豐銀行推出卓越理財服務
2002	人民銀行	發布信託公司管理辦法，規範信託市場，信託市場開始啟動
2004	中資銀行	光大、民生銀行先後獲得人民幣理財資格，推出人民幣理財業務
2005	證券公司	券商集合理財產品獲得批准，當年共推出 13 只券商集合理財產品

二、中國理財業務發展現狀

　　隨著中國經濟的快速發展，中產階層和豪富階層正在迅速形成，有相當一部分人的理財觀念從激進投資和財富快速累積階段逐步向穩健、保守投資、財務安全和綜合理財方向過渡。理財需求迅猛增長，中國已經成為全球個人金融業務增長最快的國家之一。目前中國已經進入個人理財時代，個人理財業已經成為中國金融發展的重要行業。但是中國的個人理財業務仍處於新興階段，熱潮越來越高，市場前景非常廣闊，發展潛力巨大。

　　從發展動力上看，理財市場的發展動力主要來自於三個方面。

　　1. 需求方的動力

　　中國龐大並仍在持續增長的個人金融資產，為發展個人理財業務提供了物質基礎和內在動力。同時，中國大眾理財意識也越來越強，理財需求不斷升溫。普通老百姓缺乏足夠的時間和專業知識，渴望理財保值增值的願望變得越來越迫切，這構成了潛在的、持久而旺盛的理財需求。

　　2. 供給方的動力

　　個人理財業務已成為當今金融機構拓寬業務的戰略重點和創造新利潤的重要來源。銀行可以通過理財等其他中間業務獲得新的利潤點，其中個人理財業務也成為銀行發展零售業務的戰略方向和穩定的利潤來源。券商、基金、保險、信託等公司都在充分發揮各自的優勢，搶占理財市場，擴張業務範圍，增加利潤來源。

　　3. 外部環境的拉力

　　金融改革為理財市場的發展創造了更好的外部環境，同時也使得匯率風險、利率風險、市場風險等更加突出。一方面，這些將增強理財主體和客體規避風險的動

第一篇 理論篇

力和需求，拓展各種理財工具和產品創新與發展的空間。另一方面，信息技術的發展為個人理財提供了條件保障，尤其是在計算能力和通信能力方面的發展，為個人理財的創新給予了支持。

從發展趨勢來看，中國個人理財市場進入快速發展期。國內居民所擁有的金融資產以及國內個人理財市場的總規模都在不斷上升。2007 年，國內居民所擁有的金融資產超過 17 萬億元；國內個人理財市場的總規模達到 2.4 萬億元。具體如圖 1-5 所示。

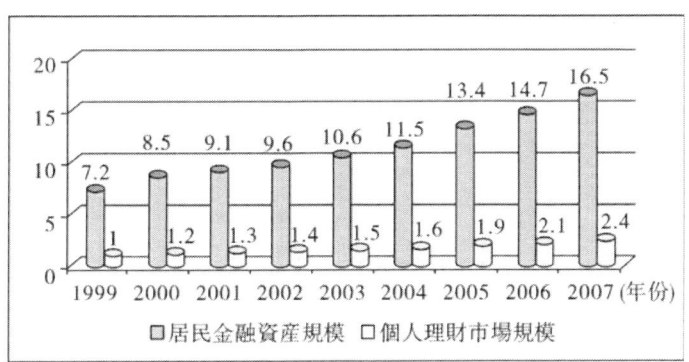

圖 1-5 國內居民金融市場規模和個人理財市場規模（單位：萬億元）

截至 2015 年年底，中國金融機構和第三方理財總規模為 81.18 萬億元。銀行、信託、券商和保險是最大的理財機構。其中，銀行 23.5 萬億元，占 28.95%；信託 16.3 萬億元，占 20.08%；券商 11.89 萬億元，占 14.65%；保險 11.86 萬億元，占 14.61%；基金公司 16.65 萬億元，占 20.51%；互聯網 P2P 理財規模為 9,800 億元，占 1.21%。2015 年，除了 P2P 理財規模增長近 400% 以外，基金下屬的資管子公司理財規模擴張最快，同比增長率高達 130%，其次是私募基金，同比增幅也超過 100%。

在銀行理財市場方面，各類銀行理財市場存續產品 60,879 只，帳面餘額超過 23.5 萬億元，同比增加 8.48 億元，增幅 56.46%。無論從存續產品數還是存量規模來看，中國銀行理財產品的規模都大幅增長。[1]

中國個人理財市場還處於初級階段。主要表現在以下幾個方面：金融業分業經營的現狀制約了個人理財業務發展的空間；投資市場的不完善阻礙了個人理財業務的良性發展；各金融機構的軟、硬件建設與個人理財的需求尚存在較大差距；機構理財基本上還是停留在業務品種的介紹、諮詢建議、辦理簡單的中間業務等層面，更多的是把現有的業務進行一個重新整合，理財產品附加值低，同質化嚴重，例如在投資領域，幾乎都是證券、外匯、保險、基金等投資產品的組合，而沒有針對客

---

[1] 數據來源：wind 統計數據。

戶的需要進行個性化的設計，尚未達到真正意義上的個人理財；人才的缺乏更是制約中國個人理財市場發展的最大瓶頸，理財是一項專業性、操作性和技術性很強的高智力服務業務，而現在理財從業人員缺乏理財專業技能和全面系統的金融投資知識，複合型的人員非常缺乏，理財專業教育和培訓滯後。

三、中國理財業務發展前景

傳統觀念認為，只有把錢放在銀行才是理財。而目前在中國，儲蓄仍是大部分人傳統的理財方式。在人們的傳統觀念中，儲蓄理財是最安全、最穩妥的。但是在通貨膨脹率較高的時期實際利率會成為負利率，儲蓄理財是非常危險的理財方式，因為利息收入遠遠趕不上貨幣貶值的速度，不適於作長期投資工具。

北師大教授鐘偉曾經選取 1981 年、1991 年、2001 年和 2007 年四個節點，測算「萬元戶」財富，上述四個時點居民儲蓄總額分別為 532 億元、9,200 億元、7.4 萬億元和 17.3 萬億元，考慮人口變化之後人均儲蓄為 52 元、800 元、5,900 元和 1.3 萬元。也就是說，1981 年的萬元財富算到現在差不多是 255 萬元。2013 年中國城市居民投資品種比例如圖 1-6 所示。

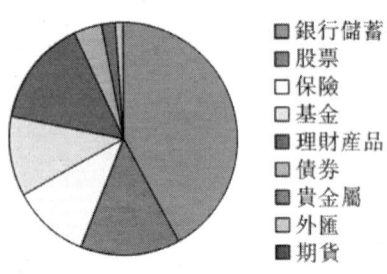

圖 1-6　2013 年中國城市居民投資品種比例

數據來源：2013 年中國城市居民財富管理於資產配置調查報告

在未來，中國將面臨更加嚴峻的老齡化問題，居民的家庭規模將趨向於小型化，市場與政府職能也將發生轉變。隨著個人收入的快速增長以及人口素質的提高，人們理財的傳統觀念將發生轉變，居民將對個人財務策劃產生巨大需要。

本章小結

本章從個人理財相關定義、個人理財業務的發展原因及理財師的執業資格和要求三個方面來初步概述了個人理財的基礎知識。

個人理財又稱個人財務規劃，是為實現個人人生目標而制訂、安排、實施和管理的一個各方面總體協調的財務計劃的過程。其影響因素即有宏觀方面的因素又有

微觀方面的因素。個人理財是經濟發展的產物，隨著中國個人收入的增加，中國已經進入了理財時代。

個人理財規劃包括儲蓄規劃、消費支出規劃、教育規劃、保險規劃、證券投資規劃、稅收規劃、退休規劃、財產分配與傳承規劃等。個人理理財規劃的主要原則是整體規劃，提早規劃，現金保障優先，風險管理優於追求收益，消費投資與收入相匹配，家庭類型與理財策略相匹配等。個人理財規劃的流程主要包括五步，即收集個人家庭信息、分析個人家庭財務狀況、制訂理財方案、執行理財方案、持續關注。

思考題

1. 為什麼需要理財？我們進行理財的基礎是什麼？
2. 理財的對象是什麼？理財規劃的對象呢？
3. 簡述理財和投資的區別與聯繫。
4. 簡述理財和消費的區別與聯繫。
5. 簡述個人理財和公司理財的區別。
5. 什麼是理財規劃？為什麼要進行理財規劃？
6. 理財規劃的主要內容有哪些？它們分別適用於哪些人群？
7. 理財規劃的一般流程是怎樣的？
8. 理財規劃的資產有哪些選擇？

課後閱讀

伊科諾米季斯的科學節約戰略

美國的伊科諾米季斯（Economides）一家被稱為該國「最節約家庭」，這個收入平平的七口之家有一套成效卓著的「省錢戰略」，將「省下的就是賺下的」理念發揮得淋漓盡致。目前，他們家不僅成為全美很多脫口秀節目炙手可熱的當紅嘉賓，還在網上向廣大民眾傳授他們理財的各種絕招。

據英國媒體報導，這個家庭來自美國亞利桑那州（Arizona），丈夫是史蒂夫·伊科諾米季斯，妻子是安妮特·伊科諾米季斯，夫婦倆育有五個孩子。

由於成功地實施了「科學節約戰略」，這個普通、平常的家庭如今在美國一舉揚名。據悉，這個七口之家的家庭年收入大約為3.3萬美元，低於美國家庭的年平均收入（有關統計數字顯示大約為4.3萬美元）。但是，伊科諾米季斯一家在日常生活中卻能「花最少的錢，辦盡可能多的事」。例如，他們全家每月在飲食方面的花銷僅為350美元，而美國官方的有關統計數字表明，一個普通的四口之家每月光

理財規劃實訓教程

吃飯就大概要花費709美元。另外，安妮特透露說，他們家主要的經濟來源是丈夫的收入，她則是全職太太，負責在家照看孩子。但是，即使這樣，她每個月節約下來的錢比她去工作掙的還多。

另外，伊科諾米季斯家買下了一套含有五個臥室的房子。如今，他們經過努力，不僅基本還清了貸款買房的債務，房子還升值了一倍多。

伊科諾米季斯家族的理財八招：

（1）每個月只購物一次：因為逛得多一定會買得多，花得多。

（2）窮追不舍買便宜貨：每次到超市購物，他們都會在購物架前仔細地來回逡巡，尋找要購買物品的最低價格，而且直到找到最低價才買東西。在他們的帶動下，5個孩子也學會了節約，總是陪著父母耐心地搜索最低價格。

（3）購物一定要有計劃：購物無計劃就等於給存款判死刑。他們每個月都要根據家中需要制訂詳細、合理的購物計劃，甚至要提前將每頓飯的菜單設計好，寫在帳本上，做到心中有數。

（4）提前購買節日物品：每逢重大節日前，伊科諾米季斯一家都會提前購買一些節日所需物品，並儲備起來，以防節日時漲價。

（5）巧妙利用購物優惠：當許多商場、超市促銷推出購物優惠活動時，他們一定會經過反覆比較，以最優惠的辦法買下所需要的物品。

（6）提前預算不立危牆：如果不提前做預算，就很可能陷入經濟困境。一旦因拮據導致負債，那麼接下來的整個生活都是一種危機了。

（7）永不花費超過信封內總金額80%的錢：從結婚初期，伊科諾米季斯夫婦就開始採用「信封體系」理財，即每個月把家中的錢放入一個個信封，分別用於買食物、衣服、汽油、付房租等，而且永遠不花費超過信封內總金額80%的錢。這樣不僅支付了基本開支，還可以省下一筆錢。

（8）會省也會賺：除了上述省錢招數，伊科諾米季斯家還有第八招——抓住機會，想辦法賺錢。自從在美國打出「科學節約」的名氣後，伊科諾米季斯家經常成為訪談節目的主角。為了方便回答觀眾提問，他們家成立了專門的網站，介紹各種理財的好方法，但是人們必須付費，才能在網上學到他們家的「省錢真傳」。

資料來源：佚名．八招省錢戰略讓她揚名美國[N]．重慶商報，2007-03-10．

第二章　金融理財的理論基礎

個人理財規劃是一個務實性的系統工程，各項規劃的制定與實施必須與現實的經濟環境和個體的經濟狀況相適應。與其他金融業務相似，個人理財規劃也有其深厚的理論基礎，它是各種經濟金融理論的綜合應用。因此，掌握好這些理論基礎是制定一個科學合理的個人或家庭綜合理財規劃的前提。

第一節　生命週期理論

一、生命週期理論概述

20世紀50年代，美國經濟學家F·莫迪利亞尼、布倫伯格和艾伯特·安多，共同提出了消費函數理論中的生命週期假說。生命週期理論強調了消費與個人生命週期階段的關係，認為人們會在更長的時間範圍內計劃他們的生活消費開支，以達到他們在整個生命週期內消費的最佳配置，實現一生消費效用最大化。其基本思想是，個人應當在相當長的時間內計劃他的消費和儲蓄行為，在整個生命週期內實現消費的最佳配置。也就是說，一個人及其家庭應當綜合考慮其即期收入和支出、未來收入和可預期的支出、工作時間、退休時間等因素，由此決定當前的消費和儲蓄水平，使消費水平在一生內保持相對平滑，而不至於出現消費水平的大幅波動。

莫迪利亞尼理論認為人的生命是有限的，可以區分為依賴、成熟和退休三個階段。一個人一生的財富累積狀況就像駝峰的形狀，在年輕時很少，工作之後收入開始成長累積，到退休之前（中年時期），其財富累積達到高峰，隨後開始降低。具體如圖2-1所示。

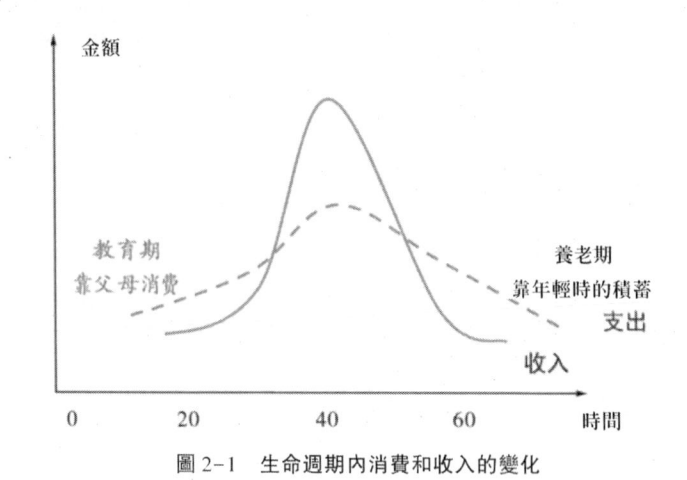

圖 2-1　生命週期內消費和收入的變化

　　該理論將家庭的生命週期分為四個階段。第一階段是家庭形成期，夫妻雙方在 25~35 歲，家庭的主要重心在於建立家庭，生養子女；第二階段是家庭成長期，夫妻為 30~55 歲，這個時期的特徵是子女長大就學，參與教育；第三階段是家庭成熟期，夫妻為 50~60 歲，特徵是子女已經獨立，並且自己處於事業巔峰；最後一個階段是家庭衰老期，夫妻 60 歲以上，特徵是家庭成員開始退休，並且家庭逐漸消失。具體如表 2-1 所示。

表 2-1　家庭的生命週期特徵與財務狀況

	家庭形成期 25~35 歲	家庭成長期 30~55 歲	家庭成熟期 50~60 歲	家庭衰老期 60 歲以上
特徵	建立家庭並生養子女	子女長大就學	子女獨立和事業發展到巔峰	退休到終老，只有兩個老人
	從結婚到子女出生	從子女上學到完成學業	從子女完成學業獨立到夫妻退休	從夫妻退休到過世
	家庭成員數量增加	家庭成員固定	家庭成員減少	夫妻兩人
收入和支出	收入以雙薪為主	收入以雙薪為主但收入逐漸增加	收入以雙薪為主，事業發展和收入進入巔峰期	以理財收入和轉移收入為主
	支出逐漸增加	支出隨子女上學增加	支出逐漸減少	醫療費提高，其他費用減少
儲蓄	隨家庭成員增加而減少	收入增加而支出穩定，儲蓄增加	收入巔峰 支出降低	支出大於收入
居住	和父母同住或自行購房租房	和父母同住或自行購房租房	與老年父母同住或夫妻兩人居住	夫妻居住或和子女同住
資產	可累積的資產有限，但可承受較高風險	可累積資產逐年增加，需開始控制風險投資	可累積的資產達到巔峰，要逐步降低投資風險	開始變現資產來應付退休後的生活，投資以固定收益為主
負債	高額房貸	降低負債餘額	還清債務	無新增負債

二、家庭生命週期在金融理財方面的運用

（1）金融理財師可以幫助客戶，根據其家庭生命週期設計適合客戶的保險、信託、信貸理財套餐。家庭的四個階段的收入支出以及風險水平都有不同的特徵，因此各個階段理財重點也會有所不同。家庭生命週期各階段的理財需求如表 2-2 所示。

表 2-2　　　　　　　　　生命週期四個階段理財重點

	家庭形成期	家庭成長期	家庭成熟期	家庭衰老期
夫妻年齡	25~35 歲	30~55 歲	50~60 歲	60 歲以後
保險安排	提高壽險保額	以子女教育年金儲備高等教育學費	以養老保險和遞延年金儲備退休金	投保長期看護險
核心資產	股票 70% 債券 10%	股票 60% 債券 30%	股票 50% 債券 40%	股票 20% 債券 60%
貨幣配置	貨幣 20%	貨幣 10%	貨幣 10%	貨幣 20%
信貸運用	信用卡、小額信貸	房屋貸款、汽車貸款	還清貸款	無貸款或反按揭

（2）金融理財師可以幫助客戶根據家庭生命週期的流動性、收益性和獲利性給予資產配置建議。子女年齡較小時和客戶年老時，資產配置應側重於流動性方面，流動性較好的存款和貨幣基金的比重應該較高；在家庭形成期至家庭衰老期，隨著客戶年齡的增加，投資風險比重應逐步降低；而在家庭衰老期中，收益性需求最大，投資組合中債券比重應該較高。表 2-3 顯示了家庭各個階段不同理財需求的重要性程度。

表 2-3　　　　　　　　　家庭生命週期各階段的理財需求

家庭生命週期	理財需求要素					
	預算	債務	風險	投資	退休
青年單身期	***	***	*	*	
家庭形成期	**	**	**	**	*
家庭成長期	**	***	**	**	**
家庭成熟期	*	*	**	***	***
家庭衰老期		*	**	*	***

註：*** 表示很重要，** 表示比較需要，* 表示一般需要。

三、個人生命週期理論在個人理財中的運用

比照家庭生命週期理論，可按年齡層次把個人生命週期分為六個階段：探索期（15~24歲）、建立期（25~34歲）、穩定期（35~44歲）、維持期（45~54歲）、高原期（55~60歲）以及退休期（60歲以上）。

（1）探索期：15~24歲。這個時期大多仍處於學習階段，學生時代是求學深造、提升自己的階段。本階段要為將來的財務自由做好專業上與知識上的準備，應在大學時代就培養良好的理財習慣，如記財務帳表、強制儲蓄、購買保險、基金定投、勤儉節約等，學生時代培養的良好理財習慣將使自己在今後的理財活動中受益無窮。

（2）建立期：25~34歲。自完成學業走入社會，獲得第一份工作並領取第一份報酬開始，真正意義上的個人理財生涯才啟動。這個時期多是單身創業時期，是個人財務的建立與形成期，這一時期有很多沉重的理財任務，面臨著戀愛、結婚、買房買車、娛樂、繼續教育支出等問題，很容易形成入不敷出的窘境。因此這個階段必須加強現金流管理，科學合理地安排各項日常收支，根據自身的能力和偏好適當進行高風險的金融投資，如進行股票、基金、外匯、期貨投資等，一方面累積投資經驗，另一方面利用年輕人風險承受能力較強的特徵博取較高的投資回報。本階段的主要理財目標是：①滿足日常消費支出的需要；②償還教育貸款；③解決住房問題；④小額投資嘗試；⑤逐步累積儲蓄。

（3）穩定期：35~44歲。這個階段基本已經成家立業，自己的事業開始進入穩定的上升階段，收入有較大幅度的提高，財富開始累積。這些為金融投資創造了有利條件，這一時期自己的工作、收入和家庭比較穩定，但同時也面臨著未來的子女教育、父母贍養、自己退休三大人生重任。這時的理財任務是盡可能多地儲備資產、累積財富。因此這一時期要做好投資規劃與家庭現金流規劃，以防疾病、意外、失業等風險。同時保險規劃也很重要，還可考慮定期定額基金投資等方式，利用投資的複利效應和長期投資的時間價值為未來累積財富。本階段的主要理財目標是：①購買房屋、家具、裝修房屋；②子女養育及智力開發費用；③減少債務；④建立應急備用金；⑤購買保險；⑥穩健型投資；⑦增加儲蓄；⑧建立退休基金等。

（4）維持期：45~54歲。經過十餘年的職業生涯，個人已進入中年，對於自己未來的發展有了比較明確的方向，這一時期是事業發展的黃金時期，收入和財富累積都處於人生的最佳時期，更是個人財務規劃的關鍵時刻。在此階段，個人開始面臨財務的三大考驗，分別是為子女準備的教育費用、為父母準備的贍養費用以及為自己退休準備的養老費用，同時在這一階段還需要徹底還清各種中長期負債。這一時期既要通過提高勞動收入，累積盡可能多的財富，更要善用投資工具創造更多收益；既要努力償清各種中長期債務，又要為未來儲備財產。這一時期，財務投資尤

其是中高風險的組合投資是理財的主要手段。本階段的主要理財目標是：①購買房屋、汽車；②子女教育投資；③分散投資；④購買保險；⑤養老金安排等。

（5）高原期：55~60歲。一般情況，男性60歲退休，女性55歲退休。這時子女一般已經完成學業步入社會開始獨立、房貸等中長期債務也基本還清。因此，這個時期基本上沒有什麼債務負擔，財富累積達到了最高峰，個人與家庭都擁有一筆不小的財富累積，可以為未來的生活奠定一定的基礎。在此階段，個人的主要理財任務是妥善管理好累積的財富，積極調整投資組合，降低投資風險，以保守穩健型投資為主，配以適當比例的進取型投資，多配置基金、債券、儲蓄、結構性理財產品，以穩健的方式使資產得以保值增值。本階段的主要理財目標是：①提高投資收益的穩定性；②養老金安排；③資產傳承等。

（6）退休期：60歲以後。退休後，個人的收入會大幅減少，支出的結構也會發生較大的變化。這一時期的主要理財任務就是穩健投資保住財產，合理支出積蓄的財富以保障退休期間的正常開支。因此，這一時期的投資以安全為主要目標，投資組合應以固定收益投資工具為主，如各種債券、債券型基金、貨幣基金、銀行儲蓄等。退休終老期的財產支出除了日常養老費用以外，最大的一部分就是醫療保健支出，除了在中青年時期購買的健康保險能提供部分保障外，社會醫療保險與個人儲蓄也能為醫療提供部分費用。為了使老年有充足的健康保障，除了社保與商業保險外，還應該為自己準備一個充足的醫療保障基金，同時，退休終老期的一個重要任務是遺產規劃以及與此相關聯的稅務規劃。本階段的主要理財目標是：①保障財產安全；②建立信託；③準備善後費用；④財產傳承安排等。

表2-4　　　　　　　　　個人生命週期各階段理財策略分析

期間	探索期	建立期	穩定期	維持期	高原期	退休期
對應年齡	15~24歲	25~34歲	35~44歲	45~54歲	55~60歲	60歲以後
家庭形態	以父母家庭為生活重心	擇偶結婚學前子女	子女上中小學	子女進入高等教育	子女獨立	夫妻二人生活
理財活動	求學深造提高收入	量入為出攢首付錢	償還房貸籌集教育款	收入增加籌退休金	負擔減輕準備退休	享受生活規劃遺產
投資工具	活期存款定期存款基金定投	活期存款股票基金定投	自用房產投資、股票、基金	多元投資組合	降低投資組合風險	固定收益投資遺產
保險計劃	意外險壽險	壽險儲蓄險	養老險定期壽險	養老險投資型保單	長期看護險、退休年金	退休年金

第二節　貨幣時間價值理論

一、貨幣時間價值概述

1. 貨幣時間的概念

貨幣的時間價值是指，一定數量的貨幣資金在兩個時點之間的價值之差，或者說是貨幣經歷一定時間的投資和再投資所增加的價值。例如：將 100 元存入銀行，年利率按 10% 複利計算，一年後本利是 110 元，兩年是 121 元，三年是 133.1 元……7 年就變成 194.9 元，即 7 年就可以翻一番。這種利息就是日常經濟生活中所說的貨幣時間價值。

為什麼貨幣會具有時間價值呢？主要有三個原因：①貨幣占用具有機會成本，因為貨幣可以滿足當前消費或用於投資而產生回報，占用貨幣就失去了其他用途所帶來回報的機會；②通貨膨脹可能造成貨幣貶值，物價水平的整體上升會侵蝕貨幣的實際價值，因此需要進行價值補償；③投資可能產生投資風險，需要為承擔的風險進行價值補償。可以看出，貨幣時間價值的真正來源是勞動者所創造的剩餘價值的一部分，而不是投資者推遲消費而創造的。也就是說，貨幣時間價值產生於生產領域和流通領域，消費領域不產生時間價值。

要注意的是，並不是所有的貨幣都有時間價值，只有把貨幣作為資金投入生產經營才能產生時間價值，處於停頓的資金是不會產生時間價值的。因此企業應盡量減少資金的停頓時間和數量，應將更多的資金或資源投入生產經營活動中，才能獲得貨幣的時間價值。

貨幣時間價值的大小與時間長短成正比，一個投資項目所經歷的時間越長，其時間價值越大；並且時間價值的大小取決於資金週轉速度的快慢，與資金週轉速度成正比，即資金週轉速度越快，時間價值越大。正因如此，我們在理財投資時要採取適當策略，加速資金週轉，提高資金使用效率。

2. 影響貨幣時間價值的主要因素

（1）時間。時間越長，貨幣時間價值越明顯。例如：若以 5% 的利率計算，10,000 元存入銀行一年可獲得利息 500 元；而存入銀行三年（按單利計息）可獲得利息 1,500 元。

（2）收益率或通貨膨脹率。收益率是決定一筆貨幣在未來增值程度的關鍵因素，而通貨膨脹率則是使貨幣購買力縮水的反向因素。收益率能使貨幣增值；而通貨膨脹率能使貨幣貶值，在計算貨幣的時間價值時，需要考慮排除通脹因素後的利率水平，即用實際利率水平來衡量是比較準確的。

（3）計息方式的影響。實際中貨幣的計息方式有單利和複利兩種。單利的計算始終以最初的本金為計算收益的基數，產生的利息不計入本金中；而複利則以本金

和利息為基數計息，從而會產生利上加利、息上添息的收益倍增效應。比如，一筆100萬元的資金存入銀行，如果按5%的年均單利計算，則每年固定增值5萬元，20年後變成200萬元；如果按5%的年均複利計算，20年後100萬元就變成265.329,8萬元，比單利多65.329,8萬元。

（4）計息頻率的影響。利息計息頻率的大小會影響實際利率的大小，計息頻率越高，那麼實際利率越大。比如，10%的年複利率，如果一年計息一次那麼實際利率則為10%，如果一年計息兩次那麼實際利率則為10.25%，如果一年計息四次（即按季度計息）那麼實際利率則為10.51%。在此基礎上，當把計息頻率提高到無限大時，此時的利率就叫連續複利，它是一個理論上的利率水平。

二、貨幣時間價值的相關概念

由於貨幣具有時間價值，那麼不同時間點上的資金就不能直接進行加減比較。因此，當我們需要分析一系列現金流的價值時，就需要把不同時間點上的現金流進行折合。如果是將未來的現金流折合到當前，這個過程就叫貼現。在貼現過程中，有一些相關的概念需要界定。

【相關閱讀】

銀行的票據貼現業務

假設你有100元錢，但不是現在就有，而是6個月後會收到100元。但你現在急著用錢，那麼你告訴銀行，6個月後你肯定會收到100元錢，而且銀行也看到相應的證據，那麼你請求銀行現在給你100元用，6個月後收到100元後再還給銀行。

這時銀行就會告訴你，如果他現在把100元的存入銀行，或貸款出去的話，6個月後，銀行會收到一定利息，比如按照月息千分之五計算，6個月後銀行的100元，會變成100×（1+0.005）5＝102.525（元），也就是有2.525元的利息；如果他現在給你100元的話，他就損失了2.525的利息；但如果你可以支付2.525元的利息話，他現在可以給你100元。

因此，銀行現在最多只能給你100−2.525＝97.475（元），6個月後你再還給銀行100元。這就是貼現業務中付給銀行利息的原因，就是貨幣時間價值的體現。

（1）現值 PV。現值是指貨幣在現時的價值，即未來某一時點上的一定量現金折合到現在的價值，或者說是未來某個（或某些）時刻的現金流量按某種利率貼現到目前時點上的價值。通常用 P 或 PV 表示。

（2）終值 FV。貨幣在未來某個時間點上的價值，即若干年後資金的本利和。它分為單利終值和複利終值。單利終值是指一定金額的本金按照單利計算若干期後的本利和。複利終值是指一定金額的本金按照複利計算若干期後的本利和。通常用 F 或 FV 表示。

(3) 時間 t。金錢貨幣價值的持有時間，即理財規劃考慮的時段。

(4) 利率 r（或通貨膨脹率）。即影響貨幣時間價值程度的波動要素，分為單利和複利兩種形式。要注意的是，代表貨幣時間價值的利息率與借款利率、債券利率等與利率並不完全相同，因為借款利率、債券利率中的利息率除了包括貨幣時間價值因素以外，還包括了風險價值和通貨膨脹因素等。而只有在沒有風險和通貨膨脹的情況下，時間價值率才與以上各種投資報酬率相等。

(5) 年金 PMT。年金是指在某個特定時間段內一組時間間隔相同、金額相等、方向相同的現金流，即未來一段時間內的一系列的現金收付數額。通常用 A 或 PMT 表示。

例1　張先生現有資產100萬元，假如未來20年按5%的年均複利計算，那麼這筆錢20年後就成了265.329,8萬元。

即：$PV=100$萬元，$FV=265.329,8$萬元，$r=5\%$，$t=20$年

例2　每月投資1,200元，年收益20%，那麼可計算得到40年後資產本利和則為10,281元。

即：$PMT=1,200$元，$FV=10,281$元，$r=20\%$，$t=40$年

三、貨幣時間價值的計算

1. 單利終值與單利現值的計算

(1) 單利終值是指按單利計算的利息與本金之和。其計算公式為：

$$FV=PV+PV\times r\times t=PV(1+r\times t) \qquad 式 2.1$$

例3：設 PV 為100元，r 為10%，t 為3，則單利計息方式下各期終值為：

解：$FV_1=100\times(1+10\%)=110$（元）

$FV_2=100\times(1+2\times10\%)=120$（元）

$FV_3=100\times(1+3\times10\%)=130$（元）

(2) 單利現值是指依據未來的終值，按單利計算的現在的價值。單利現值的計算同單利終值的計算是互逆的，將單利終值計算公式變形，即得單利現值，由終值計算現值稱為折現。其計算公式為：

$$PV=FV/(1+r\times t) \qquad 式 2.2$$

例4　某人希望在3年後取得10,000元，用以支付一筆款項。問：在存款利率為5%，單利方式計算條件下，此人現在需存入銀行多少錢？

解：$PV=10,000/(1+3\times5\%)=8,695.65$（元）

2. 複利終值與複利現值的計算

複利，俗稱「利上滾利」，是指在計算利息時，把上期的利息並入本金內一起計算利息。因為複利能夠完整地表達貨幣時間價值，所以，貨幣時間價值一般採用複利計算方式。其相關計算公式為：

第一篇　理論篇

$$複利利息 = PV \times (1+r)^t - PV = PV \times [(1+r)^t - 1] \qquad 式 2.3$$

$$複利終值 = FV = PV \times (1+r)^t = PV (F/P, r, t) \qquad 式 2.4$$

式中 $(1+r)^t$ 通常稱作「複利終值系數」，它表示1元錢經過 t 年後，在利率 r 的作用下變成了多少錢。通常用符號 $(F/P, r, t)$ 表示複利終值系數，如 $(F/P, 2\%, 3)$ 表示利率為2%、3年期複利終值的系數。複利終值可以通過對數運算求得，但為了計算方便，可以查閱已經編好的各種利率對應的各期終值表，即複利終值系數表（見附錄1）。如通過該表可查出：$(F/P, 3\%, 3) = 1.09$。即在時間價值為3%的情況下，現在的1元和3年後的1.09元在經濟上是等效的，根據這個系數可以把現值換算成終值。

$$複利現值 = PV = FV \times (1+r)^{-t} = FV (P/F, r, t) \qquad 式 2.5$$

式中：$(1+r)^{-t}$ 稱為複利現值系數，它表示 t 年後的1元錢，在利率 r 的水平下相當於現在的多少錢，記作 $(P/F, r, t)$。同樣為了簡化計算，實踐中把 $(1+r)^{-t}$ 編成複利現值表，計算時直接查表（見附錄2）即可。如通過該表可查出：$(P/F, 3\%, 3) = 0.915.14$，即在時間價值為3%的情況下，3年後的1元和現在的0.915.14元在經濟上是等效的，根據這個系數可以把終值換算成現值。

例5：小陳希望5後得到200,000元來支付購房首付款，若年利率是6%，以複利計算，小陳現在應該存入銀行資金多少？

解：$PV = FV \times (1+r)^{-t} = FV (P/F, r, t) = 200,000 \times (1+6\%)^{-5}$

$\qquad = 200,000 \times (P/F, 6\%, 5)$

$\qquad = 200,000 \times 0.747.3 = 149,460$（元）

3. 年金終值的計算

年金終值 FVA，是指將每期發生的年金按照一定的利率，複利計算到未來某一時刻的價值之和，分為期末年金終值和期初年金終值。期末年金是指每期期末發生年金的收付，是最常見的一種年金；期初年金，又稱先付年金，是指每期期初發生年金的收付。具體如圖2-2所示。

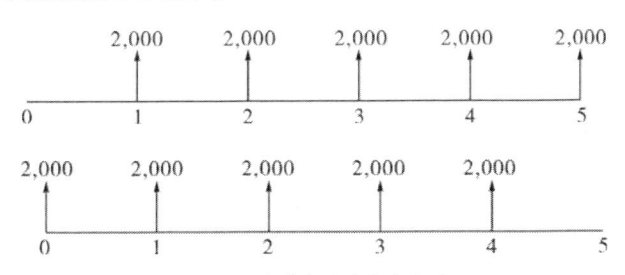

圖2-2　期末年金與期初年金

已知期末年金 A，那麼期末年金終值 FVA 的計算公式為：

$$FVA = A \cdot \frac{(1+r)^t - 1}{r} \qquad 式 2.6$$

式中，$\frac{(1+r)^t-1}{r}$ 為年金終值系數，它表示每期期末存 1 元錢，連續存 t 年，在利率 r 的作用下，t 年時的本息一共是多少。年金終值系數記為 $(F/A, r, t)$，可通過年金終值系數表（見附錄 3）查閱得到。

例 6：在未來 5 年中，每年年底存入銀行 100 元，存款利率為 8%，求第 5 年末年金終值？

$FVA = A \cdot (F/A, 8\%, 5) = 100 \times 5.87 = 587.00$（元）

4. 年金現值的計算

年金現值 PVA，是指將每期發生的年金按照一定的貼現率複利折算到現在的合計數。它也分為期末年金現值和期初年金現值。

已知期末年金為 A，那麼期末年金現值 PVA 的計算公式為：

$$PVA = A \cdot \frac{1-(1+r)^{-t}}{r}$$ 式 2.7

式中，$\frac{1-(1+r)^{-t}}{r}$ 為年金終值系數，它表示每期期末支出 1 元錢，連續支出 t 年，在利率 r 的作用下，那麼相當於現值一次性支出多少錢。年金現值系數記為 $(P/A, r, t)$，可通過年金現值系數表（見附錄 4）查閱得到，所以上式可寫為：$PVA = A \cdot (P/A, r, t)$。

例 7：某客戶在未來 10 年內，能在每年期末獲得 1,000 元，年利率為 8%，問其現值是多少？

解：$PVA = A \cdot (P/A, r, t) = 1,000 \times (P/A, 8\%, 10) = 1,000 \times 6.710,1$
     $= 6,710.1$（元）

第三節　投資理論

一、投資收益測定

1. 持有期收益和持有期收益率

持有期收益（Holding Period Yield），是指投資者在投資持有期間獲得的收益。持有期收益率是指，投資者在持有投資對象的一段時間內所獲得的資產收益率，它等於這段時間內所獲得的收益額與初始投資之間的比率。

用 P 表示資產的價格，下標表示交易的時間，即 P_0 表示當前資產的價格，P_1 表示下一個時期資產的價格，D 表示資產產生的收益（紅利或利息），n 表示持有時間。那麼買入資產的持有期收益率計算公式為：

$$r = [D + (P_1 - P_0)/n]/P_0$$

例如：投資者期初以 10 元每股買入 500 股某股票，期末以 9 元賣出，期間每股分紅 3 元。則他的持有期收益率為 $HPR = (9-10+3)/10 = 20\%$

2. 預期收益率

預期收益率是指投資對象未來可能獲得的各種收益率的平均值。任何投資活動都是面向未來的，而未來具有不確定性，因此投資收益也具有不確定性，也就是具有風險。為了便於比較，可以用預期收益（期望收益）來描述投資收益。

預期收益率的計算分為單一投資工具預期收益率和投資工具組合投資收益率兩種情形。單一投資工具的期望收益率是各種可能情形下收益率的概率加權值。

$$E(r) = \sum_{s=1}^{n} p_s r_s \qquad 式2.8$$

其中：$E(r)$ 為單一投資工具的期望收益率。

投資組合的收益率受組合中各種投資工具的預期收益率和組合中各種投資工具的初始比重的影響。其計算公式為：

$$E(rp) = \sum_{i=1}^{n} W_i E(ri) \qquad 式2.9$$

其中：$E(rp)$ 為組合的預期收益率；W_i 是某種投資工具的初始投資比重；$E(ri)$ 表示資產 i 的預期收益率。

3. 必要收益率

投資必要收益率，也稱為必要回報率，是指某種投資工具所要求的最低回報率。必要收益率由投資的真實收益率、投資期間的通貨膨脹率和投資的風險補償三部分構成。通貨膨脹和風險補償的收益合稱投資的風險報酬。

必要收益率 = 時間報酬+風險報酬

（1）投資的真實收益率。即貨幣純時間價值，是投資者放棄當前消費而進行投資而應得到的補償。它是假設在沒有通貨膨脹和其他投資風險的情況下，將來得到的貨幣的實際購買力要比當前投入的貨幣的實際購買力有所增加，真實收益率可以用某一確定的利率表示。

例如：某投資者現在願意借出 500 元，期限 1 年，以換取將來超過 500 元的消費，他預期到期收到 515 元，則多出的 15 元的投資收益就代表 500 元的純時間價值，即真實年收益率為 3%。

（2）通貨膨脹率。如果存在通貨膨脹時，投資者必將考慮通貨膨脹對貨幣實際購買力的影響，貨幣的使用應該得到通貨膨脹的補償，以保持真實收益率不變。

例如：假如上例中的投資者預期在投資期間通貨膨脹率為 5%，則他將要求得到 8% 的收益率，其中 5% 為通貨膨脹率，3% 為投資的真實收益率。

（3）投資的風險補償。除通貨膨脹外，投資收益通常還會受到其他各種不確定性因素的影響，由於大部分理性投資者都是風險厭惡型的，因此投資者將要求對承擔該風險而獲得收益上的補償。

如上例中的投資者如果考慮到借款人的信用狀況不佳，可能要求增加2%收益率進行風險補償，那麼投資者總的必要收益率則為10%，其中3%是貨幣的純時間價值，5%是通貨膨脹的補償，2%是該資產的風險補償，投資該資產的風險報酬率為7%。

二、投資的風險測定

風險是指未來收益的不確定性。風險有很多分類的方法，常用一種是按照性質劃分，風險可分為系統性風險和非系統性風險兩類。

系統性風險，即宏觀風險，是指由於全局性的因素而對所有投資工具收益都產生作用的風險，如經濟、政治、利率、通貨膨脹等都是導致系統性風險的原因。這些因素以同樣方式對所有投資工具的收益產生影響，由於是整體性的影響，因此系統性風險無法通過構造投資組合來消除或迴避，所以又稱為不可分散風險或不可迴避風險。具體包括市場風險、利率風險、匯率風險、購買力風險和政策風險等。

非系統性風險，即微觀風險，是指由於個別特殊情況造成的風險，它與整個市場沒有直接關聯，它是某一企業或某一個行業特有的部分風險。例如，公司的管理能力、勞工問題、消費者偏好變化等對某投資工具收益產生的影響。非系統風險對整個市場的價格變動不存在系統全面的聯繫，可以通過投資多樣化來迴避，所以又稱為可分散風險或可迴避風險。具體包括財務風險、經營風險、信用風險和偶然事件風險等。

風險是資產收益的不確定性，通常用資產收益率的波動情況來衡量，常用指標有方差、標準差或變異系數，以及貝塔系數。

（1）標準差，指投資工具收益的不確定性（即風險）由一組數據與其平均值的偏離程度來衡量。標準差越大，這組數據R_i相對預期收益率$E(R_i)$就越離散，或者說數據波動就越大，收益的不確定性也越大，資產的風險就越大。其計算公式：

$$標準差\ \sigma_i = \sqrt{\sum P_i \times [R_i - E(R_i)]^2} \qquad 式2.10$$

式中：P_i為R_i發生的概率；R_i為投資收益率；$E(R_i)$為股票i的預期收益率。

（2）方差，是標準差的平方運算，反應各種條件下的收益率與預期收益率的平均差異。

$$方差 = \sum P_i \times [R_i - E(R_i)]^2 \qquad 式2.11$$

（3）變異系數，指獲得單位的預期收益率須承擔的風險水平。兩個可供選擇的投資工具，變異系數越小，其投資工具就越優。其計算公式為：

$$變異系數\ CV = 標準差/預期收益率 = \sigma_i \div E(R_i) \qquad 式2.12$$

（4）貝塔系數（即β系數）。β系數是一種評估證券系統性風險的工具，用以度量一種證券或一個投資證券組合相對總體市場的波動性。

第一篇　理論篇

$$\beta_i = \frac{cov(r_i, r_M)}{\sigma_M^2} \quad\quad 式2.12$$

β_i表示資產i與市場組合M一起變動時證券收益變動的相對程度。$\beta = 1$，表示該資產的風險收益率與市場組合平均風險收益率呈同比例變化，其風險情況與市場投資組合的風險情況一致；$\beta > 1$，說明該資產的風險收益率高於市場組合平均風險收益率，則該單項資產的風險大於整個市場投資組合的風險；$\beta < 1$，說明該資產的風險收益率小於市場組合平均風險收益率，則該單項資產的風險程度小於整個市場投資組合的風險。

三、資產組合理論

現代資產組合理論是由美國經濟學家哈里・馬柯維茨提出的，該理論描述了投資怎樣通過資產組合，在最小風險水平下獲得既定的期望收益率，或在風險水平既定的條件下獲得最大期望收益率。其主要內容是進行資產配置和資本配置。

1. 資產組合原理

資產組合就是在市場上為數眾多的證券中，選擇若干證券進行組合投資，以求得單位風險水平上的收益最高，或單位收益水平上的風險最小，即建立一個風險最低、收益最佳的投資組合。資產組合的收益率和風險可用上一節講到的期望收益率和方差來計量。

2. 資產組合的原則

進行資產組合時有兩條基本原則。一是在既定風險水平下，預期收益率最高的投資組合；二是在既定收益率條件下，預期風險水平最低的投資組合。這就是均值-方差準則。

【趣味閱讀】

風險與收益的小故事

獨立設計師和工廠合作生產一款衣服，工廠負責生產，獨立設計師負責銷售。工廠來樣加工成本30元，出廠價38元，只賺8元利潤，而獨立設計師到市場銷售，衣服標價138元。若市場反饋良好，不考慮稅收、物流成本的情況下，扣除付給工廠的38元，每賣一件衣服賺100元。但反過來，如果獨立設計師設計的衣服不受市場歡迎，哪怕低於成本價38元甩賣，也無人問津。

設計師設計的衣服受市場好壞影響，承擔著比來樣加工的工廠更大的風險，而扣除出廠價後多出的100元就是風險溢價。

反觀來樣加工的工廠，市場好壞對工廠的影響很小，哪怕市場反饋不好，設計師仍需支付來樣加工的訂單款。如此，得不到該衣服的風險溢價理所當然。而工廠的風險只在於下次設計師還會不會找其合作。不過不合作也沒關係，還有很多企業

理財規劃實訓教程

會找工廠合作設計衣服。

就如同員工拿著固定薪水，卻無須承擔企業資金鏈緊張，破產的危機一樣。對於員工來說，老板不聘請他，或者失業就是最大的風險。而在這個企業破產，還能去下個企業上班。

你必須要承認你想要獲得高收益，就必須要承擔一定的風險這個事實，否則也需接受例子中生產服裝的工廠拿著固定的較低的利潤這個現實。

第四節　資產配置原理

一、資產配置的概念

資產配置，是指依據所要達到的理財目標，按照資產的風險最低與收益最佳的原則，將資金有效地分配在不同類型的資產上，建立一種增加收益和控制風險的資產投資組合。通過資本配置，我們可以降低投資組合的風險，保持穩健的投資收益率。

進行資產配置的依據主要有三個：
(1) 不同資產的報酬率不同；
(2) 不同資產的風險特性不同；
(3) 不同資產的價格波動性不同。

二、資產配置的基本步驟

資產配置的目的是要獲得最佳的投資組合，它需要通過完整的、縝密的流程來建立。進行資本配置時，通常有五個步驟：調查瞭解客戶、生活設計與生活資產儲備金、風險規劃與保障資產儲備、建立長期投資儲備和建立多元化理財產品組合。

第一步：調查瞭解客戶，是為客戶進行資產配置的基礎和前提。

內容：年齡、學歷、家庭結構、職業職位、收入狀況、理財目標、風險偏好、資產結構、性情愛好等。客戶的風險屬性主要包括客戶的風險承受能力和風險偏好兩方面因素。客戶的風險承受能力是指客戶在面對風險時，在財力和精神上的忍耐程度；而客戶的風險偏好則指客戶對待風險的態度，這兩者之間存在密切的關係。一個優秀的個人理財規劃師，應該首先考慮客戶的風險承受能力，再在其風險偏好的基礎上為客戶確定合理的風險水平。

第二步：生活設計與生活資產儲備，這是第一道防火牆，實現短期保障。

一方面要進行投資，另一方面要保障基本生活（儲備金）。

(1) 家庭儲備金保障的內容通常涉及四個方面。一是家庭基本生活支出儲備金，基本開支應預留 6~12 個月的基本生活費；二是意外支出或不時之需儲備金，

通常為5%~10%的家庭淨資產；三是家庭短期債務儲備金，保證3~6個月的信用卡透支、消費貸款月供；四是家庭短期必須支出，如買房買車、結婚生子、裝修、旅遊等。

（2）家庭儲備金的準備方式包括銀行活期存款、6個月的定期存款、貨幣市場基金等安全性、流動性好的產品。

第三步：風險規劃與保障資產儲備，這是第二道防火牆，實現中長期保障。

中長期面臨的風險往往較為巨大，中長期保障的內容應包括失業、疾病、意外、養老等。中長期保障的方式有三種，一是家庭成員的社會保險：醫療、失業、工傷、生育、養老等基本社會保障保險。二是家庭成員的重大疾病保險、意外保險、養老等商業性保險。三是家庭購買車輛、房產等財產性保險。

第四步：建立長期投資儲備。

長期儲備的主要內容包括，合理規劃消費與儲蓄，利用客戶的年度或月度結餘資金，為子女進行教育投資、養老投資等累積資金。還可以通過購買定期定額定投基金或零存整取的存款來實現。

第五步：建立多樣化的產品組合。

多樣化的產品組合是指，將客戶多年累積下來的閒置資金以及經過上述配置以後的剩餘資金進行投資組合。通常，可根據客戶的財務特徵、風險偏好和需求等情況來選擇高、中、低風險的產品進行比例合理的投資。可選擇的投資工具包括股票、債券、基金、黃金等。

【案例分析】

資產配置小案例

（1）背景資料

客戶：王小姐，單身

年齡：28

工作：2001年畢業，在上海外企部門管理

學歷：經濟專業/本科

儲蓄：累積時間5年，現有活期存款30萬元

年收入：起始期5萬元，目前15萬元

月支出：房租2,000元，生活費2,000元，其他開銷2,000元

（2）目標：貸款購房、買車、結婚、投資（收益率不需很高）、養老。

（3）理財建議：建立重大疾病、意外傷害保險保障，投入1萬~1.5萬元/年。

（4）建立長期投資儲備：定期定額投資平衡型基金5萬元/年，預計年收益率不低於10%，以建立養老投資基金。

（5）理財產品組合：股票指數基金10萬元，債券型基金10萬元，貨幣型基金5萬元，固定收益類理財產品5萬元。車房待有了結婚對象後再具體安排。

三、常見的資產配置組合模型

（1）金字塔型：資產的風險度由低到高、占比越來越小。這種組合的優點在於安全穩定。

①低風險、低收益資產（50%）：存款、債券、貨幣基金、房產。
②中風險、中收益資產（30%）：基金、理財產品、房產等。
③高風險、高收益資產（20%）：股票、外匯、權證等。

（2）啞鈴型：兩端大、中間弱。這種策略要求判斷經濟週期較為準確，它可以充分獲得投資黃金期的好處。

①低風險、低收益資產（比例高）：存款、債券、貨幣基金、房產等。
②中風險、中收益資產（比例低）：基金、理財產品、房產等。
③高風險、高收益資產（比例高）：股票、外匯、權證等。

（3）紡錘形：中風險、中收益的資產占主體地位，高風險與低風險的資產占比較低。這種組合安全性高，適合成熟市場。

①低風險、低收益資產（比例低）：存款、債券、貨幣基金、房產等。
②中風險、中收益資產（比例高）：基金、理財產品、房產等。
③高風險、高收益資產（比例低）：股票、外匯、權證等。

（4）梭鏢型：幾乎所有的資產都放在高風險、高收益的投資市場，屬於賭徒型的資產配置。其優點在於投資力度強，遇到投資黃金期能獲得高收益，但是穩定性差、風險度高。

①低風險、低收益資產（比例低）：存款、債券、貨幣基金、房產等。
②中風險、中收益資產（比例低）：基金、理財產品、房產等。
③高風險、高收益資產（比例高）：股票、外匯、權證等。

四、投資策略與投資組合的選擇

（一）市場有效性與投資策略的選擇

1. 隨機漫步（隨機遊走）學說

隨機漫步理論認為，證券價格的波動是隨機的，就像一個在廣場上行走的人一樣，價格的下一步將走向哪裡，是沒有規律的，是不可預測的。

隨機漫步理論是有效市場假說的基礎。這個理論認為在證券市場中，價格的走向受到多方面因素的影響。價格是對各種相關信息，包括政治、經濟和人文等各方面信息做出反應的結果。在已有信息下，股價表現為常規股價，如果出現新的信息，股價就會立刻做出上升或下跌的反應。每次價格的上升和下降與前一次價格變化沒有關係，只是與信息變動有關，股價只對新的信息做出上漲或下跌的反應。而由於新信息是不可預測的，所以股價同樣是不可預測的。如果股價是可預測的，就表明

市場中有未被人們捕捉到的信息存在，那麼市場是不充分的。所以股價已反應所有已知信息的現象被稱為「有效市場假定」。

有效資本市場假設理論認為，在一個有效的資本市場中，有關某個投資品的全部信息都能夠迅速、完整和準確地被某個關注它的投資者所獲得，進而這個投資者可以據此判斷該投資品的價值以做出買賣決策。反過來說，任何時刻的投資品價格都已充分反應了投資者當時所能得到的一切相關信息，該價格全面反應了該投資品的內在價值。

【趣味閱讀】

中國古代的有效市場思想

魏晉時期「竹林七賢」中的王戎，幼時即以聰慧出名。某日與玩伴同遊，見路邊一李樹結滿熟透的果實，眾人一擁而上，唯獨王戎頓足不前。同伴招呼他，王戎卻回答，此樹長於路邊，來往行人眾多，尚遺有果實累累，其味必酸。眾人一嘗，果如其言。

王戎若活在今日，必為有效市場的擁護者。

2. 有效市場

有效市場的概念，最初是由珐瑪（Fama）在1970年提出的。珐瑪認為，當證券價格能夠充分地反應投資者可以獲得的信息時，證券市場就是有效市場，即在有效市場中，無論隨機選擇何種證券，投資者都只能獲得與投資風險相當的正常收益率。

珐瑪根據投資者可以獲得的信息種類，將有效市場分成了三個層次：弱式有效市場、半強式有效市場和強式有效市場。具體見圖2-3。

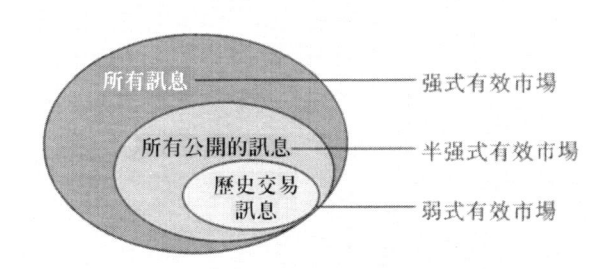

圖2-3 有效市場的類型

（1）弱式有效市場

弱式有效市場，指股票價格反應了全部能從市場交易數據中得到的歷史信息，包括歷史股價、成交量等。該假定認為，如果市場是弱有效的，則市場價格的趨勢分析（技術分析）是徒勞的，因為過去的市場價格資料都是公開的，隨時可以得

到。所以試圖利用歷史信息在市場上獲得超額利潤的機會是不存在的，所有的投資者在市場上具有同等的獲利機會，他們無法賺取超額利潤。

(2) 半強式有效市場

半強式有效市場，指股票價格充分反應了所有公開信息，包括歷史上的價格信息和公司新公布的財務報表等，也就是新公布的和過去的信息都反應在市場價格中。該假定認為，如果半強式有效市場假設成立，所有公開可獲得的信息都已經完全反應在當前的價格之中，所以投資者根據這些公開信息無法持續獲取非正常收益。此時，依靠企業的財務報表等公開信息進行的基礎分析法也是無效的，不能為投資者帶來超額利潤。

(3) 強式有效市場

強式有效市場，指股票價格充分反應了所有信息，包括公開信息和內幕信息。任何與股票價值相關的信息，都已經充分體現在價格之中。該假定認為，如果強式有效市場假設成立，那麼上述所有的信息都已經完全反應在當前的價格之中，所以即便是掌握內幕信息的投資者也無法持續獲取非正常收益。

3. 市場有效性假定對投資策略的意義

(1) 投資策略的類型

市場是否有效對投資策略有著重要的影響。根據市場的有效性，可以將投資策略分為主動型投資和被動型投資兩類。

主動投資策略，是指對資產進行積極的配置，包括技術分析和基本面分析兩種方法。技術分析是對股票歷史信息，如股價和交易量等進行研究，希望找出其波動週期的運動規律以期形成預測模型。基本面分析是利用公司的公開信息，如盈利水平和紅利前景、未來利率的預期及公司風險的評估來決定適當的股票價格。主動投資策略的隱含假設是市場是無效的或者是弱式有效的，因此投資者可以利用市場上的信息來獲取超額收益。

被動投資策略，是相信市場具有較高的有效性，投資者認為主動管理基本上是白費精力，股價已經反應了所有的信息，再去挖掘信息是徒勞的。該策略不試圖戰勝市場，取得超額收益，而是建立一個充分分散化的證券投資組合，以期取得市場的平均收益。

(2) 市場有效性假定與投資策略的關係

① 如果認為市場是有效的，市場價格波動只反應未來信息，那麼市場表現為隨機漫步，任何技術分析、基本面分析，甚至包括內幕信息都是徒勞的，投資者不可能通過分析手段獲得超額收益。因此，如果相信市場是有效的，投資者將採取被動投資策略。投資者只能通過建立一個充分的分散化的組合，獲取市場平均收益。

② 如果認為市場是完全無效的，此時市場價格不包含任何信息，投資者應該採取主動投資策略，即進行技術分析和基本面分析，此時的新信息都將帶來超額收益。

③ 如果相信市場是半強有效的，投資者可以採取主動策略，通過獲取內幕信息

來獲利。因為此時所有公開信息和歷史信息都反應在價格中了，只有內幕信息可以使投資者獲取超額收益。所以投資者的基本面分析和技術分析沒有用，但可以想方設法獲取內幕信息。

④ 如果相信市場是弱式有效的，投資者可以採取主動投資策略，通過基本面分析和內幕信息來獲利。此時市場價格已經反應了所有歷史信息，但可以通過基本面分析和內幕信息來獲利。因此投資者的技術分析沒有用，但可以進行基本面分析或者設法獲取內幕信息。

總之，如果相信市場無效，投資者將採取主動投資策略；如果相信市場有效，投資者將採取被動投資策略。

(二) 理財工具和投資組合的選擇

1. 理財工具分類

(1) 銀行理財產品。產品的開發主體是銀行，在充分調查客戶需求的基礎上，銀行利用自己的投資專業知識，運用不同的基礎資產開發出產品風險和收益特徵符合客戶需求的理財產品。一般而言，銀行理財產品的收益、風險和流動性通過預期收益率、風險等級和委託期三個要素特徵體現出來。

(2) 銀行代理理財產品。產品的開發主體是第三方，銀行在自己的渠道代理銷售。這些理財產品包括基金、保險、國債、信託以及一些黃金代理業務等。這些工具也具有不同的收益、風險和流動性特徵。

(3) 其他理財工具。既不是由銀行開發也不是由銀行代理銷售的一些理財工具，如股票、期貨、房地產等，這些理財工具也具有不同的收益、風險和流動性特徵，其中一些理財工具要求有較高的專業知識。

2. 理財工具風險和收益特徵

一般的理財產品涉及三個方面的特性：安全性、收益性、流動性。不同產品三性表現方式不同，投資者應根據自身的理財目標、風險偏好和財務狀況進行資產配置。

(1) 銀行存款：安全性高、流動性好、收益性差。

(2) 國債：最安全的投資工具，收益性略高於定期存款，但流動性較差。

(3) 公司債券：收益性高於存款與國債，安全性低。

(4) 股票：收益性高，安全性低，流動性好。

(5) 基金：介於股票與債券之間。

(6) 銀行理財產品：流動性差，安全性比基金、債券、股票高。

(7) 外匯：收益中等，風險高，流動性高。

(8) 房地產：流動性差，安全性高於證券，收益中等。

(9) 金銀：安全性高，收益性中等，流動性差。

(10) 期貨期權與彩票：收益率最高，風險最高。

常見的個人資產的配置組合方式見表2-5。

表2-5　　　　　　　　　　個人資產的配置組合

理財產品組合	特性	產品	用途
儲蓄產品組合	低風險 高流動性 收益不高	存款 貨幣基金 政府債券	日常生活開支 短期債務支出 突發的意外支出
投資產品組合	中等風險 中等收益	基金 藍籌股 銀行理財產品 指數投資	子女教育金 養老金 購房準備金 贍養父母儲備金
投機產品組合	高風險 高收益	金融衍生品 外匯 彩票 對沖基金	實現財務自由 不超過資產的10%

本章小結

　　生命週期理論指出，個人是在相當長的時間內計劃他的消費和儲蓄行為的，在整個生命週期內實現消費的最佳配置。人們通常在工作期間儲蓄，然後將這些儲蓄用於他們退休期間的支出。人口的年齡結構是決定消費和儲蓄的重要因素。

　　貨幣的時間價值，是指在不考慮風險和通貨膨脹的情況下，貨幣經過一定時間的投資和再投資所產生的增值，也稱為資金的時間價值。年金是指在一定時期內一系列等額收付的款項，通常記作A。年金的特徵是在一定的時期內，每次收付款的時間間隔相同，收付的金額相等，現金流的方向相同。年金按其每次收付發生的時點不同，可分為普通年金、預付年金、遞延年金和永續年金。

　　風險就是指在特定的時間內、特定的客觀情況下，某種收益或損失發生的不確定性。個人理財風險管理包含幾種方式：風險規避、風險控制、風險轉移、風險自留、風險分散。客戶的風險屬性主要包括客戶的風險承受能力和風險偏好兩方面因素。客戶的風險承受能力是指客戶在面對風險時，在財力和精神上的忍耐程度，而客戶的風險偏好則指客戶對待風險的態度。

　　有效資本市場假設理論認為，在一個有效的資本市場中，有關某個投資品的全部信息都能夠迅速、完整和準確地被某個關注它的投資者所獲得，進而這個投資者可以據此判斷該投資品的價值以做出買賣決策。根據市場的有效程度，應該合理選擇投資策略和理財工具。

思考題

1. 簡述生命週期理財理念的主要內容。
2. 結合當前的經濟背景，談談生命週期理論在中國目前的實際應用狀況以及對你有何啟示？
3. 人的生命週期可以分為哪幾個階段？指出每個階段的主要特徵及需要關注的理財目標。
4. 投資的收益和風險怎麼衡量？
5. 風險有幾種類型，它們的特徵是什麼？
6. 個人資產配置的種類有哪些？各自有什麼特點？
7. 市場有效性分為哪幾種類型，每種類型下的理財策略有什麼特徵？

課後閱讀

單身「月光族」如何在創業時買車

理財案例背景資料

單身小伙小王今年23歲，雖然參加工作不到半年，但業務做得還不錯。每個月除了基本工資2,000元以外，有時還拿到3,500元的獎勵。因為生活過得比較簡單，每月的開支僅有房租、餐費、交通等方面800元左右。但他是個好客之人，經常款待朋友，最終讓自己成為一個月光族。不過，小王的另一個身分是一學校附近小酒吧的老闆，雖然是和同學合夥的，還負債5,000元，但每月也能給他帶來幾百元到數千元不等的收入。而且，小王還是個「有志之士」，因為家裡將「贊助」住房，所以他計劃在三年內給自己買輛小車，將自己的小酒吧擴大經營，這到底該如何實現呢？

財務分析：「月光族」經濟基礎較薄弱

小王屬於典型的「月光族」，當前經濟基礎比較薄弱，抗風險能力較低；收入來源較為單一，但還算穩定，支出較高，影響資產淨值的增加，重點應減少不合理的消費習慣，養成良好的記帳習慣。此外，小王正處於個人職業生涯的初始創業階段，在滿足一般的社會生活需求的前提下，首先應考慮實現自我價值的提升，累積投資資金，再提高生活質量。

理財規劃

1. 取消不合理消費建收支表

小王首要的問題是如何積攢個人金融資產。首先小王的不合理消費集中在應酬方面，因此理財師建議小王減少一些不必要的應酬，或採取 AA 制消費形式。還可

以考慮將應酬活動多組織在自己的小酒吧內，不僅可以帶動酒吧人氣，還可以為酒吧增加一些收入。

同時，建立收支儲蓄表，為每筆收入和支出登記，盡量做到「不月光」。還得學會合理使用信用卡，避免消費過度，造成還款壓力。通過養成良好的理財習慣，小王最好能將自己的月平均支出降為2,000元左右。

2. 購債券基金實現買車

買車成為小王的首個理財目標。目前，經濟型小車價位為6萬~7萬元，上牌總共需7萬~8萬元。調整收入支配方式後，小王每月可供理財的資金約3,000元，每月投入其中2,000元，假設投資回報率5%~6%，3年後積攢資金約78,000元，可實現購置小車的計劃。建議理財配置為債券基金或偏股型基金定投組合，目前平均年化收益率5.5%左右。

3. 用酒吧分紅積攢擴業資金

按照當前酒吧盈利水平，小王將每月酒吧收入平均分配，假設平均每月可投資金2,000~3,000元，可供理財資金還結餘1,000元左右，小王每月可投入的理財資金至少有3,000~4,000元，投資回報率約6%，每月投入，3年後積攢個人擴業資金約12萬~15萬元。建議理財配置為股票型基金與偏股型基金定投組合，平均年化收益率6%~7%。

資料來源：佚名. 創業初期月入2,000月光族如何理財三年內買車［N］. 信息日報，2012-03-31.

第三章　理財規劃的工作流程

　　理財規劃是根據家庭情況和財務資源，為化解家庭風險，制訂的實現各階段人生目標的全面計劃，以實現高品質的生活目標。家庭理財規劃主要目標不可能，並且也沒有必要在同一時期實現，不同的人生階段有不同的需要優先實現的理財目標。例如，在家庭形成期需要購房規劃；家庭成長期則需要考慮子女高等教育規劃；家庭成熟期則更多側重於退休規劃。這就是所謂的人生三大重任。

　　一般而言，理財規劃基本程序（工作流程）包括以下七個方面：
（1）建立客戶關係；
（2）收集和整理客戶信息；
（3）瞭解和分析客戶的風險承受能力；
（4）分析客戶財務狀況並確定客戶理財目標；
（5）制訂理財計劃；
（6）實施理財計劃；
（7）監控計劃的實施，適時調整理財計劃。

第一節　建立客戶關係

　　理財規劃的第一步是通過宣傳、解釋，去發掘和發展客戶。在與客戶建立聯繫時要說明以下問題：理財規劃的概念及參加理財規劃的必要性；理財規劃提供的服務範圍、收費標準、職業道德及對客戶的要求；理財規劃師和客戶各自的權利和責任。

一、與客戶交談和溝通

建立客戶關係成功與否直接決定了理財規劃業務是否可以順利開展，在建立客戶關係的過程中，理財規劃師的溝通技巧顯得尤為重要。建立客戶關係最重要的方式是，與潛在客戶進行會談和溝通。與客戶會談的目的是瞭解客戶的基本情況、理財目標、投資偏好等，尋求建立客戶關係的可能性。

一般而言，在進行理財規劃時，選擇優先接觸服務的對象有四類：有錢但沒有時間去規劃及管理資產的客戶；目前雖非高資產族群，但積極規劃未來；有極高的家庭責任感，對子女也有很高期望的群體；家庭面臨較大變遷，需要特殊安排的群體。這四類客戶是重要的潛在客戶。在與客戶建立關係時有幾個方面的內容需要注意。

1. 理財規劃師的態度

與客戶進行交談溝通時，需要注意四點：①尊敬客戶，體現對客戶的重視；②真誠，發自內心地幫助客戶；③理解和包容，讓客戶感到自己的需求和現狀是被理財規劃師所接受的；④自知，清晰地認清自己的觀點和態度。

2. 如何開始交流

首先，雙方需要一個合適的交流環境，明確交流的目的和流程，以及本次交流所需的時間。然後，進行自我介紹和工作流程的介紹，清晰地表明自己的身分、觀點和態度，強調與客戶之間的合作關係。最後，應該注意與客戶討論的方式，給出雙方所期望的結果。

3. 主要交流手段和交流技巧

（1）語言。在與客戶的交流溝通中，應多採用解釋、安慰、建議、提問、總結式語言。同時，語言交流中需注意以下幾個問題：用語的特定意思、語速和長度，避免主觀臆斷，保持話語親切，不使用「保證」「肯定」「必然」等承諾性質的措辭，不使用直接或間接貶損其他機構或理財規劃師的語言，避免使用命令語氣。

（2）行為。由於在進行理財規劃或諮詢時，更多的時候是與客戶進行面談，因此還應該注意在行為行動方面的大方得體。交談時注意身體整體姿勢，客戶腿和胳膊的位置、面部表情、眼睛等；嗓音上注意音量和音調不宜過大或過小。

（3）交流技巧。交流時應把握關注、傾聽、反應三個技巧。關注：與客戶保持適當的距離，採取一種開放的姿勢，向客戶傾斜，保持眼神的交流，放鬆地去交流。傾聽：善於傾聽，注意力集中，發現細節。反應：微笑或點頭贊同，鼓勵客戶繼續說下去，轉述復述客戶的思路，幫助客戶理清思路，可以向客戶談自己的看法。

【傾聽遊戲】

仔細閱讀下列有關故事的提問，並在「對」「不對」「不確定」中做出選擇，

劃圈。請快速作答。

某商人剛關上店裡的燈,一男子來到店堂並索要錢款,店主打開收銀機,收銀機內的東西被倒了出來而那個男子逃走了,一位警察很快接到報案。

	正確	錯誤	不確定
1. 店主將店堂內的燈關掉後,一男子到達	T	F	?
2. 搶劫者是一男子	T	F	?
3. 來的那個男子沒有索要錢款	T	F	?
4. 打開收銀機的那個男子是店主	T	F	?
5. 店主倒出收銀機中的東西後逃離	T	F	?
6. 故事中提到了收銀機,但沒說裡面具體有多少錢	T	F	?
7. 搶劫者向店主索要錢款	T	F	?
8. 索要錢款的男子倒出收銀機中的東西後,急忙離開	T	F	?
9. 搶劫者打開了收銀機	T	F	?
10. 店堂燈關掉後,一個男子來了	T	F	?
11. 搶劫者沒有把錢隨身帶走	T	F	?
12. 故事涉及三個人物:店主,一索要錢款的男人以及一個警察	T	F	?

(4) 著裝。如果是公司統一的制服,要注意面料統一、色彩統一、款式統一、穿著統一。男士西裝要穿著合體、優雅、符合規範。穿著應該遵循三色原則,即襯衣、領帶、腰帶、鞋襪一般不超過三種顏色。遵循三一定律:鞋子、腰帶、公文包應為同一顏色。防止出現三大禁忌:袖口商標沒有拆,穿夾克打領帶、尼龍、白色襪子。女士裙服應符合規範,莊重大方,忌出現黑色皮裙,裙、鞋襪不搭配,襪子有破洞或光腳等情況。

(5) 與客戶直接接觸時,做到待客有禮,遵循「三到」原則。眼到,目視對方,交流眼神,注意眼神部位;口到,語言無障礙,避免出現溝通脫節;意到,表情、神態自然,注意與交往對象互動,舉止大方。

(6) 名片收取。與客戶首次交換名片時,要注意交互的順序。一般而言,名片遞交時應立身、走上前、雙手或右手、正面面向對方、由近及遠、由尊而卑的順序遞名片。名片接收時,應立身、面含微笑、目視對方、雙手或右手接、默讀一遍,使用謙恭敬語。

總之,與客戶溝通交流時一定要有良好、積極、樂觀、豁達的心態,每天不停的學習和進步,再總結和歸零,加以昇華和濃縮,靈活運用之。

理財規劃實訓教程

【情景模擬】

模擬理財諮詢

任務內容：以小組為單位，一人扮演理財經理，一人扮演客戶，模擬理財經理與客戶建立聯繫。根據給出的資料，抽簽決定小組所扮演的客戶角色，客戶角色如下：25歲剛參加工作的小年輕；27歲裸婚的夫婦；30歲剛結婚的年輕夫婦，有小孩；40歲中年夫妻；60歲的退休老大爺。

考慮各種可能的情形與客戶完成交流，最後由指導教師對部分實訓者或每個實訓者的部分內容進行抽查，實訓小組上臺展示。

情景一：第一通電話

理財經理：您好，先生/女士。我這邊是××資產理財中心，我姓××，我們公司主要是為客戶配置固定收益理財產品。現在有一個短期的理財產品，年化收益率是7%，週期一年，不知道您之前有沒有做過一些其他理財產品。

客戶：_____

理財經理：是這樣的，我們公司這個月推出一款理財產品，它的年化收益率是7%。如果說您有興趣的話，這兩天可以到我們公司來看看，瞭解一下。我們公司在……，您知道這個地方嗎？……離您那遠嗎？……

好的，我姓××，女士/先生您貴姓？我待會把我們公司地址和一些簡單的信息發給您，您可以到我們公司來看一下……

這邊我就不打擾您了。祝您工作愉快。

情景問題：

1. 客戶：我沒興趣

   理財經理：_____。

2. 客戶：我忙，沒時間

   理財經理：_____。

3. 客戶：要不你電話裡面給我講一講吧

   理財經理：_____。

4. 客戶：我不投資，怕風險，沒時間投

   理財經理：_____。

5. 客戶：我自己存銀行、炒股、買過基金

   理財經理：_____。

6. 客戶：有沒有資料？你把資料寄給我

   理財經理：_____。

7. 客戶：我沒錢

   理財經理：_____。

8. 客戶：我朋友買過理財產品，我也買過

理財經理：＿＿＿＿＿＿＿＿＿＿＿＿＿＿＿＿＿＿＿＿＿＿＿＿＿＿。

情景二：第二通電話

理財經理：您好先生/女士！我是昨天給您打電話的，××資產理財中心的×××，您還記得吧？是這樣的，我昨天給您發的短信收到了嗎？感覺怎麼樣？建議您及時過來瞭解，您明天上午或下午幾點可以到我們公司來看看，過來瞭解瞭解。

提示：產品一定要等來的時候再說。注意迴歸主題邀約客戶來公司詳談，創造一個積極、良好的思想環境。可以通過比較熱門的話題來引入。如：P2P這個市場前景比較好，持續性贏利，上海本地的正規公司合作，包括還有這麼多的優質理財產品，客戶群體、責任、細緻服務的團隊合作，沒有問題的。

二、確定客戶關係

1. 簽訂理財規劃服務合同

與客戶建立了良好的合作關係後，就可以簽訂理財規劃服務合同了。理財規劃服務合同的簽訂程序為：

（1）準備好合同文本。理財規劃師應準備好合同文本。理財規劃服務合同應符合《中華人民共和國合同法》（以下簡稱《合同法》）關於合同的一般規定，應採取書面形式，多數是由理財規劃師所在機構提供的格式合同。

（2）將合同交給客戶，並提醒客戶認真閱讀合同條款，並對客戶理解有誤或不理解的條款向客戶做出詳細解釋，盡量避免日後因對合同條款理解上的分歧而產生法律糾紛。

（3）審查客戶身分，確認客戶具有簽訂合同的行為能力。

（4）當面簽訂合同。如客戶對合同內容無異議，同意簽署合同，則要求客戶當面在相應的位置簽字。如合同為多頁，則要求客戶在每一頁上都要簽字。簽字完畢後，將合同收回蓋章，然後將其中一份交給客戶保管。

簽訂合同應注意以下幾個問題：①應以所在機構名義簽訂合同，而不是以個人名義；②合同條款若確實存在歧義，應提請所在機構的相關部門修改；③不得向客戶進行收益保證或承諾，不得向客戶提供任何虛假或誤導性的信息；④合同原件保存在所在機構，理財規劃師留存複印件。

2. 理財規劃服務合同的形式和內容

理財規劃服務合同應採用書面形式簽署，簽署人應以所在機構名義，不得以個人名義或他人名義建立合同。理財規劃服務合同的主要內容包括九個方面：當事人條款、鑒於條款、委託事項條款、理財服務費用條款、陳述與保證條款、當事人權利與義務、違約責任、爭議解決和特別聲明條款。

（1）當事人條款。當事人包括客戶和理財規劃師所在機構，個人理財業務的客

戶一般分為個人、中小企業，理財規劃師所在機構一般屬於公司或合夥機構。

（2）鑒於條款。鑒於條款又稱「敘述性條款」，是由雙方當事人就雙方訂約的目的、希望和意圖所做的陳述性說明。它並不是合同的必備條款，設定「鑒於條款」的原因在於，表明雙方簽約目的，一旦發生糾紛時可以探究當事人真實意思的表示。但是如果「鑒於條款」與合同主文內容相抵觸時，以主文內容為主。

（3）委託事項條款。這是合同的核心內容，雙方約定理財內容、理財目標等。

（4）理財服務費用條款。條款約定理財服務費用的金額，包括支付方式、支付步驟和接收帳戶的問題。值得注意的是，在費用金額較小的情況下，可根據所在機構的規定收取現金，不必要求客戶向指定的帳戶匯款。

（5）陳述與保證條款。條款規定客戶應承諾提供的信息真實，如因隱瞞真實情況、提供虛假或錯誤信息造成的損失，理財規劃師及所在機構不承擔任何責任；同時，理財規劃師所在機構和本人承諾向客戶提供的信息真實，如因誤導客戶或提供虛假信息造成客戶的損失，理財規劃師所在機構和理財規劃師本人應承擔賠償責任。

（6）當事人權利與義務。理財服務合同屬於雙務合同，即一方的權利就是另一方的義務。理財規劃師所在機構的權利是收取費用，理財規劃師所在機構的義務是提供理財服務、提供書面理財計劃、跟蹤和監督理財計劃執行、嚴守客戶秘密等。

（7）違約責任。合同約定對不履行或不依據合同約定全面履行合同約定義務的一方給予的懲罰內容。

（8）爭議解決。這是當雙方出現意思表達不一致時，對解決爭議方式的約定。解決爭議的方式有協商解決、訴訟和仲裁。通常當發生爭議時，首先進行協商解決，無法協商解決的再選擇上訴或者仲裁。要注意的是，訴訟和仲裁不能同時選擇；仲裁實行「一裁終局」，對於仲裁結果不服的不得再上訴。

（9）特別聲明條款。由客戶聲明已經清楚閱讀並全部理解合同條款，雙方確認該合同不是格式合同。

【延伸閱讀】

投資理財合同範本

甲方：　　　　　住址：　　　　　宅電：　　　　　手機：
身分證：　　　　開戶行：　　　　　　　　　　帳號：

乙方：　　　　　住址：　　　　　宅電：　　　　　手機：
身分證：　　　　開戶行：　　　　　　　　　　帳號：

一、定義

1. 甲方/客戶：協議出資人，系乙方提供的理財服務並與之簽訂服務協議的對象，亦是甲方。

2. 乙方：協議理財服務提供者，受甲方授權在指定帳戶內從事對應投資理財操盤者。

3. 本金：指甲方授權乙方在指定帳戶內從事對應投資理財的原始資金總額。

4. 保底收益：協議中乙方承諾甲方最低保證收益，等同協議期銀行存款定期年息兩倍。

5. 信富：理財服務品種，指「信任而富貴」，甲方負風險全責，享利70%；乙方享利30%。

6. 保富：理財服務品種，指「保障而富裕」，甲/乙各負風險50%，享利50%。

7. 安富：理財服務品種，指「安全而富有」，乙方負風險全責，享利75%；甲方享利25%及保底收益（等同協議期銀行存款定期年息兩倍）。

8. 投資對象：股票、黃金、外匯。

二、協議期限

本協議自乙方收到甲方理財帳戶操作原始密碼之日起正式生效，有效期限壹年。

協議期間不得半途中斷理財而提款，如甲方真有急需可與乙方協商終止合作，但如有損失由甲方全部承擔，乙方不負任何理財風險。如有利潤產生，甲方必須按協議給予乙方報酬。

三、甲方的權利與義務

1. 協議簽訂後，應盡早向乙方提供理財操盤原始密碼。

2. 在理財操盤期間不得改變操盤原始密碼而自己操盤。

3. 理財月結算期，負責向乙方提供協議報酬並及時將金額轉入乙方帳戶。

4. 按協議承擔規定的風險，享受規定的利潤分成。

5. 按協議享有理財過程中的風險損失知情權及協議規定的其他權利和義務。

四、乙方的權利與義務

1. 協議簽訂後，必須恪守誠實信用原則，殫精竭慮，專心打理，提供優質理財業績。

2. 在理財期間必須按月結算，準時通知甲方查帳及分享利潤提成。

3. 依協議規定承擔對應的理財風險及享有利潤分成。

4. 享有理財期間操作保密權，甲方不得干涉阻撓。

5. 如有規定，必須將過程損失按10%、20%、30%遞進及時告知甲方。

五、協議約定

1. 甲方委託乙方在2017年9月1日至2020年9月1日進行操盤理財，投資對象為股票、債券、黃金、外匯，理財服務品種：安全而富有，原始資金（本金）50萬。

2. 甲方享利25%及保底收益（等同協議期銀行存款定期年息兩倍）；乙方負風險全責，享利75%。

3. 本協議所有理財風險損失均指相對原始資金總額（本金）而言，所有風險承

擔皆以此計；協議期間甲方累積總利潤分成加最終資金大於本金加保底收益後，乙方不再承擔損失責任。

4. 合作雙方必須遵守誠實信用原則，保證提供的信息真實可靠，否則承擔由此造成的對方的損失。

六、違約責任及附則

1. 除不可抗力因素外，雙方必須守約，違約者須賠償對方損失，賠償額為本金的5%。

2. 本協議雙方各執一份，未盡事宜可協商補充；協議適合國家法律，並依法處理雙方爭議。

甲方：　　　　　　　　　　　　　　乙方：

日期：　　年　月　日　　　　　　　日期：　　年　月　日

第二節　收集客戶信息

一、客戶財務信息的收集和整理

理財規劃是建立在充分的個人財務信息搜集分析基礎之上的，個人財務信息可通過面談和問卷獲取，理財規劃師應先準備家庭信息採集表給客戶填寫，製作家庭（個人）財務報表，包括家庭資產負債表、家庭收入支出表（即現金流量表）。

家庭財務有效信息分為財務資源和債務信息，包括收入、支出、資產、負債、投資、保障情況、納稅情況，除此以外還有個人願望和生活目標，即客戶的消費計劃、子女培養計劃、退休計劃等。

1. 客戶的收支情況

客戶的收入由經常性收入和非經常性收入共同構成。經常性收入是指，企業或個人在其連續的、經常性的業務活動中，因生產或交付了商品，或提供了勞務，或進行了其他活動，而獲得的資產或清償的債務（或兩者兼而有之），包括工資收入（一般工資收入、津貼、獎金）、投資收益（實業投資、金融投資、不動產投資、藝術品投資等收益）、退休金收入等。非經常性收入是指，偶然性的不可持續的收入來源，如彩票中獎的獎金。出於謹慎的考慮，理財師不僅應對經常性收入部分進行預測，而且對於非經常性收入也要進行預測。

類似的，客戶的支出也由兩部分構成，經常性支出和非經常性支出。經常性支出是指，生活中按期支付的費用，如衣食住行發生的費用；非經常性支出是指，不定期出現的費用支出，如意外傷害產生的費用。客戶年收入支出表如表3-1所示。

表 3-1　　　　　　　　　　　客戶年收入支出表

姓名：			日期：
一、收入			
		數量	占總收入的比例
工資和薪金 （稅後淨收入）	姓名：		
	姓名：		
自雇收入（稿費及其他非薪金收入）			
獎金和佣金			
投資收入	利息		
	資本利得		
	分紅		
	租金收入		
	其他收入		
其他收入			
總收入			
二、支出			
		數量	占總收入的比例
房產	租金/抵押貸款支付(包括保險和納稅)		
	修理、維護和裝修		
日常生活開支	水電煤氣等費用		
	通信費		
	交通費		
	日常生活用品		
	外出就餐		
	其他費用		
購買衣物開支	衣服鞋子及附件		
個人開支	化妝品、美容、美髮（女）		
	個人支出（男）		
休閒和娛樂	度假		
	其他娛樂和休閒		
贍養支出	男方父母		
	女方父母		
商業保險費用	人身保險		
	財產保險		
	責任保險		
醫療費用	醫療費用		
其他支出項目			
總支出			
現金結餘（或超支）[總收入-總支出]			

2. 資產負債情況

客戶的資產可分為金融資產、實物資產和其他個人資產。金融資產主要指現金或現金等價物以及其他資產。實物資產包括動產和不動產，動產是指能夠移動而不損害其經濟用途和經濟價值的實物，比如汽車、衣服、手機等；不動產主要指房屋和土地等不能移動的財產。

客戶的負債分為個人負債和企業負債中具有連帶責任的部分，按照時期來分可進一步分為短期負債和長期負債。個人（家庭）資產負債表如表 3-2 所示。

表 3-2　　　　　　　　　　個人（家庭）資產負債表

姓名：			日期：
資　產			金　額
金融資產	現金與現金等價物	現金	
		活期存款	
		定期存款	
		其他類型銀行存款	
		貨幣市場基金	
		人壽保險現金收入	
		其他現金資產	
	現金與現金等價物資產小計		
	其他金融資產	債券	
		股票及權證	
		基金	
		期貨	
		外匯實盤買賣	
		人民幣及外匯理財產品	
		保險理財產品	
		證券理財產品	
		信託理財產品	
		個人社保養老金餘額	
	其他金融資產小計		
	金融資產小計		
實物資產	自住房產		
	投資的房地產		
	機動車		
	家具和家用電器（折舊後價值）		
	黃金珠寶首飾收藏品類		
	其他資產		
實物資產小計			
資產總計			
負　債			金　額

第一篇　理論篇

表3-2(續)

短期負債	信用卡透支		
	個人借款		
	醫療欠費		
	分期付款消費貸款		
中長期負債	房貸餘額		
	車貸餘額		
	創業貸款餘額		
	其他貸款		
負債總計			
淨資產〔總資產-總負債〕			

3. 社會保障情況

個人社會保障分為政府保障、企業保障以及個人商業保障三個方面。政府舉辦的養老社會保險計劃分為養老保險、失業保險、基本醫療保險、工傷保險、生育保險、社會救濟、社會福利計劃等。

企業的補充養老保險計劃主要指企業年金。企業年金是指企業及其職工在依法參加基本養老保險的基礎上，依據國家政策和本企業經濟狀況，經過必要的民主決策程序建立的享受國家稅優支持的養老保障計劃。除此以外，個人還可以根據自己的偏好和財務狀況進行商業保險或者其他方式的保障。

4. 風險管理信息

首先要根據客戶目前的保險保障情況，判斷哪些屬於可保風險，可保風險是保險人可接受承保的風險，即符合保險人承保條件的風險，是風險的一種形式。可保風險應具備下列條件：①可保風險是純粹風險；②風險的發生必須具有偶然性；③風險的發生是意外的；④風險必須是大量標的均有遭受損失的可能性；⑤風險的損失必須是可以用貨幣計量的。不滿足上述條件的是不可保風險。其次是針對不同的風險類別進行相應的理財規劃。

理財規劃涉及的保險主要有三類：人身保險、財產保險、責任保險。這三類保險在第二篇的保險規劃裡進行詳細介紹，這裡就不再贅述了。

5. 遺產管理信息

客戶的遺產信息內容要關注幾個方面：客戶是否擬定了遺囑，遺囑的形式和內容是否合法，客戶是否擬使用遺囑信託方式管理財產，客戶目前對遺產的分配安排有無疑問或要求。

二、客戶非財務信息的收集和整理

非財務信息是指除財務信息以外與理財規劃有關的信息，包括客戶的社會地位、年齡、投資偏好、健康狀況、風險承受能力和價值觀等。非財務信息可以幫助理財

師進一步瞭解客戶，對個人理財方案的選擇和制訂有直接影響。

1. 客戶個人基本非財務信息

基本非財務信息需要收集客戶的姓名和性別，職業和職稱；工作的安全程度、出生日期和地點；健康狀況，子女信息，婚姻狀況，客戶聯繫方式。具體如表 3-3 所示。

表 3-3　　　　　　　　　　客戶個人非財務信息調查表

項目	本人	配偶	其他成員
姓名			
性別			
出生日期			
出生地點			
參加工作時間			
職業			
職稱			
工作單位			
工作安全程度			
退休日期			
婚姻狀況			
健康狀況			
家族病史			
家庭住址			
單位地址			
家庭電話			
單位電話			
移動電話			
電子郵件			

2. 客戶心理和性格特徵分析

（1）客戶地域差異。在收集理財信息時要注意客戶的地域差異。一般而言，北方人比較重視「開源」，看重目前生活品質；南方人的理財觀念強，生活要求精益求精。

（2）客戶個性偏好分析模型。通常根據個性偏好特徵可以把人們分成四類。理想主義者，是直覺和情感的組合，「理想主義者」型的人感興趣的是事物的意義、關係和可能性，並基於其個人的價值觀念做出決定。這是一類關心個人成長和理解他人與自我的人。現實主義者，現實主義既是一種世界觀，也是一種包含了各種現實主義者的理論和觀點，借以產生、發展的一套假定的研究範式。現實主義者把歷

史看成循環的而不是進步的，他們對於人類是否有能力克服反覆出現的衝突，建立持久的合作與和平深表懷疑。實用主義者，一切以有用和沒用作為行為評價標準的人。實用主義把實證主義功利化，強調「生活」「行動」和「效果」，它把「經驗」和「實在」歸結為「行動的效果」，把「知識」歸結為「行動的工具」，把「真理」歸結為「有用」「效用」或「行動的成功」。行動主義者，是有野心的，有明確目標的一類人，樂於承擔風險，面對問題積極採取行動。具體如表3-4所示。

表3-4　　　　　　　　　　客戶個性偏好特徵

現實主義者	理想主義者	行動主義者	實用主義者
實事求是	個性化	有野心	靈活
仔細	友善	願意競爭	綜合
客觀	大方	主動	無限制
有節制	信任他人	積極行動	多樣化
獨立	積極上進	有目標	合作
理性	敏感	自信	因地制宜
理性化分析問題	情緒化	自傲	明智
準確	相信直覺	行動迅速	試探
精細	仁慈	有決心	可通融
有條理	善於接受新事物	精力充沛	適用性強
理論性	熱情	願意承擔風險	友善
系統性	專注	強硬的	喜歡社交
善於反省	謙虛	果斷	謙虛
拘謹	想像力豐富	有回應	有見地
保守	有教養	熱切	創造性
明智	願意幫忙	充滿熱情	謙讓
徹底	有同情心	有組織能力	開放
有序	合作	有進取心	溫順
簡約	忠心	有控制能力	可調整
謹慎	開放	勇敢	有洞察力
講究方法	願意協助		權衡利弊
注重細節、耐心	樂觀、善良		

（3）客戶心理分析模型。按照榮氏模型分為四種心理類型，分別為直覺型、思想型、內在感應型和外在感應型。其具體特徵如表3-5所示。

表3-5　　　　　　　　　　　　四類心理特徵簡略特徵描述

類型	典型行為	辦公室環境特點	衣著特點
直覺型	高尚但冷漠、客觀 常常改變主意或離題 想像力豐富，思路新穎	布置辦公室發揮豐富的想像力，選擇一些新型的家具	難以預測，常常變換衣著式樣，並按自己的理念和想像力選擇十分新潮或十分過時的穿著
思想型	工作認真、有序、辦事準確，有效率但形象黯淡 說話語調缺乏變化 謹慎分析、權衡數據	喜歡在一個整潔不受干擾的環境下工作，辦公室家具賞心悅目但較傳統	保守、正義，服飾搭配協調但缺乏新意
內在感應型	熱情友善，有時過於熱情 有時處理問題不區分工作和私人事務 喜歡交談，決定之前希望能夠徵求每個人的意見	辦公室擺設個性化，不喜歡正式的家具，家居化的辦公氛圍，喜歡暖色、古色、大而有生氣的植物和紀念品，對快照有情獨鐘	著裝十分個性化，隨時選擇，常常出人意料，喜歡色彩鮮豔，非正式的衣服，有許多感性的服裝
外在感應型	態度有時粗魯且多變化，說話直接，目的明確，習慣打斷別人的話題和控制談話內容，辦公室雜亂無章、無耐心，獨自決定事情，不喜歡考慮他人意見	不時會製造一些難以控制的混亂，辦公桌大而亂，工作忙，難以保持整潔，處於執行任務的緊張狀態下	休閒而簡單的服裝，設計受到人們的歡迎，希望穿著整潔而不誇張

（4）客戶風險偏好。客戶的風險偏好是指客戶對待風險的態度和風險承受能力。風險態度是客戶對待風險的偏好程度，有風險厭惡型、風險偏好型和風險中立型三類。理財規劃師應經測試而瞭解客戶的世界觀、人生觀、價值觀、期望值，分析客戶的風險承受能力，從而確定客戶的風險承受水平。客戶的風險承受水平一般可分為保守型、中庸型和進取型，在此基礎可細分為五類。具體如表3-6所示。

表3-6　　　　　　　　　　客戶風險偏好類型與資產組合選擇

類型	資產組合	增值潛力
保守型	成長性資產：30%以下 定息資產：70%以上	資產增值的可能性很小
輕度保守型	成長性資產：30%～50% 定息資產：50%～70%	資產有一定的增值潛力
中立型	成長性資產：50%～70% 定息資產：30%～50%	資產有一定的增值潛力，資產價值亦有一定的波動
輕度進取型	成長性資產：70%～80% 定息資產：20%～30%	資產有較大的增值潛力，但資產價值波動較大
進取型	成長性資產：80%～100% 定息資產：0%～20%	資產增值潛力很大，資產價值的波動很大

三、瞭解客戶的期望理財目標

理財目標是指，客戶通過理財規劃所要實現的目標或滿足的期望。客戶在尋求理財規劃師幫助的同時，通常心目中有自己設想的期望目標。當然，一個合理的理財目標，絕不是客戶一廂情願的結果，是理財規劃師根據客戶的財務狀況，綜合客戶的投資偏好、風險偏好和其他信息形成的。可以說，理財規劃師幫助客戶形成合理的理財目標，是制訂合適的理財方案的關鍵步驟之一。

1. 客戶的類型

(1) 螞蟻族：先犧牲後享受。

螞蟻族也可稱為偏退休型，此類人群的特點是儲蓄率高，最重要的目標就是退休規劃，先犧牲後享受。螞蟻每天都在為自己的生存而努力工作，這類人群就像是螞蟻一樣，處事小心翼翼，總把工作放在第一的位置上，終日勞作而不在乎眼前的享受。他們的性格是吃苦在前、享受在後。該人群的理財態度往往量入為出，買東西精打細算，不向人借錢也不用銀行信用貸款，有儲蓄的習慣，願意投資理財，是先犧牲後享受型，眼光長遠。

投資建議：可選擇多種不同類型的理財產品進行組合，在進行產品組合時，要根據個人實際風險承受力，適當地分配各類型產品的投資比例，以達到分散風險的效果。保險方面可選擇養老保險或投資型保險。也可投資實物黃金，黃金與其他投資產品相比，具有價值變動微小、流動性好的優點，是對付通貨膨脹的有效手段，其另一個重要功能就是規避匯率風險。

(2) 蟋蟀族：先享受後犧牲。

蟋蟀族也可稱為偏當前享受型，此類人群的特點是儲蓄率低，最重要的目標就是當前消費，先享受後犧牲。此類人群代表的是時下喜歡消費的人群，比較注重眼前的享受，當前消費的效用大於對未來的期待。他們的理財態度是缺乏理財概念，透支未來，是衝動型的消費者，喜歡進行貸款或用信用卡提前消費。

投資建議：削減30%月開支，進行強制性儲蓄，如若控制力不強，可採取基金定投方式進行強迫儲蓄，讓月光族變成「月攢族」，在保險方面可選擇基本需求的養老金。

(3) 慈鳥族：一切為子女。

慈鳥族也可稱為偏子女型，此類人群的特點是子女教育支出占一生總所得10%以上，犧牲當前與未來的消費，自己不用，留給子女當遺產。此類型人群理財態度是優先安排子女教育規劃，子女高等教育金支付期與退休準備期高度重疊，如果不提早規劃子女教育，可能會因為供子女上大學而犧牲退休生活質量，子女高等教育的學費增長率無法預估，所以需要從寬規劃。將孩子未來的前途放在首位，為孩子提供最好的教育和生活條件，重視家庭成員的生活質量。

投資建議：可投資債券、低風險基金、教育儲蓄等，長期持有，收益至少可達到5%以上。保險方面可考慮子女教育年金。

（4）蝸牛族：背殼不嫌苦。

蝸牛族也可稱為偏購房族，此類人群的特點是購房本息支出在收入30%以上，犧牲當前與未來的享受，換得擁有自己的房子，為殼辛苦為殼忙。此類人群的理財態度是買房花費成為最大的開支，月供成為家庭最大月支出，有賺錢的機會不排斥錢生錢，關注家庭理財。

投資建議：優先安排購房規劃，密切關注貸款利率政策信息，利用國家房屋貸款利率優惠政策減少利息支出。採用一年支取一次公積金提前還貸，可大大減少財務壓力。可投資中短期優質基金或者銀行理財產品。保險方面可投資短期儲蓄險或者房貸險。

2. 客戶理財需求與目標的確定

客戶現行的財務狀況是實現其財務目標的基礎，理財規劃師在提出具體理財方案之前，必須客觀地分析客戶的現行財務狀況。金融理財師在提出具體的理財規劃方案之前必須對客戶的財務狀況有全面和深入的瞭解。對客戶財務狀況的分析包括對客戶資產負債表、現金流量表及財務比率的分析。在資產負債表和現金流量表的基礎上，以比率的形式反應客戶現行財務狀況。

在財務分析基礎上，金融理財師還要根據前面掌握的客戶的信息、理財目標，預測客戶未來的現金流量表。通過資產負債表、收入支出表和現金流量預算表，計算針對個人財務狀況的考核比率。對家庭財務指標比率進行分析，可以隨時瞭解自己的財務狀況，發現自己的財務問題，及時採取合適的理財措施。主要家庭財務比率的計算與參考標準如下所示。

（1）結餘比率，是指年結餘與年稅後收入的比率值，一般30%比較正常。

（2）投資與淨資產比率，一般標準值為50%。

（3）清償比率，是指淨資產與總資產的比率值，一般大於50%比較穩妥。

（4）負債比率，是指負債與總資產的比率值，這個值小於50%比較穩妥。

（5）即付比率，是指流動資產與負債總額的比率值，一般大於70%比較穩妥。

（6）負債收入比率，是指負債除以稅後收入的比率值，這個值不應該超過40%。

（7）流動性比率，是指流動性資產與月支出的比率值，通常大於3比較安全。

進行財務診斷時，首先針對客戶各具體的理財目標，進行需求分析，計算所需資金或者時間；然後，協調各針對性的理財目標，進行總體的、全面的需求分析，計算所需資金或者時間，判斷理財目標是否可以實現，從而確定理財目標。理財目標應符合以下原則：目標要符合個人實際，切實可行；目標先後有序便於動態調整；

表 3-7　　　　　　　　　投資需求和期望理財目標分析表

	期望達到、保持或需要的數量或比率	重要性（特別重要、重要、一般）
現金準備	人民幣（　　）萬元	
綜合投資需求	年收益率（　　）%	
債券投資需求	年收益率（　　）%	
保險投資需求	年收益率（　　）%	
基金投資需求	年收益率（　　）%	
股票投資需求	年收益率（　　）%	
支出目標（1）	（　　　　　）萬元	
支出目標（2）	（　　　　　）萬元	

第三節　制訂理財方案

　　理財規劃師的進一步工作是制訂切實可行的理財方案，使客戶從目前的財務狀況出發實現修正後的目標。理財方案應因人而異，即針對特定客戶的財務需要、收入能力、風險承受能力、個性和目標來設計。理財方案應該是明確的，具體到由誰做、何時做、做什麼、需要運用哪些資源等；理財方案還必須是合理可行、客戶可以接受的。通常，理財方案的報告應採取書面形式，在文字說明的基礎上應插入一些曲線圖、圖表及其他直觀的輔助工具，以使客戶易於理解和接受。

　　在將各種策略整合成一系列的初步建議後，理財規劃師需要將這些建議變成正式的書面理財方案呈遞給客戶。為了保證理財方案的規範性，書面理財方案需要有一系列的基本要素，不論理財規劃師最終的書面方案採用何種格式，都要確保客戶能夠理解其提出的理財方案並徵詢意見。如客戶閱讀之後對理財方案表示不滿意並提出修改要求，理財規劃師應採取妥善方法應對這種修改要求。

　　理財規劃師在進行理財規劃時，要綜合考慮每一具體項目的規劃，運用掌握的專業知識，結合客戶的實際情況，最後形成整體理財方案。理財規劃師要確保已經掌握客戶的所有相關信息，弄清客戶的理財目標和要求，保證客戶當前的財務安全。

一、確定客戶理財目標

　　理財規劃的總體目標有兩個：財務安全和財務自由。具體目標是為實現總體而細分的目標，可分為：保持必要的資產流動性；合理的消費支出；實現教育期望；完備的風險投資；累積財富；合理的納稅安排；安享晚年；有效的財產分配與傳承等。

　　理財目標要具有可度量性和時間性，即理財目標結果可以用貨幣精確計算，而

且要有實現目標的最後期限。同時，理財目標應該建立在客戶收入和生活狀況的基礎上，脫離實際去追求遙不可及的理財目標可能會危及整個理財活動，甚至危及客戶的基本生活或正常生產經營活動。金融理財師確定客戶理財目標的步驟有三個。

1. 列舉客戶所有的目標

通過與客戶最近的交流，金融理財師把客戶所能想到的願望和目標全部寫下來，包括短期目標和長期目標。金融理財師要誘導客戶說出自己的真實想法，同時也要考慮其他因素，爭取窮盡客戶所有的目標。不論客戶的目標能否實現，是否合理，先記錄下來然後再挑選。

2. 選擇並確立基本理財目標

在客戶眾多的理財目標中，金融理財師要挑選出能夠量化和實現的理財目標，然後把選擇出來的理財目標轉化為要在一定時間內實現的、具體數量的資金量，按時間長短、優先級別進行排序，確定基本理財目標。

基本理財目標就是生活中支出比較重大的、持續時間較長的目標，如養老、購房、買車、子女教育等。金融理財師要根據客戶的財務狀況對其目標進行排序、整理，使確立的理財目標符合客戶的要求，而不能一味地向客戶推銷理財產品。

3. 細化目標

細化目標就是為理財目標制訂一個詳細的計劃。有些目標不可能一步實現，這樣可以把基本理財目標分為若干個二級目標，甚至更細的目標，從而使理財目標更具有方向感。

理財目標按時間長短分為短期理財目標、中期理財目標和長期理財目標。短期理財目標是 5 年左右，中期理財目標是 6~10 年，長期理財目標為 10 年以上。按照理財目標的重要性分為必須實現的目標和期望實現的目標。

二、制訂具體規劃方案

制訂理財計劃即製作一份全面的理財建議書，其結構與內容應包括九個方面的內容：

（1）封面。

（2）致客戶函。

（3）客戶基本信息。

（4）客戶基本財務狀況及分析。

（5）客戶的理財目標及風險偏好分析。

（6）客戶特殊財務問題（大額消費或借貸、遺產傳承）。

（7）客戶基本理財規劃（購房規劃、保險規劃、子女教育規劃、養老規劃）。

（8）規劃總結。

（9）反饋與監控（反饋的時間、監控的內容、調整規劃的條件）。

一份合適的理財建議書應具有以下特點：結構合理、語言親切、通俗易懂；財務診斷正確、理財目標清晰、理財邏輯嚴謹；假使條件合理，需求分析思路和計算正確；所選方案能實現優化配置資源和收益均衡的目的；產品推薦符合客戶需求，誠實提示風險；理財建議書既有代表性，又有針對性。

具體的理財規劃類型主要有以下幾類：

（1）現金規劃。現金規劃是對家庭或者個人日常的、日復一日的現金及現金等價物進行管理的一項活動。這裡的現金是指廣義的現金，流動性比較強的現金、大額存單或儲蓄存款等都可作為現金。

（2）消費支出規劃。影響家庭財富增長的重要原則是「開源節流」，在收入一定的情況下，做好消費規劃對家庭財務狀況具有重要的影響。消費支出規劃主要包括住房消費規劃、汽車消費規劃、子女教育規劃、信用卡與個人信貸消費規劃等。

（3）風險管理與保險規劃。風險是人或事物遭受損失或損害的可能性，即損失的不確定性。人的一生當中，常常會面臨一些意想不到的風險。

（4）教育規劃。為了滿足子女的教育資金的需求，而對客戶的教育投資進行的合理規劃。

（5）投資規劃。投資是指為了獲取預期的未來的不確定收益，而將現期一定的經濟來源轉化為資本或資產的經濟行為。投資規劃就是對客戶的金融投資進行合理規劃，通過對投資方向和時間的恰當選取分散風險，從而保障投資目標的實現。

（6）稅收籌劃。稅收籌劃又稱節稅，是指納稅人在法律允許的範圍內，通過對經營、投資、理財等經濟活動的事先籌劃和安排，充分利用稅法提供的優惠和差別待遇，以減輕稅負，達到整體稅後利潤最大化。

（7）退休養老規劃。退休規劃就是為了保證客戶在將來有一個自立、尊嚴、高品質的退休生活，而從現在開始積極實施的理財方案。

（8）財產分配和傳承規劃。幫助客戶設計遺產傳承方式，以及在必要的時候幫助客戶管理遺產，並將遺產順利地傳承到受益人的手中。

三、交付理財規劃方案

理財規劃方案的交付分為首次交付和理財規劃方案的修改。理財規劃方案的首次交付需要製作文件文本並交付方案文本。理財規劃方案的修改是指根據其他專業人士的意見改進理財方案，或根據客戶意見修改理財方案，或者因理解差異修改方案。

當理財方案經過必要的修改最終交付客戶後，客戶相信自己已經完全理解了整套方案，並且對方案內容表示滿意，此時理財規劃師可以要求客戶簽署客戶聲明。一般來說，客戶聲明應包括：已經完整閱讀該方案、信息真實準確沒有重大遺漏、理財規劃師已經就重要問題進行了必要解釋、接受該方案。

理財規劃實訓教程

【相關閱讀】案例分析

李先生今年38歲，在金融部門任職，月收入10,000元；其妻子36歲，公務員，月收入3,000元。他們有一個五歲的孩子，孩子平均每月花費800元。雙方父母獨立生活，均有退休金，但家庭需付雙方父母生活費每月500元，共計1,000元。家庭每月的基本生活開銷為5,000元，朋友往來以及玩樂等每月花費1,000元。此外，每年年終，李先生還會有一筆年終收入2萬元。丈夫每年住房公積金餘額為3萬元，妻子住房公積金為1.8萬元。年底家庭開支主要為拜訪雙方親戚及外出旅遊，約需1萬元。另外，家庭有3萬元定期存款（還有3年到期）和2,000元活期儲蓄。李先生一家居住在一套四室兩廳房子，市值100萬元，已付全款。另購兩室一廳房子一套，未交房，市值50萬元，已付全款。夫妻二人都參加了社會養老、醫療、失業保險，但未購買任何商業保險。

請對李先生的家庭財務狀況進行理財分析並為其家庭設計理財規劃綜合方案。

一、客戶財務狀況分析

1. 客戶資產負債表

資產負債表

日期：2005-12-31　　　姓名：李先生家庭

資產	金額	負債	金額
現金		住房貸款	0
活期存款	2,000	其他負債	0
現金與現金等價物小計	32,000	負債總計	0
其他金融資產	48,000		
個人資產	1,500,000	淨資產	1,500,000
資產總計	1,580,000	負債與淨資產總計	1,580,000

2. 客戶現金流量表

現金流量表

姓名：李先生家庭

收入	金額	百分比	支出	金額	百分比
工資+獎金	224,000	100%	按揭貸款	0	0
投資收入	0	0	日常支出	60,000	58%
收入總計（+）	224,000	100%	其他支出	43,600	42%
支出總計（-）	103,600	46%	支出總計	103,600	100%
結餘	120,400	54%			

第一篇 理論篇

3. 客戶財務狀況的比率分析
(1) 客戶財務比率表。

客戶財務比率表

結餘比率	0.54
投資與淨資產比率	0
清償比率	1
負債比率	0
即付比率	0
負債收入比率	0
流動性比率	3.7

(2) 客戶財務比率分析。

從以上的比率分析中，我們可以看出：結餘比率為54%，高於參考值30%，說明客戶有較強的儲蓄和投資能力。該客戶沒有投資，投資與淨資產比率為0，一般情況下投資與淨資產的比率在50%左右，這位客戶需要進行適當的投資。該客戶沒有負債，清償比率為1，一方面說明客戶的資產負債情況非常安全，同時也說明客戶還可以更好地利用槓桿效應以提高資產的整體收益率。負債收入比率為0，低於參考值0.4，說明客戶的短期償債能力可以得到保證。即付比率為0，客戶隨時變現資產償還債務的能力很強，但過高的數值顯示該客戶過於注重流動資產，財務結構仍不盡合理。流動性比率為3.7，略高於參考值3，說明李先生家庭資產流動性較高。

4. 客戶財務狀況預測

客戶現在處於事業的黃金階段，預期可能收入會有穩定的增長，可以進行適當的投資，增加投資收益。同時，現有的支出也會增加，隨著年齡的增長，保險醫療的費用會有所增加，孩子的教育經費也會有所增加。另外，購車後，每年會有一筆較大的開銷。目前沒有負債，日後應該也不會產生負債。

5. 客戶財務狀況總體評價

總體看來，客戶償債能力較強，結餘比例較高，財務狀況較好。其缺陷在於沒有進行投資，沒有購買保險。該客戶的資產投資和消費結構可進一步提高。

二、確定客戶理財目標

(1) 現金規劃：保持家庭資產適當的流動性。
(2) 保險規劃：增加適當的保險投入進行風險管理。（短期）
(3) 消費支出規劃——購車：近期內購買一輛總價在10萬元的車。（短期）
(4) 子女教育規劃：孩子，每年需要10萬元各種支出，大約6年（本科加碩士研究生），共需60萬元。（長期）
(5) 李先生夫婦的退休養老規劃。（長期）
(6) 投資規劃：進行金融產品的投資，增加額外收益。

73

(7) 房產規劃：將第二套房出租或者轉賣。

三、制訂理財規劃方案

(1) 現金規劃。

客戶現有資產配置中，只有 2,000 元的活期存款，金額較少，建議活期存款金額增至該家庭 3~4 個月的月支出金額即 20,000 元，以備應急時提前取定期存款造成定期存款利率的損失。

(2) 保險規劃。

建議客戶每年購買不超過 33,600 萬元的保險費用（家庭可支配收入的 15%），具體如下：

A. 壽險：保額為 40 萬元，預計年保費支出 20,000 元。

B. 意外保障保險：保額為 10 萬元，預計年保費支出 2,000 元。

(3) 消費支出規劃——購車。

以客戶目前的經濟狀況來看，建議客戶在 1 年內買車，可以從存款中支取 20,000 元，另外 80,000 元從半年的收入結餘中支取。購車後，預計每年的汽車花費為 15,000 元。

(4) 子女教育規劃。

兒子接受高等教育共需要 100,000 元的資金，從未來的投資收益中支付。

(5) 退休養老規劃。

未來 10 年，每年支付 20,000 元購買人壽保險。

四、理財方案的預期效果分析

(1) 現金流量預測。

客戶現金流量預測表

收入	金額	支出	金額
工資+獎金	224,000	按揭還貸	0
投資收入	36,120	日常支出	60,000
收入總計（+）	260,120	其他支出	43,600
支出總計（-）	103,600	支出總計	103,600
結餘	156,520		

(2) 資產負債情況預測。

客戶資產負債表

姓名：李先生家庭

資產	金額	負債	金額
現金		住房貸款	0
活期存款	20,000	其他負債	0

續表

現金與現金等價物小計	52,000	負債總計	0
金融資產	60,200		
房產	1,500,000	淨資產	1,712,200
車產	100,000		
資產總計	1,712,200	負債與淨資產總計	1,712,200

(3) 財務狀況變動的綜合評價。

通過以上規劃的執行，客戶的理財目標基本可以得到實現，財務安全得到保障的同時，整體資產的收益率在客戶的風險承受範圍內也比較理想。如果客戶財務狀況穩定，客戶可於一年後對本理財規劃建議進行調整。

第四節　實施並調整理財計劃方案

一份書面的理財計劃本身是沒有意義的，只有通過執行理財計劃才能讓客戶的財務目標變成現實。執行方案，即實施理財計劃的具體措施，包括時間、具體步驟、根據理財需求確定匹配的資金來源，按計劃使用資金，推薦金融產品，用好盤活資金。理財規劃師按照客戶提出的要求制訂理財方案，並得到客戶認可後，接下來便是實施理財方案。理財方案的實施是整個理財規劃中最具實質性的一個環節，執行的好壞決定著整個理財方案的效果。

理財方案的具體執行人可以是理財規劃師或是客戶指定的其他專業人士或是客戶本人。究竟選擇何人作為理財方案的執行者，關鍵是要看理財服務合同中的相關規定。通常情況下，客戶會選擇理財規劃師作為理財方案的執行人。為明確理財規劃師與客戶之間的權利與義務，防止不必要的法律爭端，理財規劃師應取得客戶關於執行理財方案的書面授權。

一、實施理財規劃

(1) 取得客戶授權。取得客戶授權是理財規劃師開始實施理財方案的第一步。為明確理財規劃師與客戶之間的權利與義務，防止不必要的法律爭端，理財規劃師應取得客戶關於執行理財方案的書面授權。客戶授權應包括兩方面的內容，一是代理授權，二是信息披露授權。

(2) 客戶聲明。客戶在簽署授權書後，應出具一份關於方案實施的聲明。這是針對理財規劃師做出的聲明，強調客戶同意由理財規劃師去執行方案，並且理財規劃師沒有承諾實施效果。聲明的主要內容有：①關於理財規劃師資質的聲明；②關

於客戶許可的聲明；③關於實施效果的說明；④其他雙方認為應當聲明的事項。

（3）具體實施。實施理財規劃時需要考慮三個因素：時間因素，應分清楚輕重緩急、前後次序；人員因素，建立分工合理、知識結構合理的實施團隊；資金因素，考慮資金時效和資金是否充足的問題。

（4）文件存檔管理。文件可以以書面形式保存，也可以以電子文檔形式保存，特別重要的文件應該多保存一份，以防丟失。

（5）理財計劃實施中的爭端處理。處理、解決與客戶之間的矛盾爭端應遵循尊重客戶、客觀公正的原則，遵循所在機構或行業中已有的爭端處理程序。

【相關閱讀】

合同爭議處理程序包括協商、調解、仲裁與訴訟四種。合同爭議的調解是勞動合同爭議發生之後，當事人雙方自願以書面或口頭形式向調解委員會申請調解，調解委員會接到調解申請後，以國家的勞動法律、法規為準繩，以民主協商的方式，使雙方當事人達成協議，從而使勞動合同爭議得以解決。

合同爭議仲裁是勞動爭議仲裁機構對當事人請求解決的合同爭議，依法居中公斷的準司法行為，包括對合同爭議依法審理並進行調解、裁決的一系列活動。在中國的合同爭議處理體制中，它作為訴訟前的法定必經程序，是處理合同爭議的一種主要方式。也就是說，勞動合同爭議發生後，如果當事人不願選擇協商和調解，或者雖然選擇了但最終沒有成功，爭議仍然存在，這時爭議當事人已經別無選擇，要解決爭議就必須走合同爭議仲裁這條路。只有經過仲裁之後，對仲裁結果不服才可提起訴訟，不能直接提起訴訟。

合同爭議訴訟是人民法院依法對勞動爭議案件進行審理和判決的司法活動，包括合同爭議案件的起訴、受理、調查取證、審判和執行等一系列訴訟程序。它是司法最終解決爭議原則在爭議處理中的具體體現，是爭議當事人不服仲裁裁決尋求司法救助，從而保護其合法權益的法律制度。

資料來源：顏運秋，等. 勞動合同爭議處理程序：協商‧調解‧仲裁‧訴訟 [M]. 北京：法律出版社，2007.

二、持續提供理財服務

理財規劃是一個長期的服務過程。在理財規劃方案實施後，需要監控計劃的實施，對實施財務規劃的過程進行監控，利用財務狀況表進行評估並調整規劃，在環境變化時調整財務目標，適時調整理財計劃。

1. 定期對理財方案進行評估

金融理財師應該定期檢查並監督理財方案的執行情況，並根據執行情況與現實情況進行適當的修正和調整。計劃開始實施時，應當對計劃的實施過程進行監控，任何宏觀和微觀環境的變化都會對理財方案的執行結果造成積極或消極的影響，理

財師和客戶之間必須保持聯繫通暢，理財規劃師每半年至少與客戶會面一次，對計劃的實際實施情況進行檢查，環境多變時更需要頻繁的面晤，以就實施結果及時與客戶進行溝通。對理財的執行和實施情況進行有效的監控和評估，必要時還可以對制訂的理財方案適當調整。

定期評估適用於對理財規劃方案進行日常監控和評估，評估頻率取決於客戶的資本規模、客戶個人財務狀況變化幅度、客戶的投資風格等。

評估分為六步：①回顧客戶的目標和要求；②評估當前方案的效果；③研究環境的變化；④考慮是否修改原方案；⑤向客戶解釋新方案；⑥實施新方案。

2. 不定期的信息服務和方案調整

理財規劃不是神機妙算，不可能一勞永逸地解決當前和未來的所有問題，而是要隨著時間的推移和環境的變化不斷進行動態調整和修正，從而確保理財目標的順利實現。理財規劃注重的是長期的策略性安排，而不應是短期內隨意改變方向或放棄原來制訂的方案。當發生以下情況時，應當提供不定期的信息服務：

（1）宏觀經濟的重要參數發生變化；
（2）金融市場發生重大變化；
（3）客戶自身情況的突然變動。

本章小結

理財過程包括以下六個步驟：①理財師與客戶建立聯繫；②收集客戶數據，明確客戶的理財需求和目標；③分析評估客戶的資信財務狀況；④整合理財策略並向客戶提出全面的理財計劃或方案；⑤執行個人理財計劃或方案；⑥監控個人理財計劃或方案的執行並酌情予以相應調整。

理財規劃師與客戶之間的信任關係基於：①滿足客戶理財需求的基礎；②個人服務的基礎；③提高公司產品或服務信譽的基礎。為此，理財師需要具備：專業形象、辦事能力等。以上事項是開展理財業務的基本條件。

客戶的個人信息分為財務信息和非財務信息。前者是指客戶當前的收支狀況、財務安排及發展趨勢等，是理財規劃師制訂個人理財方案的基礎和依據。後者則是指客戶的社會地位、年齡、投資偏好和風險承受能力等其他相關信息，它能幫助理財規劃師進一步瞭解客戶，對個人理財方案的選擇和制訂有著直接影響。

個人理財方案是指針對個人在人生發展的不同時期，依據其收入、支出狀況的變化，制訂個人財務規劃的具體方案，以幫助客戶實現人生各個階段的目標和理想。在整個理財方案中，不僅要考慮財富的累積，還要考慮財富的安全保障。

個人理財方案的內容主要包括：理財方案聲明、摘要、對客戶當前狀況和財務目標的陳述、理財假設、理財策略、各項費用及佣金、理財預測、理財具體建議、

理財建議的總結、執行理財方案之前的準備事項、執行理財方案的授權、附加信息的披露、免責聲明等。

思考題

1. 簡述個人理財的流程和步驟。
2. 簡述理財規劃師如何與客戶建立起相互信任的關係。
3. 簡述如何制訂理財方案的實施計劃。
4. 簡述制訂理財規劃時應收集哪些客戶的信息。
5. 理財規劃方案有哪些主要內容？
6. 簡述影響個人理財規劃的因素。

課後閱讀

收集客戶信息，編製財務報表

趙先生今年40歲，在一家公司擔任高級管理人員，每月稅後收入10,000元。其妻孫女士為某高校教師，每月稅後收入在8,000元左右。趙先生的父母早已離世，他們唯一的孩子今年12歲，正在讀小學六年級。

趙先生一家原先居住的房屋現值110萬元，目前租給了一對外籍白領夫婦，每月可獲租金收入6,000元。現在他們居住在2003年貸款購置的第二套房中，市值90萬元，目前貸款餘額尚有15萬元，預計兩年即可還清。除了兩處房產外，他們還有30萬元的國債，每年可獲利息收入約10,000元。他們還購買了20萬元的信託產品，每年的收益在10,000元左右。另有各類銀行存款約40萬元（不考慮利息收入）。

他們的支出情況如下：每月按揭還款額為6,000元，全家每個月的日常支出約為5,000元。此外，趙先生一家每年還要發生10,000元左右的旅遊支出。聽過一次理財講座後，趙先生覺得有必要對財產進行一番規劃。趙先生主要考慮了以下幾個方面的問題：

（1）趙先生夫婦原先對保險瞭解不多，除參加基本社會保險外沒有購買任商業保險。聽完講座後趙先生覺得有必要加強風險管理，趙先生決定首先請專家為全家設計一個保險規劃。

（2）他們計劃在孩子高中畢業後（18歲，從2011年當年開始）送往國外讀書（本碩連讀共六年）。預計屆時在國外就讀每年所需費用為12萬元，並且學費將每年上漲3%，趙先生又希望專家能為他制定一個子女教育規劃。（要求投資收益率為6%）

（3）由於經常出差在外，出於萬一的考慮，趙先生決定提前擬定一份遺囑對財產分配進行安排，這同樣需要專家的意見。

信息收集時間為 2005 年 1 月，資料截止時間為 2004 年 12 月 31 日。

資料來源：2005 年國家理財規劃師考試。

案例思考：
1. 請為趙先生編製家庭資產負債表。
2. 請為趙先生編製家庭現金流量表。
3. 請分析趙先生的財務狀況，並進行財務診斷。
4. 請為趙先生進行理財規劃方案的設計。

第四章　財務與預算分析

開篇引言

煮蛋的學問

有一家日本餐廳和一家中國餐廳都賣煮雞蛋，兩家餐廳的蛋都一樣受歡迎，價錢也一樣，但日本餐廳賺的錢卻比中國餐廳多，旁人大惑不解。成本控制專家對日本餐廳和中國餐廳煮蛋的過程進行比較，終於找到了答案。

日本餐廳的煮蛋方式：用一個長寬高各4厘米的特製容器，放進雞蛋，加水（估計只能加50毫升左右），蓋上蓋子，打火，1分鐘左右水開，再過3分鐘關火，利用餘熱煮3分鐘。

中國餐廳的煮蛋方式：打開液化器，放上鍋，添進一瓢涼水（大約250毫升），放進雞蛋，蓋鍋蓋，3分鐘左右水開，再煮大約10分鐘，關火。

專家計算的結果顯示，前者起碼節約五分之四的水、三分之二以上的煤氣和將近一半的時間，所以日本餐廳在水和煤氣上就比中國餐廳節省了將近70%的成本，並且日本餐廳利用節省的一半時間提供了更快捷的服務。

資料來源：世界經理人互動社區［EB/OL］. http://www.ceconlinebbs.com/.

財務管理活動是指，記錄和保存個人財務記錄和文件，分析評價個人財務狀況，並計劃未來的財務活動。財務分析是指對個人或家庭的財務狀況和現金收支進行評價，通過財務分析來預測個人或家庭的未來收支趨勢，從而有助於個人或家庭做出合適的理財規劃。財務分析的依據是財務分析據以進行的基礎，包括資產負債表和

第一篇 理論篇

現金收支表。本章將從資產負債表和現金收支表的數量和結構進行財務分析和預算分析，而個人財務記錄是編製這兩張表的基礎。

第一節 個人財務記錄

一、個人財務記錄的概念及作用

個人財務記錄，是指通過記錄已經發生的財務行為，或收集已經發生的財務票據，為財務分析和管理提供第一手理財資料。

有序的理財記錄體系可以為以下活動奠定基礎：處理日常商業活動；規劃並衡量理財進度；掌握日常收支狀況和資產負債狀況，養成良好的消費習慣；保留理財信息，為理財活動提供依據；科學地進行未來財務決策。

二、個人理財記錄的類型

1. 原始財務記錄

一是原始理財信息文件，用於記錄個人理財信息的文件，如身分證、銀行卡；二是原始理財活動文件，用於記錄理財行為過程的文件，如購物發票、完稅證明、銀行對帳單等，如圖4-1所示。對於原始財務記錄，應分門別類按時間順序排列，並將其編製目錄存放於文件夾內。

（查看业务资料）

中国工商银行济南市分行对账单

账号：　　　　单位名称：北方正林有限公司　　　第　　页

日期	交易	凭证号	借方	贷方	余额
承上页					100 000
3.2	取得贷款	#4500		100 000	
3.3	提取现金	#4504	2 000		
3.5	支付采购款	#4506	3 510		
3.6	支付采购款	#4507	40 800		
3.10	支付广告费	#4509	2 000		
3.15	收销货款	#4512		32 500	
3.18	存款利息	#4513		1 930	
3.20	支付电费	#4515	1 000		
3.26	提取现金	#4517	38 000		
3.30	支付专利款	#4518	50 800		96 320

圖4-1　銀行對帳單

理財規劃實訓教程

2. 非原始財務記錄

非原始財務記錄是指理財活動中的二手記錄，主要指本人記帳的文本，如理財人記錄的帳本、流水帳本等。具體如圖4-2所示。

××年××季度　　　　　　　　　　　　　　　　單位：元

	上期实际数	本期预计数	本期实际数	本期预决算差额
收入				
1. 工资性收入	6 300	6 300	7 100	800
2. 财产经营收入	700	700	700	0
3. 不固定收入	0	0	8 000	8 000
4. 债务收入	0	0	0	0
5. 其他收入	0	0	0	0
收入合计	7 000	7 000	15 800	8 800
支出				
1. 饮食支出	3 000	3 000	3 200	200
2. 衣服鞋帽支出	200	300	0	300
3. 日用品支出	500	500	500	0
4. 交通费	100	100	0	100
5. 文化娱乐支出	300	300	100	200
6. 医疗保健支出	0	0	200	200
7. 教育支出	300	300	300	0
8. 人际交往支出	400	200	300	100
9. 各种用具支出	100	100	0	100
10. 住房支出	0	0	0	0
11. 投资支出	12 500	1 500	1 600	100
12. 所得税	800	800	800	0
13. 其他支出	200	200	100	100
支出合计	18 400	7 300	7 100	200
预算盈余	11 400	300	8 700	8 600

圖4-2　家庭帳本

記帳的方式不止一種，可以根據自身的財務情況和收支情況選擇準確、快捷的記帳方式。目前常用的記帳方式主要有四種：手工記帳、網上記帳、手機記帳和電腦理財軟件。

（1）手工記帳。手工記帳本的形式如表4-1所示。

表4-1　　　　　　　　　　　　　手工記帳本

年齡：35~45歲	城市：重慶	學歷：碩士	職業：銀行櫃員
\multicolumn{4}{c}{9月日常收支統計表}			
日期	收入項目		金額（元）
1日	額外津貼		450
7日	投資收益		50
18日	投資收益		10,000
收入小計			10,500

表4-1(續)

日期	支出項目及金額（元）	金額（元）
1 日	看病檢查費 109、藥費等 115	224
2 日	遊樂園及購物 210、手機費 50	260
3 日	2017 年取暖費 2,905	2,905
4 日	小孩學費 800、書本費 300 試卷及考試費 65、生活費 600	1,765
6 日	買床單、改做新書房的窗簾 180	180
7 日	電話費 62、上網費 95	157
10 日	買西洋參、運輸費 160	160
11 日	維修手機 50	50
17 日	郵寄快遞 14	14
18 日	買沐浴露和電池 10	10
19 日	買食品和飲料 85	85
21 日	還車貸、銀行卡劃卡支出 3,000、購買衣櫃 11,300	14,300
23 日	代朋友買玉米種子 992	992
支出小計		21,102

（2）網上記帳。目前有一些記帳網站可提供類似的記帳服務，只要輸入支出收入記錄，記帳網站可自動為用戶生成相應的財務收支圖表，輔助進行財務分析。如聚寶網、中國記帳網、中國帳客網、錢寶寶、蘑菇網、Mymoney 等記帳網站。如圖4-3 所示。

圖 4-3　記帳網站自動生成財務分析表

理財規劃實訓教程

【閱讀資料】

袁小姐每月的收入有4,000元，但她基本屬於「月光族」，月月收入花個精光。兩個月前，袁小姐接觸到了一個流行的記帳網站，成為一名「帳客」。袁小姐說：記了帳才知道，自己有很多不理性的消費，比如一次某商場搞促銷，花了1,000多元買了一套化妝品，回來後發現根本不適合自己的皮膚，用了兩次就扔了。

開始記帳後，袁小姐在消費時不再大手大腳了，現在也存下了一些錢。與袁小姐相比，網友冬冬可是個老帳客了。冬冬說：自己從大學就開始記帳，那時候開始獨立生活，當時就用一個本子記，到現在已經十好幾年了。

隨著記帳網站的開通，冬冬將帳本轉移到了網上。從1塊錢的公交車費，到上千元的家用電器，冬冬把每一筆開銷都清楚地記下來。這種方式讓他養成了很好的理財習慣。記者瞭解到，像袁小姐和冬冬這樣的年輕「帳客」，如今還真不少。某網站負責人稱：我們剛開始的時候只有幾十個用戶，都是我們身邊的朋友，現在已經有15萬在線用戶了。

資料來源：央視網．http://www.cctv.com/program/dysj/20071213/106220.shtml．

（3）手機記帳。手機記帳是指通過手機中的記帳應用軟件進行記帳，由於手機可以隨身攜帶，因此用手機記帳比較方便快捷，但是手機記帳需要定期對數據進行備份和導出，數據處理能力有限。

（4）電腦理財軟件記帳。理財軟件記帳是指通過專業的理財軟件進行記帳，理財軟件可以將記帳、數據分析和財務分析一體化完成，功能完整，具備很強的專業性。如圖4-4所示。

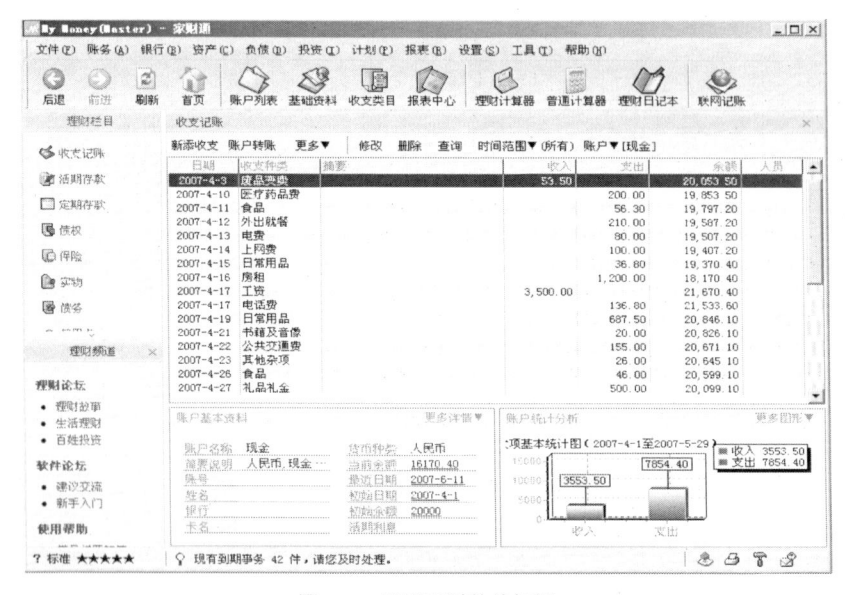

圖4-4　電腦理財軟件記帳

三、建立個人財務記錄

建立個人或家庭的財務記錄，需要從財務記錄中挑出重要的個人財務文件，充分利用現代信息技術找到合適的系統或方法，然後進行存放、製作清單並妥善保管。具體如表 4-2 所示。

表 4-2　　　　　　　　　　　　　家庭檔案

1. 個人和職業紀錄	2. 資金管理記錄
3. 納稅記錄	4. 理財服務記錄
5. 信用記錄	6. 購買記錄
7. 房產記錄	8. 保險記錄
9. 投資記錄	10. 遺產和退休記錄

存放保管信息資料時，應該分類保管。對於重要文件或財產應存放保險箱，如出生證、結婚證、死亡證明、身分證、領養證、監管文件、存款單、儲蓄帳戶密碼、往來金融機構清單、抵押貸款證明、所有權證書、保險單及公司聯繫方式、昂貴商品的序列號、商品的照片和錄像、信用合同、信用卡號碼、發行商電話號碼列表、股票和債券權證、收藏品、遺囑等。

與此同時，在個人計算機中，也應該對部分重要的理財記錄進行保存備份。如最新及既往預算、已開支票及其他銀行開支、報稅單、投資帳戶及業績表現、遺囑、遺產計劃等。

第二節　個人資產負債表

理財記錄是零散的信息，必須經過總結歸納才能為我們的理財活動提供有效的信息。財務分析和財務報表的編製對個人和家庭理財同樣非常重要，它可以提供現在的財務狀況和收入支出的信息，記錄財務活動信息，衡量個人財務目標的進展情況。

建立個人理財報表可以報告最新的財務狀況，測量達到理財目標的進程，保留理財活動的信息，並且提供準備納稅及信用申請時可使用的數據。常用的個人理財報表主要有兩類：個人資產負債表和個人現金收支表。

一、個人資產負債表概念

資產負債表，是指報告某一時點個人或家庭的資產和負債狀況的財務報表，又稱淨資產表。資產負債表體現了個人的財務結構和狀況。在資產負債表上可以清晰地看到，個人有多少資產，是什麼資產；有多少負債，是哪些負債；淨資產是多少，其構成情況怎麼樣。資產負債表可以反應資產及其分佈狀況，表明所承擔的債務及

其償還時間，反應淨資產及其形成原因，以及未來財務發展狀況趨勢。

資產負債表並不揭示你的資產和負債是如何形成的，只是告訴你目前的結果，所以資產負債表顯示的是靜態數據，資產負債是存量數據。它描述了在發布那一時點上個人的財務狀況，正如同我們拿一臺相機在高速行進的車輛中按下快門，只不過這裡的「車輛」是資金流，我們得到一幅靜態的畫面，它只描述了當時的狀況。因此可以看出，資產負債信息具有時效性。

二、資產負債表的類型

資產負債表的編製分為帳戶式和報告式兩類。帳戶式資產負債表又稱為水平式，其資產項目按照資產的流動性大小列示於報表的左方，分為流動資產和非流動資產兩大項目，並根據流動由大到小的原則將各項目順序排列。負債和所有者權益項目列示於報表的右方，一般按求償權先後順序排列，報表左右雙方總計金額應該相等。帳戶式資產負債表的優點是資產、負債和所有者權益的恒等關係一目了然，如表 4-3 所示。《企業會計準則第 30 號——財務報表列報》規定，中國的資產負債表應採用帳戶式編製。

表 4-3　　　　　　　　　　　帳戶式資產負債表

	行次	金額	負債及所有者權益	行次	金額
流動資產			流動負債		
長期投資			長期負債		
固定資產			負債總計		
無形資產			實收資本		
遞延資產			資本公積		
其他資產			盈餘公積		
			未分配利潤		
			所有者權益合計		
資產總計			負債及所有者權益合計		

報告式資產負債表又稱垂直式資產負債表，其資產、負債、股東權益項目自上而下排列，所有資產類項目按一定順序列示於報表上部，其次列示負債，最後列示股東權益。其優點是便於編製和比較不同時期的資產負債信息。如表 4-4 所示。

表 4-4　　　　　　　　　　　報告式資產負債表

	資產	金額
流動資產		
長期投資		
固定資產		

表4-4(續)

資產	金額
無形資產	
遞延資產	
其他資產	
資產總計	
負債	
流動負債	
長期負債	
負債總計	
所有者權益	
實收資本	
資本公積	
盈餘公積	
未分配利潤	
所有者權益合計	

三、編製資產負債表

1. 列出有價物品，確定資產總額

第一次編製資產負債表時，需要清點所有自用資產並評估每一項的價值，成本與市價應分別記錄，並計算帳面損益。以市價計量的資產及淨值可反應個人真實財富，自用資產可提折舊以反應價值隨使用而降低，無法回收的債權應計提呆帳壞帳。

2. 確定負債總額

負債按照償還的先後次序和時間長短可分為長期負債、中期負債和短期負債。資產負債編製價值基礎如表4-5所示。

表 4-5　　　　　　　　　資產負債編製價值基礎

資產	金額	負債	金額
現金	月底盤點餘額	信用卡	簽單對帳單
存款	月底盤點餘額	車貸	帳單月底本金餘額
股票	股票數量×月底股價	房貸	帳單月底本金餘額
基金	份數×月底淨值	小額負債	月底本金餘額
債券	市價或面額	私人借款	借據
汽車	二手車行情	預收款	訂金收據
保單	現金價值		
應收款	債券憑證		
預付款	訂金支付收據		
房地產	買價或最近估價		

3. 計算淨資產

淨資產是用總資產減去總負債所剩餘的部分。常見的負債包括房貸、車貸、信用卡未還的金額等。淨資產的重要性在於，可以讓每個家庭在瞭解自己擁有多少可支配的財產以後再實施投資理財計劃。家庭淨資產的規模是個人理財的出發點，淨資產規模是實現購房、教育、退休、旅遊等計劃的基礎。所以每個人都要像定期對汽車或身體的檢查一樣，定期（如每半年）瞭解自己家庭的淨資產及其增長情況，這是對個人成功理財的有力保證。

資產（你的所有）－負債餘額（你的債務）＝淨資產（你的財富）

4. 編製資產負債表案例①

郭女士28歲，某銀行信貸科的副科長，雖然相對比較穩定，但是競爭也日益激烈。她的先生小王任職於北京一家大型國企，產儘各方面的福利都很不錯，但要想薪水再有些變化，非常困難。

郭女士夫婦都為獨生子女，郭女士每年的稅後收入大約為8萬元（基本工資和獎金），王先生每年的稅後收入為10萬元。雙方的父母都已退休，且單位有較好的退休福利，均不需要郭女士夫婦有過多的照顧。

二人現在住的新房屬於王先生單位的福利房，去年年中購買時房款總額為35萬元，一次付清25萬元，其餘10萬元通過住房公積金貸款，貸款年限為5年，採用的是等額本息還款方式，每月還款額為1,860元。夫婦倆有五年期定期存款10萬元，還有半年到期，活期存款5萬元。另外夫婦倆還擁有10萬元王先生公司的股票，三年內不能轉讓。商業保險方面，由於夫婦倆所在單位福利較好，所以自己均未買任何保險。夫婦倆計劃兩年內購買一輛小轎車，價格在15萬元左右。

家庭每月的開支主要包括：房屋貸款1,860元，車費2,000元，其他費用大概3,000元。空閒時間他們經常會出去參加一些娛樂活動，一年費用大概在1萬元，預期1年內沒有什麼大的開支。郭女士家庭資產負債表如表4-6所示。

表4-6　　　　　　　　　　郭女士家庭資產負債表

客戶：郭女士和王先生家庭		日期：　2017-06-14	
資產	金額	負債與淨資產	金額
金融資產		負債	
現金與現金等價物		信用卡透支	
活期存款	50,000	住房貸款	100,000
定期存款	100,000	負債合計	100,000
現金與現金等價物小計	150,000		
其他金融資產			

---

① 資料來源：董華香.銀行職員多「資」多「財」的生活之道［J］.卓越理財，2006（7）：56-57.

表4-6(續)

股票	100,000		
保險理財產品			
其他金融資產小計	100,000		
金融資產小計	250,000	淨資產	500,000
實物資產			
自住房	350,000		
實物資產小計	350,000		
資產總計	600,000	負債與淨資產總計	600,000

四、分析資產負債表

(一) 財務比率分析法

分析資產負債表主要採用財務比率分析法。比率分析法是把會計報表中的一個或多個項目與其他項目進行對比，求得報表分析所需要的比率指標值，從而揭示報表項目之間內在邏輯關係的一種分析方法。

資產、負債與淨資產的基本關係：

$$淨資產 = 資產 - 總負債$$
$$資產 = 淨資產 + 負債$$
$$負債 = 資產 - 淨資產$$

1. 資產負債率＝負債/資產×100%

該比率衡量個人的長期綜合償債能力。若該比率＝1，說明資產等於負債，此時淨資產為0；若該比率<1，說明資產大於負債，此時淨資產為正，可以考慮進行投資；若該比率>1，說明資產小於負債，此時淨資產為負，資不抵債，存在財務危機，必須想辦法改善財務狀況。

2. 償付比率＝淨資產/總資產

該比率衡量綜合償債能力高低。理論上，償付比率的範圍在0至1之間，通常應高於0.5較好。該比率太低，意味著個人生活主要依靠借貸維持；該比率太高，如接近1，則說明客戶沒有充分利用信用額度，沒有利用負債的槓桿作用，資產利用率低。

3. 投資與淨資產比例＝投資資產（生息資產）/淨資產×100%

該比率反應通過投資以增加財富、實現目標的能力，該比率越高說明投資增值能力越強，反之則越弱。通常認為該比率應保持在50%以上，才能保證資產有合適的增長率，一般年輕客戶由於淨資產存量較低，該比率通常在20%左右比較合適。

4. 理財成就率＝目前的淨資產/（目前的年儲蓄×已工作年數）

該比率反應一定時期內的個人理財成績好壞，比率值越大說明個人理財越成功，

其標準值為1。例如A過去工作5年，當前儲蓄5萬，現有淨資產20萬，那麼他的理財成就率為20/（5×5）= 0.8<1，說明理財成績欠佳。

5. 財務自由度＝投資性收入/日常消費支出＝（淨資產×投資報酬率）/年支出

財務自由度是家庭理財中一項很重要的指標，如果一個人靠購買股票基金的收益完全可以應付家庭日常支出，工資可以基本不動，那這個人的財務自由度就高，即使以後失業了也不會對家庭生活帶來太大影響；而如果一個人除了工資之外幾乎沒有任何理財收入，那只能完全依賴工作吃飯了。當前淨值越多，投資報酬率越高，當年支出越低，則財務自由度越大。理想的目標值是在退休之際，財務自由度等於1，即非工資性收入能夠完全覆蓋經常性支出。

假設S＝年儲蓄，N＝總工作年數，R＝投資回報率，C＝年支出，Y＝年所得，S/Y＝儲蓄率。那麼財務自由度F等於：

$$F = S \times N \times R / C \qquad 式4.1$$

$$Y - C = S \qquad 式4.2$$

例如：計算財務自由度。假設20歲開始工作，那麼財務自由度計算如表4-7所示。

表4-7　　　　　　　　　　　財務自由度計算

年齡	N 已工作 年數	S 目前 年儲蓄	R 報酬率	C 目前 年支出	SNR/C 財務 自由度	SNR 可用 生活費
40	20	3	5%	7	42.86%	3.0
50	30	3	5%	7	64.29%	4.5
60	40	3	5%	7	85.71%	6.0
66.7	46.7	3	5%	7	100%	7.0

6. 其他比率

流動比率＝流動資產/流動負債，反應短期的綜合償債能力，正常值在100%以上。

資產成長率＝資產變動額/期初總資產＝（年儲蓄+年投資收益）/期初總資產。資產成長率越高，表明一定時期內資產經營規模擴張的速度越快。但在分析時，需要關注資產規模擴張的質和量的關係，以及資產的後續發展能力，避免盲目擴張。

預備金倍數＝流動性資產/月支出總額，該比率用於確定家庭的應急基金，大約在3比較合適（3~6是合理水平）。

家庭財務比率分析如表4-8所示。

表4-8　　　　　　　　　　　家庭財務比率分析

家庭財務指標	定義	實際指標值	參考範圍值	診斷結果
流動比率	流動資產/流動負債	7%	1~2	偏低，補充應急資金
負債比率	總負債/總資產	1.1%	20%~60%	偏低，可適度利用財務槓桿

第一篇　理論篇

表4-8(續)

家庭財務指標	定義	實際指標值	參考範圍值	診斷結果
財務自由度	年理財收入/年支出	0%	20%～100%	過低,需提高資金運用效率
保費負擔率	年保費/年收入	9.1%	5%～15%	在合理範圍之內,可適度增加保險保障
平均報酬率	年理財收入/生息資產	0%	3%～10%	過低,需提高資金運用效率
淨值成長率	淨儲蓄/(淨值-淨儲蓄)	8.1%	5%～20%	正常
淨儲蓄率	淨儲蓄/總收入	48.2%	20%～60%	偏高,理財空間較大
自由儲蓄率	自由儲蓄/總收入	44.67%	10%～40%	很高,理財空間較大
預備金倍數	流動資產/月支出	17.5	3～6	過高,建議減少流動資產

(二) 結構分析

1. 資產負債的結構分析

在家庭理財中,資產方面可分為三類:流動性資產、投資性資產和自用性資產。流動資產具有較強的流動性,應作為備用金;投資資產進行投資追求收益;自用資產主要用來追求效用,進行消費。家庭資產的分配應該盡量提高投資資產比重。

在債務方面,也可分為三類:消費性負債、投資性負債和自用性負債。消費負債是為了消費而承擔的債務,這一類應盡量避免;投資負債獲利後應按期償還;自用資產的負債在發生時需要考慮負擔能力是否足夠。三者的關係為:

流動性資產 − 消費性負債 = 流動性淨值

投資性資產 − 投資性負債 = 投資性淨值

自用性資產 − 自用性負債 = 自用性淨值

2. 淨資產的結構分析

在分析了資產和負債之後,需要關注淨值的變動。資產負債的變動會隨之影響淨資產的變動,淨資產結構分析就是分析淨資產的變動是由資產負債具體哪個部分的變動引起的。

按市值計價的淨值變動 = 儲蓄 + 投資資產價值變動 − 自用資產價值變動

第三節　個人現金收支表

一、現金收支表概念

現金收支表,又稱家庭收支儲蓄表,是指某段時間內現金收入和支付的財務報表。家庭收支儲蓄表是一段時期的流量記錄,通常按月結算。如果把現金看作日常財務活動的「血液」,那麼現金流量表就好比「驗血報告」。個人日常理財的好壞,從這份報告中可以有個初步判斷。因為從資產負債表中,只能掌握財務狀況的靜態

情況,而現金流量表則可以反應現金流動的動態情況。

它以現金收支基礎為原則進行記帳,尤其注意信用卡並不是在發生時記錄而是在還款時才記支出。變現資產的現金流入包含本金與資本利得,只有資本利得記收入,本金為資產項目的調整。房貸本息攤還僅利息計支出,本金為負債減少。

二、編製現金收支表

1. 記錄收入

收入可以分為工資收入、投資收入和偶然性收入。按照稅務分類規劃可分為:工資薪金所得、個人工商戶的經營所得、經營企業所得、勞務報酬所得、薪酬所得和特許權使用費所得。

2. 記錄現金流出

支出按照不同的標準有不同的分類方式。按照支出是否固定可以分為固定支出和可變支出;按照項目不同可分為衣食住行娛樂類;按照支付工具不同可分為刷卡轉帳現金類;按照主體不同可依家庭成員統計支出,除此以外還可按照對象不同來統計支出。

3. 確定淨現金流量

根據現金收入和現金支出可計算出淨現金流量,淨現金流量為正數表示盈餘,為負數則表示赤字。

既定時間段收到的總現金－既定時間段的現金流出 ＝ 現金餘額或負債

收入－支出 ＝ 儲蓄 ＝ 期初期末以成本計價的淨資產差異額

期末現金 ＝ 期初現金＋本期儲蓄額＋資產負債調整的現金淨流入額

本期儲蓄額 ＝ 本期現金增減額＋資產增減額－負債增減額

家庭收支儲蓄表是一段時期的流量記錄,通常按月編製。在編製時要注意,保險費中產險保費多無儲蓄性質,因此屬於費用科目。基本醫療保險、壽險中的定期壽險、失業險、意外險、健康險等以保障為主的保險,其保費屬於費用性質,應列為支出項目;終身壽險、養老險、教育年金、退休年金中有保單現值可累積的部分是儲蓄性質,應列為資產科目。家庭收支儲蓄簡表如表4-9所示。

表4-9　　　　　　　　　家庭收支儲蓄簡表

收入	支出
薪資收入	家庭生活支出
佣金收入	房租支出
房租收入	貸款利息支出
利息收入	保費支出
變現資產資本利得	其他支出
其他收入	儲蓄

從個人工資薪金中扣款撥入個人基本養老金帳戶和個人公積金帳戶，是一種限定用途的強迫儲蓄，因此應該列入儲蓄的運用項目而不是支出項目。

4. 編製現金收支表案例

沿用上列，編製郭女士的家庭現金收支表如表 4-10 所示。

表 4-10　　　　　　　　　郭女士家庭現金收支表

客戶：郭女士和王先生家庭　　　日期：2016-6-14 至 2017-6-14

年收入	金額	百分比	年支出	金額	百分比
工資和薪金			房屋按揭還貸	22,320	24%
王先生	100,000	56%	日常生活支出	60,000	65%
郭女士	80,000	44%	商業保險費用		
投資收入			休閒和娛樂	10,000	11%
			其他		
			其他支出		
收入總計	180,000	100%	支出總計	92,320	100%
年結餘			87,680		

三、分析家庭收支表

（一）比率分析法

(1) 收支比率 = 支出/收入×100%。支出大於收入，說明應控制支出，以使收支平衡；收入大於支出，說明可以再進行投資。

(2) 負債收入比例 = 負債/稅前收入。衡量財務狀況良好與否，負債收入比例在 0.4 以下時，財務狀況屬於良好狀態；在 0.36 時最合適。

(3) 流動性比例 = 流動性資產/每月支出。通常認為，該比例理想值為 3，即流動性資產可以滿足其三個月的開支，則該客戶的資產結構流動性較好。但收入穩定的人，該比率可以適當降低，以增加資產的收益能力。

(4) 保費負擔率 = 年保費/年收入。反應購買各類商業保險而獲得的保障能力，合理值在 5%~15%。

(5) 消費率 = 消費支出 C/總收入 Y，邊際消費率 B = (C-A)/Y，A 為基本消費額，邊際消費額通常在 30%~60%。

(6) 財務負擔率 = 現財務支出 F/總收入 Y。該比率控制在 30% 以下，其中利息支出 20%、保費支出 10%，比較理想。

(7) 自由儲蓄額 = 總儲蓄額-已安排還款或投資。自由儲蓄額是指可以自由決定如何使用的儲蓄，一般用來實現一些短期目標。其中：總儲蓄額 = 總收入-消費支出-理財支出；已經安排的本金還款或投資，是指當月撥入個人住房公積金帳戶和個人基本養老金帳戶的金額，房貸應定期攤還的本金額，應繳納儲蓄性保險金額，

應繳納基金定投金額等。

自由儲蓄率＝自由儲蓄額／總收入，自由儲蓄率以 10%～40% 為目標。

儲蓄率－自由儲蓄率＝還本投資率

（8）安全邊際率＝（當前收入－收支平衡點收入）／當前收入。安全邊際率用於測算當收入減少或者固定費用增加時有多大的緩衝空間。

（9）收支平衡點的收入＝固定支出負擔／工作收入淨結餘比率。固定支出負擔，包括固定生活費用支出、房貸本息支出等（固定成本）；工作收入淨結餘指工作收入扣除所得稅、五險一金和其他必要費用後的數額（毛利潤）。收支平衡點收入分析類似於企業的損益平衡點分析，可以確保家庭的各項固定支出，這是家庭應有的最低收入。

例如：老李的工資薪金 8,000 元，所得稅扣繳 800 元，社保扣繳 200 元，每月通勤油費、停車費或交通費 800 元，伙食費 300 元，服裝費月分攤 300 元，則工作淨結餘為 5,600 元，淨結餘比率為 70%（5,600/8,000）。

如果固定生活開銷每月 3,000 元，房貸本息支出為每月 2,000 元，合計 5,000 元，則 5,000/70%＝7,143 元為收支平衡點時應有的收入。（8,000－7,143）/8,000＝10.7% 稱為安全邊際率，用來衡量收入減少或固定費用增加時的緩衝空間。

假如以一生的收支平衡點來算，每月固定開銷中應包括應有儲蓄部分，若以定期定投基金來強迫儲蓄，實際上是固定支出的一部分。如果每月定期定額扣款 500 元，則固定支出增為 5,500 元，則 5,500/70%＝7,857（元），說明緩衝空間不大。

（二）結構分析

家庭收入可分為工資收入和理財收入，工資收入是源頭活水，但是退休後就只有理財收入了，因此在工作期間應逐年提高理財收入的比重。

同樣的，家庭支出也可分為生活支出和理財支出，生活支出應進行預算控制，貸款歸還及保費繳納應在退休前完成，保證退休後只有生活支出。支出和收入之間的關係為：

工作收入－生活支出＝工作儲蓄

理財收入－理財支出＝理財儲蓄

（三）儲蓄分析

根據家庭的收入和支出，可編製家庭收支儲蓄表，並在此基礎上進行進一步的分析。如表 4-11 所示。

表 4-11　　　　　　　　　　　家庭收支儲蓄表

主要科目	可進一步劃分的項目
工資薪金收入 A	本人、配偶、獎金、稿費、勞務報酬等
經營淨收入 B	個體戶經營所得、經營企業利潤分配
財產性收入 C	房租收入、利息收入、股票紅利、資本利得等

第一篇　理論篇

表4-11(續)

主要科目	可進一步劃分的項目
轉移性收入 D	救濟、受贈資產、理賠金、贍養費、中獎、紅包收入等
其他收入 E	路上撿錢
收入合計 F	F＝A＋B＋C＋D＋E
所得稅支出 G	當月扣繳稅額、個體戶申報核定稅額
其他稅費支出 H	房產稅、契稅、印花稅、牌照費用
食品 I	菜錢、水果、米油鹽、飲料、用餐、菸酒
衣著 J	置裝、洗衣、理髮、美容、化妝品、衣飾
家庭設備及服務 K	家電、日用品、清潔服務費
醫療保健 L	門診費、住院費、保健費、藥品費、醫療器材
交通通信 M	加油費、出租車費、車票、停車費、電話網絡手機費
教育文化娛樂服務 N	旅遊費、書報費、學雜費、補習費、保姆費
居住 O	房租、水電煤、物業管理費
雜項商品和服務 P	其他消費支出
消費支出小計 Q	Q＝I＋J＋K＋L＋M＋N＋O＋P
主要科目	可進一步劃分的項目
利息支出 R	車貸、房貸、民間借款、信用卡利息
產險保費 S	房屋火險、汽車險、責任險
壽險保費 T	醫療險、失業險、壽險、意外險
轉移性支出 U	贍養費、撫養費、捐贈、紅包支出
其他支出 V	路上掉錢、行賄
支出合計 W	W＝G＋H＋Q＋R＋S＋T＋U＋V
當期收支儲蓄 X	X＝F－W
本期現金變化額 Y	＝期末期初現金和活期存款差額
本期投資變化額 Z	＝期末期初投資置產餘額
本期負債變化額 a	＝期末期初負債本金餘額
當期淨資產儲蓄額 b	＝Y＋Z－a
兩儲蓄法差異 c	＝b－X

　　通過儲蓄分析，我們可以找到增加家庭儲蓄的著力點。一般可以從開源計劃、節稅規劃、支出預算控管、減債減息計劃、保險組合重組、攤還本金或提前還款、讓財富成長等方面進行考慮。

　　同樣的，家庭收支會影響儲蓄的方向。低收入、高支出型家庭，應量入為出、避免消費借貸；低收入、低支出型家庭應加班兼職、開創收入；高收入、低支出型家庭應有效運用儲蓄、提高投資收益；高收入、高支出型家庭應計劃支出、提高儲蓄率。

理財規劃實訓教程

【案例分析】

家庭年收支儲蓄表分析案例

根據小華、小明和小新三人的收支情況，編製了各自的家庭儲蓄表，如下所示，通過家庭儲蓄收支表對三人進行財務分析。

收支儲蓄科目	小華	小明	小新
工作收入	100,000	50,000	100,000
理財收入	0	0	30,000
消費支出	60,000	60,000	60,000
利息支出	14,000	5,000	12,000
保障型保費支出	3,000	1,000	5,000
儲蓄額	23,000	-16,000	53,000
本金定期還款	4,000	0	12,000
住房公積金繳費額	8,000	4,000	8,000
個人基本養老金繳費額	6,000	3,000	6,000
自由儲蓄額或透支額	5,000	-23,000	27,000
本金提前還款	0	0	27,000
短期理財目標運用	5,000	-23,000	0
支出比率	77%	132%	59%
消費率	60%	120%	46%
財務負擔率	17%	12%	13%
儲蓄率	23%	-32%	41%
還本投資率	18%	14%	20%
自由儲蓄率或透支率	5%	-46%	21%

案例分析結論：

1. 小華的自由儲蓄額為5,000元，可用來實現短期目標：國內旅遊。

2. 小明入不敷出，當月必須在家消費借貸金額。

3. 小新有投資型資產300,000元，假設報酬率10%，理財收入達30,000元，可用來支付投資貸款利息12,000元及本金定期還款12,000元，還有剩餘用來繳納保費。

資料來源：根據《家庭財務報表的編製與分析》整理。

四、家庭資產負債表與收支儲蓄表的關係

資產負債表和現金收支表都是描述個人或家庭財務狀況的信息表，為個人或家庭做出合理的理財規劃提供信息。這兩張表並不是相互獨立的，它們既有聯繫又有

區別，在進行財務分析時，必須對兩張表結合分析。

當現金流入大於現金流出時，資產負債表上體現為淨資產提高；當現金流入小於現金流出時，資產負債表上體現為淨資產減少。若以成本計價，則當月月底的淨值餘額與上月月底的淨值差異應等於當月儲蓄額。儲蓄可以用來累積存款、投資置產、償還負債本金等，進而影響資產淨值。

兩張表的關係可以用圖 4-5 表示。

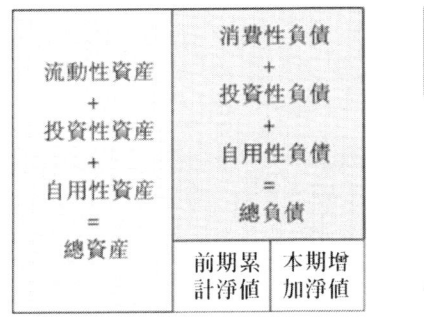

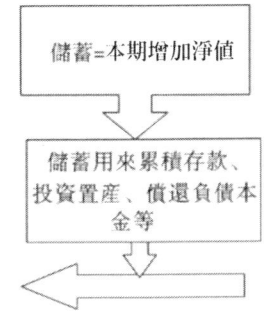

圖 4-5 資產負債表與現金收支表的關係

第四節　財務預算規劃

記帳只是起步，其目的是更好地做預算。由於家庭收入基本固定，因此家庭預算主要就是做好支出預算。支出預算又分為可控制預算和不可控制預算，諸如房租、公用事業費用、房貸利息等都是不可控制預算。每月的家用、交際、交通等費用則是可控的，要對這些支出好好籌劃，合理、合算地花錢，使每月可用於投資的節餘穩定在同一水平，這樣才能更快捷高效地實現理財目標。

一、個人預算規劃的含義

預算是指根據個人生活和財務目標，制訂投資理財的計劃，將財務安排用預算形式表達出來。個人財務預算就是個人為達到開支、消費、投資的目標而進行的統籌安排。通過制訂良好的計劃並實施，可以達到最有效的利用財務資源的效果。

個人預算與財務狀況有什麼關係呢？做一個簡單的比喻，資產負債表可以展示你的最新財務狀況，即你的近況如何；現金流量表可以告訴你過去一個月你的收入和消費；那麼預算就是對各種消費和儲蓄活動進行規劃，以達到理財目標。

個人預算可以幫助家庭控制收支平衡，約束個人進行理智消費，為理財目標的實施提供計劃，養成明智的財務管理習慣，並為經濟緊急事件做好準備。

二、編製個人預算的步驟

1. 評價最新財務狀況

衡量自己的最新財務狀況變動情況，明確個人需求、價值和生活環境。

2. 規劃理財方向

確定理財目標，建立預算分配方案。預算分為收入預算和支出預算兩類，收入預算是預測收入，規劃緊急資金和儲蓄；支出預算包括固定開支預算和可變開支預算。

（1）收入預算。收入預算按照收入的來源和特性可分為工薪收入、經營淨收入、財產性收入和轉移性收入。工薪收入來源穩定，有勞動法保障，一般而言依靠每年調薪有所增長，收入中斷風險小；經營淨收入大小視經濟景氣而定，收入來源較不穩定，工商個體戶有機會轉型成私營企業，但是面臨較大的收入中斷風險，可能經營不善以至於虧損甚至倒閉；財產性收入，利息收入與租金收入的穩定性較高，股票資本利得的成長性較高，但是可能面臨房屋閒置或股票無股息發放的風險；轉移性收入，視政府財政情況與子女負擔能力而定，一旦政府縮減社會福利或子女無力奉養，便會中斷收入。1990—2005 年城鎮地區居民收入來源如表 4-12 所示。家庭收入預算表如表 4-13 所示。

表 4-12　　　　　　　1990—2005 年城鎮地區居民收入來源

項目＼年份	1990	1995	2000	2002	2004	2005
人均年收入（元）	1,516.2	4,279.0	6,295.9	8,177.4	10,128.5	11,322
工薪收入	75.83%	79.23%	71.17%	70.19%	70.61%	68.9%
經營淨收入	1.48%	1.70%	3.91%	4.06%	4.88%	6%
財產性收入	1.03%	2.11%	2.04%	1.25%	1.59%	1.7%
轉移性收入	21.66%	16.96%	22.88%	24.50%	22.91%	23.4%

表 4-13　　　　　　　　　　家庭收入預算表

家庭大類	10月份科目	家庭收入儲蓄表 夫	妻	小計	差異分析 預算	差異
工作收入	薪資	10,000	8,000	18,000	18,000	0
	加班費	0	0	0	0	0
	佣金	0	0	0	0	0
	獎金	0	0	0	0	0
	執行業務	0	0	0	0	0
	稿費	0	0	0	0	0
	小計	10,000	8,000	18,000	18,000	0

表4-13(續)

家庭	10月份	家庭收入儲蓄表			差異分析	
理財收入	利息收入	300	200	500	600	-100
	租金收入	0	0	0	0	0
	營業所得	0	0	0	0	0
	資本利得	0	0	0	0	0
	小計	300	200	500	600	-100
轉移性收入		0	0	0	0	0
稅前收入合計		10,300	8,200	18,500	18,600	-100
所得稅扣繳額		1,000	800	1,800	1,800	0
稅後收入合計		9,300	7,400	1,670	16,800	-100

（2）支出預算。支出預算是與收入預算相對的。確定支出預算首先需要設置財務目標並將其貨幣化，財務目標可以是購車購房計劃、旅遊計劃、退休計劃、教育金計劃等，然後根據期望報酬率、離達到目標的年數、屆時所需資金額來計算每月需存儲金額，每月收入與每月需存儲金額的差即為每月支出預算。家庭支出預算表如表4-14所示。

表4-14　　　　　　　　　家庭支出預算表

月預算	菜錢外食	衣著美容	房租日用	交通通訊	教育娛樂	合計
自己	500	200	3,000	600	300	4,600
配偶	500	200	500	200	300	1,700
子女一	300	100	0	100	500	1,000
子女二	300	100	0	100	500	1,000
父親	300	100	0	100	300	800
母親	300	100	0	100	300	800
預算合計	2,200	800	3,500	1,200	2,200	9,900
當月實際	2,500	900	3,800	1,300	3,000	11,500
差異數	-300	-100	-300	-100	-800	-1,600

3. 實施預算

選擇預算體系，記錄消費金額，監督消費、儲蓄和投資類型。

4. 評估你的預算方案

審查理財進程，修改理財目標，增加預算分配方案。家庭預算表編製步驟如圖4-6所示。

理財規劃實訓教程

| 月預算計劃表 單位：元 |
理財目標	預算金額	完成比例	實際金額	差異
預期收入				
工資	3 000	100	3 000	0
其它收入	0	0	0	0
總收入	3 000	100	3 000	0
預期流出(資金分配)				
定期存款	200	7	200	0
投資儲蓄	300	10	400	+100
緊急備用儲蓄	200	7	150	-50
其它儲蓄	0	0	0	0
總儲蓄	700	24	750	+50
固定支出				
租金	250	8	250	0
抵押貸款	750	25	750	0
保險支出	300	10	300	0
固定支出總額	1 300	43	1 300	0
可變支出				
食物	250	8	300	+50
公用支出	120	4	150	+30
服裝	200	7	150	-50
交通費	80	3	80	0
教育	150	5	100	-50
休閒娛樂	100	3	200	+100
其它支出	100	3	120	+20
可變支出總額	1 000	33	1 100	+100
總流出	3 000	100	3 150	+150

第一步：確定理財目標

第二步：預測收入來源，並將收入在各種流出項目中進行分配

第三步：分配緊急備用金、定期支出以及理財目標等資金

第四步：為必須支出的費用預留資金

第五步：各種家庭和生活費用等支出的預留費用

第六步：記錄實際資金流出和流入，將實際金額與預算金額進行比較計算

第七步：評估是否需要修改消費和投資計劃

圖 4-6　家庭預算表編製步驟

本章小結

　　財務與預算分析，是個人或家庭進行理財規劃的重要基礎。為了實現已經制定的理財目標，首先要明確自己目前所處的位置，也就是說要掌握家庭現有的財務狀況，對家庭的現金流量、收支情況進行風險，從而選擇不同的投資工具，進行合適的資產組合配置。

　　在財務與預算分析中，個人財務報表的編製是核心，它是指通過對家庭經濟活動中的資金或資金運動，或是由此體現的家庭會計要素及要素的增減變動情況進行核算而編製的財務報表。個人財務報表是對個人擁有資產和負債進行的總結。它提供了關於收入、支出、或有負債、資產所有權和價值、所欠負債的信息以及相關的說明和保證。

　　家庭財務報表大致包括如下內容：①家庭經營、投資、消費等行為的記帳核算；

②家庭資產、負債、權益、收入、費用、利潤等會計要素的計量、記錄、確認與報告的核算；③家庭組建、子女撫養教育、社會交往乃至家庭離異解體等專項費用計算；④家務勞動的費用及成本核算。家庭資產包括實物資產和金融資產，實物資產就其使用期長短及同費用的相關性而言，可分為固定資產、低值易耗品、物料用品、應收預付款四大類。

思考題

1. 保持理財記錄和文件的有序存放有什麼好處？
2. 你對建立一個理財記錄系統會提出什麼建議？
3. 你保留理財記錄和文件的時間長度受到哪些因素的影響？
4. 個人財務報表的主要目的是什麼？
5. 個人資產負債表如何揭示你的財務狀況？
6. 如何利用資產負債表進行理財規劃？
7. 現金流量表提供了什麼信息？

課後閱讀

請根據下面材料編製張先生家庭的資產負債表和收支儲蓄表，其中資產負債表要編製出××年8月底和9月底的資產負債表，收入儲蓄表的時間段為××年9月。並檢驗資產負債表和收支儲蓄表的鉤稽關係。

35歲的張先生是雙薪家庭，夫妻兩人月薪合計10,000元。8月底，張先生家庭資產有存款50,000元；股票投資成本100,000元。9月初為籌首付款以110,000元出售，賺了10,000元；買入自用房地產市價500,000元，負債有房貸350,000元。往後每月支出除生活費5,000元外，還有3,000元須繳房貸本息，其中本金1,000元，利息2,000元。

下表是張家活期存款帳戶在9月的記錄。

張先生家庭的活期存款帳戶記錄（9月）

日期	摘要	帳戶登記	支出	存入	結存
9月1日		期初結餘			50,000
9月1日	工資薪金所得	服務公司轉入		10,000	60,000
9月1日	股票利得	證券公司轉入		110,000	170,000
9月1日	購房首付款支出	轉出到房地產公司	150,000		20,000
9月1日	9月生活費支出	取現	5,000		15,000
9月30日	房貸本息支出	轉帳	3,000		12,000

第五章　投資者分析

開篇引言

青蛙效應

　　19世紀末，美國康奈爾大學的科學家突發奇想，將一個活生生的青蛙投入已經煮沸的開水鍋中，這突如其來的高溫刺激，青蛙承受不了，奮力從開水中跳了出來，得以逃生。當科學家再度把青蛙先放入裝著溫水的容器中，然後慢慢加熱，結果就不一樣了。青蛙開始時因為水溫舒適而在水中悠然自得。當水溫逐漸升高到青蛙發現無法忍受的高溫時，已經心有餘而力不足，沒有求生的奮鬥慾望，不知不覺被煮死在熱水中。

　　「青蛙效應」在股市的大熊市中表現得最為明顯：6,124點一路跌下來，大多數股民5,500點沒人肯清倉，大家理解為牛市的正常回調，仍期盼著8,000點、1萬點；等跌到4,000點時，又開導自己說5,000點都沒走，4,000點憑什麼走？大家不是都說牛市沒有改變嘛。等到3,000點，大家終於承認股市是走熊了，不過這時候還指望有政策底？破3,000點的政策底時，大家這才開始恐慌了，股評都說會跌到2,500點以下。但高位套牢的股民已經沒有回天之力了。到這裡發現自己被「溫水煮了青蛙」，股價被市場殺去了一大半。

　　可以看出，投資者並不總是理性的，在任何時候發現溫度不對，都應第一時間跳出去！這是做投資的本能。

　　投資理財活動是不同主體之間基於委託代理關係，在具有虛擬性質的金融市場上進行的複雜的金融交易，它與投資理財主體的心理、金融產品和金融市場的特別

第一篇 理論篇

性質有關。投資者風險偏好與可接受理財起點、投資動機與期望投資期限、接受理財產品信息的途徑及投資產品優勢吸引力都成為理財規劃關注的重要因素。如果說財務預算分析是理財的客觀因素，那麼投資者行為分析就是理財的主觀影響因素。本章主要介紹投資者行為的影響因素。

第一節　行為金融學

客戶對銀行提供的金融產品——理財產品主要是以一種投資品的眼光來看待，因此我們首先就要考察客戶作為一個投資者的投資心理特徵。銀行掌握了客戶的投資心理特徵，就可以據此創新出各種適合客戶特定需要的理財產品，或者為客戶制訂合適的理財計劃。

一、行為金融學概述

行為金融理論是在20世紀80年代興起的一種新的研究範式。它突破了傳統的理性主義分析框架，以人類現實的經濟行為而不是抽象的理性人假設為研究的基點；它注重考察人類行為中的非理性因素，以心理學原理為基礎設計經濟學實驗來探討人類投資行為的心理證據。

2002年，心理學家卡尼曼和經濟學家史密斯因投資心理學領域的研究而榮獲諾貝爾經濟學獎，這是第一次把諾貝爾經濟學獎頒給了心理學領域的研究成果。

行為金融學的兩大理論基石是有限理性和套利限制。有限理性（Bounded Ration）是指投資者並非絕對理性的，由於存在信息處理偏差、決策偏差和社會心理偏差的影響，人們在進行投資決策時很多喜好都是非理性的，導致非必須消費和沒有效率的投資。套利限制（Limited Arbitrage）是指當一種資產偏離基本價值時，套利糾正這種錯誤定價的策略可能非常有風險或者成本太高，使之失去了吸引力。行為金融學的理論體系就是在這兩個假設下形成的，它與標準金融學構成了兩個截然不同的體系。行為金融學與標準金融學的差異如表5-1所示。

表5-1　　　　　　　行為金融學與標準金融學的差異

	標準金融學	行為金融學
理論基礎	理性人和無限套利假設	正常人和有限套利假定，投資者實際決策模式（應變性、偏好多樣化、追求滿意方案等）
分析方法與涉及學科	經濟學、金融學、數學、統計學的方法	綜合運用經濟學、金融學、數學、統計學、實驗經濟學、心理學、生物學、社會學等方法
研究視角	將複雜的金融現象抽象為數學模型	盡可能考慮投資者的實際行為和心理基礎，據此抽象為數學模型

二、行為金融學與投資者行為偏差

行為金融學最大的特徵是在金融學中吸收了許多心理學研究成果，它在解釋金融市場現象時利用了與投資者信念、偏好以及決策相關的認知心理學、情感心理學和社會心理學的研究成果，對投資者的投資行為和市場價格的變動進行解釋。

1. 認知心理學（Cognitive Psychology）

認知心理學是與投資者行為研究最相關的心理學領域，它認為投資行為是一個信息處理過程，各種經濟變量形成了投資者的信息源，投資者在計量風險和收益的投資決策過程受到諸多心理因素的影響。如果對信息的理解發生偏離，有可能導致投資者認知偏差的產生。

比如，擲 5 次硬幣，人們經常錯誤地認為出現「正一反一正一反一正」是有規律的，而認為「正一正一反一反一正」是不常出現的，得出出現前者的機會比後者的機會高的結論，但事實上，兩者出現的機會都是相等的。這就是在信息處理的時候存在代表性偏差。

在金融市場上投資者通常簡單地用類比的方法去判斷，如果甲類事件相似於乙類事件，則甲就屬於乙，與乙同類。股票市場上的「龍頭股現象」就是使用「代表性」進行判斷的結果。典型的例子是一個板塊的「龍頭股」的上升或下跌，經常帶動板塊內的其他股票的上升或下跌。

2. 情感心理學

情感心理學是研究各種情感心理現象的科學。情感心理學屬於普通心理學範疇，這門學科與生活實踐緊密聯繫，包括了人的心理活動的極為重要的方面。

（1）過度自信。通常，投資者趨向於認為別人的投資決策都是非理性的，而自己的決定是理性的，自己的決定是在優勢的信息基礎上進行操作的。人們往往過於相信自己的判斷能力，高估自己成功的機會，把成功歸功於自己的能力，而低估運氣和機會在其中的作用，這種認知偏差稱為過度自信，它屬於信息輸出階段的認知偏差。

【趣味測試】

自信心測試

普通投資者通過網絡可獲得不亞於專業人士的海量信息，但由於他們普遍沒有受過專業的處理信息的訓練，加之人腦往往有把複雜信息簡化分析的傾向，所以他們據此得出的結果往往是不恰當的，隨著解讀信息的不斷增加，他們往往不自覺地步入過於自信的心理誤區。

通過對 20 道題的選擇，測試自信心的水平，答案選擇「是」與「否」。

1. 認為自己是個尋常人嗎？（　　　）

2. 經常希望自己長得像某某人嗎?（　　）
3. 時常羨慕別人的成就嗎?（　　）
4. 你為了不使他人難過,而寧願放棄自己喜歡做的事嗎?（　　）
5. 你會為了討好他人而打扮嗎?（　　）
6. 是否經常勉強自己做自己不願做的事嗎?（　　）
7. 任由他人來支配你的生活嗎?（　　）
8. 你認為你的優點比缺點多嗎?（　　）
9. 你經常對別人說抱歉嗎?（　　）
10. 在無意的情況下,傷害了別人的心,你會難過嗎?（　　）
11. 你希望自己具備更多的天賦和才能嗎?（　　）
12. 你會經常聽取別人的意見嗎?（　　）
13. 在聚會上,你經常等別人先跟你打招呼嗎?（　　）
14. 你每天照鏡子超過3次嗎?（　　）
15. 你有很強的個性嗎?（　　）
16. 你是個優秀的領導者嗎?（　　）
17. 你的記性很好嗎?（　　）
18. 你對異性有吸引力嗎?（　　）
19. 你懂得理財嗎?（　　）
20. 買衣服前你聽取別人的意見嗎?（　　）

自信心測驗題答案：1-7、9-13、20題答「是」計0分,答「否」計1分；8、14-19「是」計1分,答「否」計0分。

測驗結果評價：

13分以上：很有信心,敢說敢做,知道自己的優缺點。但如果得分接近20分,有可能過於自信,甚至自大和浮誇。

6~12分：較有信心,但有時候信心不足。

6分以下：沒有太多的信心,過於謙虛,容易形成自我壓抑。

資料來源：北京燕園博思心理諮詢中心。www.pkuboss.com。

在金融市場中,投資者的判斷廣泛受到框定依賴的影響。例如,不同的新聞單位發布了內容相同的兩條消息：

① 今天股市小幅下跌0.1個百分點；

② 今日股市繼續下跌,跌幅達0.1個百分點。

這兩條消息實質內容是一樣的,但它們帶給人們的印象迥然不同,前者給人更多的是一個中性的印象,而後者則無疑會讓人對後市感到悲觀失望。因而,聽取了不同消息的兩個投資者也許就會做出完全不同的決策。當然,如果投資者是非常理性和清醒的,當他對這兩則消息進行了仔細分析的話,這兩則消息框架上的差異就

無法對他的決策造成影響，因為投資行為應該是面向未來的，過去的歷史信息不應該構成影響；然而，在金融市場中，市場形勢瞬息萬變，投資者無時無刻不處於高度緊張狀態，很難保持完全平和的心態，也就很容易被框架影響。

（2）保守主義。它是指人們的思想大都存在一種惰性，改變個人的原有信念總是非常難的，新的證據對原有信念的修正往往不足，特別是當新的數據並非來源於一個顯而易見的模型，人們就不會對它給予足夠的重視。保守主義常表現為人們過於重視了先驗概率，而忽視了條件概率。

愛德華茲（Edwards）做過一個實驗（1968）：有兩只瓶子，一只裝有3個藍球7個紅球，另一只則裝有7個藍球3個紅球。從其中一只瓶子中隨機抽取12個球（抽出的球放回瓶子），結果抽取了8個紅球和4個藍球。那麼從第一只瓶子中抽取的概率為多少？

正確的答案是0.97。大多數人認為概率值在0.7左右，顯然他們過度重視了基本比率0.5。

（3）模糊厭惡。這是指對主觀的或含糊的不確定性的厭惡程度要超過對客觀不確定性的厭惡。也就是說，投資者總是厭惡通過自己的能力做出決策，而更偏好直接做出賭博式的選擇，或者說投資者在市場中總是寧願接受客觀風險的影響而不願接受自己決策而帶來的風險。

埃爾斯伯格（Ellsberg，1961）做了一個經典的實驗。假定有兩只瓶子1和2。2號瓶共裝有100個球，50個紅球50個藍球。1號瓶也裝有100個球，其中有紅球也有藍球，但是，受實驗者不知道二者的比例。然後，要求受實驗者在以下兩個風險事件中選擇其一，這兩個風險事件每一個都包括100美元的可能報酬。這取決於從相應的瓶子中隨機抽取的球的顏色。

a1：從1號瓶抽取一個球，紅球得100美元，藍球得0美元。
a2：從2號瓶抽取一個球，紅球得100美元，藍球得0美元。

接著，要求受實驗者在以下兩個風險事件中做出選擇：

b1：從1號瓶抽取一個球，藍球得100美元，紅球得0美元
b2：從2號瓶抽取一個球，藍球得100美元，紅球得0美元。

大家普遍的選擇是，對a2偏好多於a1，而b2的選擇多於b1。這些選擇與客觀概率無關：選擇a2暗示著1號瓶中紅球的主觀概率小於50%，而選擇b2則暗示著相反的情形。

（4）後悔厭惡。心理學研究表明，人在犯錯誤後都會感到後悔，並且後悔帶來的痛苦可能比由於錯誤引起的損失還要大，因此為了避免後悔，人們常常做出一些非理性行為，即投資決策的目標可能是最小化未來的後悔而不是最大化將來的收益。由於害怕引起後悔，投資者會有強烈的從眾心理，購買受到大家一致追捧的股票，因為即使股價下跌，當考慮到大家都同樣遭受損失時，或許會減輕投資者的後悔反應。

例如，新買入車子的人在購買完成後又選擇性的避免閱讀他們沒有選擇的車型廣告，而關注他們購買的車子廣告，這表明人們會擔心看到更好的車型而產生後悔。在共同基金市場上，資金流入業績好的共同基金的速度比資金流出業績差的共同基金的速度要快得多，也就是說發生損失的基金持有人不願意通過贖回他們持有的基金來面對投資失敗的事實。後悔厭惡價值函數如圖5-1所示。

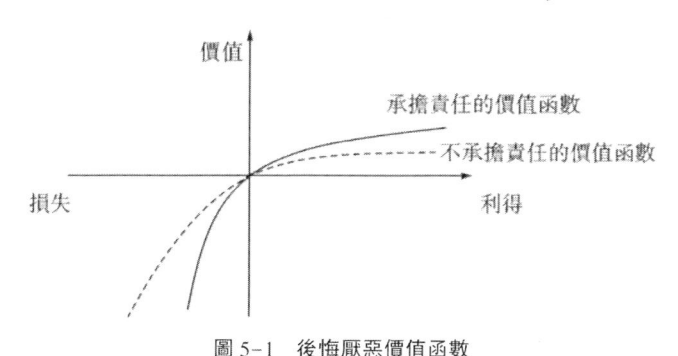

圖5-1　後悔厭惡價值函數

（5）損失厭惡。進一步的研究發現，人們並非厭惡風險，他們厭惡的是損失，損失總比收益帶來更突出、更強烈的感受。損失厭惡是指人們面對同樣數量的收益和損失時，損失使他們產生更大的情緒影響。他們發現同量的損失帶來的負效應為同量收益的正效用的2.5倍。

實驗1：A：25%機會贏得3,000元，75%機會贏得0元

B：20%機會贏得4,000元，80%機會贏得0元

實驗2：A：80%機會贏得4,000元，0%機會贏得0元

B：100%機會贏得3,000元

實驗3：A：80%機會虧損4,000元，20%機會虧損0元

B：100%機會虧損3,000元

實驗1中，A的預期效用＝3,000×0.25+0×0.75＝750，

B的預期效用4,000×0.2＝800，B的預期效用＞A的預期效用；

實驗2中，A的預期效用＝4,000×0.8+0×0.2＝3,200，

B的預期效用＝3,000×1＝3,000，A的預期效用＞B的預期效用；

實驗3中，A的預期效用＝-4,000×0.8+0×0.2＝-3,200，

B的預期效用＝-3,000×1＝-3,000，B的預期效用＞A的預期效用。

實驗結果：實驗1中，65%的人選擇B；實驗2中，80%的人選擇B，表明厭惡風險；實驗3中，92%的人選擇了A，表明偏好風險。實驗1的結果符合傳統的追求預期效用最大化的理論，實驗2和實驗3的結果與傳統的追求預期效用最大化的理論不符。由於人們放棄他所擁有一個物品所感受的痛苦，要大於得到一個原本不屬於他的物品所帶來的喜悅，因而在定價方面，同一種物品在這種情況下的賣價高於買價，這種現象稱為「稟賦效應」（Endowment Effect）。

卡內曼和特維斯基（Kahneman 和 Tversky）在此基礎上提出了前景理論，指出損失厭惡反應了人們的風險偏好並不是一致的，當涉及的是收益時人們表現為風險厭惡；當涉及的是損失時，人們則表現為風險尋求。也就是說，人們在面臨獲得時往往是小心翼翼，不願冒風險；而在面對失去時會很不甘心，容易冒險；人們對損失和獲得的敏感程度是不同的，損失時的痛苦感要大大超過獲得時的快樂感。這些投資者特徵可以用價值函數來表達。損失厭惡與價值函數如圖5-2所示。

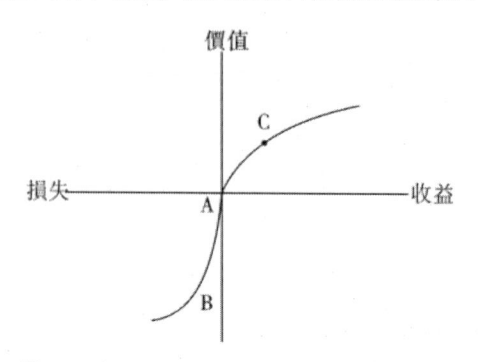

圖5-2　損失厭惡與價值函數（Value Function）

3. 社會心理學（Social Psychology）

作為群體中的一員，人們容易受到群體情感的感染，傾向於採取與群體行為相近的行為，甚至在一定程度上放棄自己的偏好與習慣，並忽略自身可獲得的信息，而對於個體來說這些行為往往是不可思議的。例如集體失語、集體非理性、羊群效應等。

「羊群效應」（Herd Effect），是指在金融市場中投資者在信息不確定的情況下，行為受到其他投資者的影響，模仿他人決策，或者過多依賴於輿論，而不考慮私人信息的行為。大量證據顯示，投資者的羊群效應既不利於個人的投資收益，也不利於金融市場的穩定。對投資者而言，羊群效應的投資者在市場中獲得的收益率較低；而對整個金融市場而言，羊群效應所導致的群體一致性行為會導致股票價格對價值的偏離，形成一種正反饋機制。

【閱讀資料】

蘋果的味道

課堂上，哲學家蘇格拉底拿出一個蘋果，站在講臺前說：請大家聞聞空氣中的味道。

一位學生舉手回答：我聞到了，是蘋果的香味！蘇格拉底走下講臺，舉著蘋果慢慢地從每個學生面前走過，並叮囑道：大家再仔細地聞一聞，空氣中有沒有蘋果的香味？這時已有半數學生舉起了手。

蘇格拉底回到了講臺上，又重複了剛才的問題。這一次，除了一名學生沒有舉

手外，其他的全都舉起了手。蘇格拉底走到了這名學生面前問：難道你真的什麼氣味也沒有聞到嗎？那個學生肯定地說：我真的什麼也沒有聞到！

這時，蘇格拉底向學生宣布：他是對的，因為這是一個假蘋果。這個學生就是後來大名鼎鼎的哲學家柏拉圖。

第二節　理財活動中的投資心理學

一、投資中的過度自信心理

問題1：自今天起的一個月內，你對上證指數的點位的最佳估計是什麼？下一步，選取一個高點，使你有99%的把握確信上證指數在今天起的一個月內會低於該高點。現在，再選取一個低點，使你有99%的把握確信上證指數在今天起的一個月內會高於該低點。如果你按照問題的指示做了，上證指數將比你估計的高點更高的概率應為1%，低於你估計的低點的概率也應為1%。現在，你已經為自己確定了上證指數在今天起的一個月內的點位98%的主觀概率置信區間。

假設你已經根據大量不相關的建議做出判斷，等待所有結果的明朗化。對於每一種建議都有三種可能性：

(1) 實際結果可能高於你估計的高點（高點意外，High Surprise）；
(2) 結果可能低於你估計的低點（低點意外，Low Surprise）；
(3) 結果可能在你的置信區間內。

如果你的判斷沒有產生特別的偏差，並且你對自己知識的局限有著良好的判斷，那麼你應該預期遇到大約1%的高點意外和1%的低點意外。在98%的情況下，實際點位應該落在你的置信區間內。設置了滿足這種要求的置信區間的個人，可以被認為在他們對概率的判斷中進行了很好的校準（Well-Calibrated）。

遺憾的是，極少人能夠適當地校準。大量的研究證明，在主觀概率置信區間內存在嚴重的系統性偏差；太多的意外表明置信區間設置得太過緊密。很多研究中一種典型的結果是意外率達到15%~20%。這種被稱為過度自信的現象是普遍而頑固的。現已發現有兩個專業群體能夠理智地校準，即星相學家及障礙賽跑選手。這兩個專業領域中的人學會了適當地校準，因為他們的職業有三個特點：他們每天面對同樣的問題；他們做出明確的或然預言；他們得到有關結果的迅速而準確的反饋。對於專家或非專家來說，當這些條件不滿足時，過度自信就是可以預料的結果。

【閱讀資料】

波音747有多重？

向1,000多位商界人士提出這樣的問題：請估計一架普通的、空載的波音747

飛機的重量是多少，給出你的最小估計值和最大估計值。盡量讓正確答案落在你給出的兩個數據之間。

波音747飛機的重量是399,000磅（約181,146千克）。

實驗結果是，大多數人沒能給出包含正確答案的估計範圍。

他們的回答完全可以把範圍放得很大，以便把正確答案包含在裡面。但極少有人這樣做。那些商界人士為了不顯示出自己知之甚少，於是自信地把答案限定在一個比較小的範圍內，於是就出現了錯誤的估計。這種表現出來的驕傲自大而不可靠的心理就是過度自信。

過度自信心理的對策建議：

首先記錄自己過度自信的實例，並在理財投資中不斷體現自己，引起警惕。其次在對客戶做陳述時注意自己性格上過度自信的傾向，誇張的陳述會有助於吸引客戶，但是如果你無法兌現諾言，反而會使自己麻煩不斷，在進行理財時應該讓客戶充分瞭解與投資決策有關的不確定性。最後，不要讓客戶用他們的過度自信來影響你，如果你讓他們影響到自己，你就會對業績提出不切實際的過高要求，這將導致你與客戶的關係很快破裂。

二、理財中的賣出效應

問題2：投資者A大量持有某只股票，他最初的買進價是每股100美元。投資者B大量持有同一只股票，她的買進價是每股200美元。該股昨天的市價是每股160美元，而今天跌到了每股150美元。A和B兩個投資者，誰的感覺更糟糕？

大多數人會同意，B比A感覺更糟。產生這種直覺的原因是，投資者A可能會將股價下跌的壞消息視為收益的減少，而B會將同樣的消息視為損失的擴大。因為價值函數對於損失比收益更陡峭，每股價格10美元的差異，對B比對A更重要。

這一心理學事實的一項重要結果被稱為賣出效應（Disposition Effect），它是投資者心理帳戶處置不妥的一種表現。具體是指，在股票市場上投資者往往對虧損股票存在較強的惜售心理，即願意繼續持有虧損股票，不願意實現損失，呈現風險偏好的特徵；而在盈利面前，投資者則趨向規避風險，願意較早賣出股票以鎖定利潤。特沃斯基和卡內曼（1981）提出的心理帳戶理論，也對這一現象進行瞭解釋。他們指出，在決策過程中，人們通過三種心理帳戶對他們所面對的選擇的得失進行評價：最小帳戶、局部帳戶和綜合帳戶。這裡投資者A和B都是將買入的價格一起包括進來計算損益，採用的是局部帳戶；如果只看昨天到今天的價格變化則兩者的感覺應該相同，這就是最小帳戶。

由於投資者不情願認識到自己的虧損，因此在投資中常常會變換心理帳戶去計算損益。例如一個投資者，她現在需要現金，因而必須賣出自己持有的兩種股票中的一種；其中，一只股票漲了而另一支跌了。奧登（Odean，1998）研究了一萬個

投資者的交易記錄，結果顯示投資者更加可能賣出下跌的那只股票。

賣出效應心理的對策建議：

（1）虧損風險對大多數投資者來說都是風險的一個重要方面，但是虧損是個相對的概念，投資者應該確定參考點，並由此計算贏利或虧損。投資者在進行投資決策時應遵循一定的心理帳戶運算規則：兩筆盈利應分開，兩筆損失應合併，大得小失應合併，小得大失應分開。

（2）因為賣出效應是一種影響力很大的偏差，所以理財規劃師應向客戶提供真實案例，最好「讓贏利充分增長」並「止住虧損」。在做出買進決策之前，討論將來賣出的條件。

（3）在培訓的過程中，尤其注意切勿在不經意間強化對偶發事件過度反應的傾向。

【閱讀資料】

問題1：假設你要看電影，買了一張10元的票。當你到電影院時發現電影票丟了。你願意再付10元買一張票嗎？

200名測試中54%的不願意。

問題2：假設你要看電影，一張票10元。當你到電影院時發現丟了一張10元的鈔票。你願意堅持付10元買一張票嗎？

83名測試中88%的願意。

解釋：丟掉的現金沒有被列入看電影的成本帳戶中，丟掉現金僅僅使得人沒有原來富有。

三、樂觀主義和代表性偏差

1. 樂觀主義

問題3：你認為自己的駕車水平如何？把自己和公路上遇到的司機比較一下，你的水平是在平均之上，平均水平，還是在平均之下？如果某個熟人買進一支後來表現不好的股票，你認為他是做錯了還是運氣不好？

回答中，有65%~80%的人認為自己的駕駛技術高於平均水平。但我們當中只有一半的人有這個能力。由於樂觀主義傾向的存在，大多數人的信念都存在著偏差。樂觀主義者誇大了他們自己的才能：這就是超過80%的司機相信他們的駕車技術高於平均水平的原因。他們中的多數人肯定是錯誤的。

樂觀主義者還會低估他們無力控制的壞結果出現的可能性。舉例來說，大多數大學生相信，與同學相比，自己不大可能在50歲之前得癌症或者得心臟病。樂觀主義者還容易產生一種控制錯覺（Illusion of Control），即他們會誇大他們控制自己命運的程度，並容易低估機會或不可控因素在事件發展過程及其結果上的作用，對自

已在機會和技能的真實控制能力產生認知偏差,錯誤地將機會的游戲理解為技巧的游戲。

2. 代表性偏差

問題4:擲一枚硬幣,下列結果中哪一種更可能發生:HHHTTT及HTHTTH?

在這個問題中,擲一枚硬幣產生這兩個結果可能性是一樣的。然而,問題的兩個結果中只有一個看起來是隨機的,另一個則看起來是規則的。

大多數人錯誤地相信,第二個結果比第一個更可能發生,而這僅僅是因為第二個結果更具有代表性。更為重要的是,很多人會過快地感知到事件的隨機結果中偶然的規則。奧登(Odean, 1998)報告了一種引人注目的模式,他對個人投資者通過某家經紀行進行的成百上千的交易活動進行了分析。他發現,當個人投資者賣出一只股票並馬上買進另一只股票時,在第一年他們賣出的股票表現,平均(不考慮交易費用)要比他們買進的股票的表現好出3.4個百分點。這種高成本的過度交易可以用兩種偏差來解釋:人們對不存在之物的感知模式,以及他們在對不確定的事件做出判斷時太過於自信。

理財對策建議:

(1)抑制你在給客戶提建議的行為中過度樂觀的自然衝動。比如,多考慮可能出錯的事情和後果。因為你更容易記住自己的成功,因此可以保存一個過去你所做的不成功的事件清單。

(2)向你的客戶傳達現實的成功機會。

(3)在向客戶提供歷史數據時,要抑制住自己傾向於提供正面數據的誘惑。

(4)問問你自己,你有沒有真實的理由相信自己比市場懂得還多。在進行交易之前,列出不是基於隨機因素的原因,並在做出主動的決策前,考慮交易是基於隨機因素的可能性。

四、心理概率

問題5:你有機會賺取2萬美元,但是不知道確切的概率。考慮以下三種結果:

A. 概率為0或1%

B. 概率為41%或42%

C. 概率為99%或100%

A、B、C這三種不同的情況,對於制定決策是否具有相等的重要性?你能否根據它們對偏好的影響對它們排序?

理性選擇理論告訴我們,不確定的期望應該用可能結果的效用的權重來評價,每種結果按照發生的概率確定其權重。以概率確定權重意味著,具有1%概率的可能結果,其權重應十倍於具有0.1%概率的結果。反過來可以得到,某一事件的概率1個百分點的增量,應該對結果的權重具有同樣的影響,無論最初的概率是0%,

41%還是99%。

直覺上來看，風險與機會並不服從這項準則。心理學證據表明，從不可能事件到可能事件，或者從可能事件到確定性事件的變化所產生的作用，大於從可能性事件到可能性事件的同等變化而產生的作用。也就是說，將某一期望事件的概率從0提高至1%，或者從99%提高至100%，比起將概率從41%提高至42%，人們願意支付更多的代價。

因此，多數人會發現，有1%的機會贏得1,000美元，比價值10元的禮物更吸引人。而且，如果有99%的機會贏得1,000美元，多數人為了消除丟掉獎金的可能性，願意支付比10美元高得多的代價。這種不對稱的概率就解釋了為什麼權重使得人們既喜歡購買彩票，又喜歡購買保險單。

問題6：假設你比今天的你多出20,000美元的財富，而且你要在兩個選項中做出選擇：

A. 獲得5,000美元；

B. 50%的機會贏得10,000美元，50%的機會什麼都贏不到。

問題7：現在假設你比今天的你多出30,000美元的財富，而且你必須在下列兩個選項中做出選擇：

A. 輸掉5,000美元；

B. 50%的機會輸掉10,000美元，50%的機會什麼都不輸。

如果你與大多數人一樣，那麼：①你可能幾乎不在意有關比你自己多出一筆確定數額財富的初始陳述；②你可能感覺這兩個問題非常不同，而且你可能選擇問題7中的風險事件及問題6中的確定事件。

這種考慮這兩個問題的方式，產生感覺上是完全自然的，但是卻違背了理性決策的一項重要原則。一個絕對理性的決策者將視這兩個決策問題為完全相同的，因為它們用財富狀況的公式表示是等價的。在這兩個問題中，你在比今天的你多出25,000美元財富或者接受一個風險事件之間有一個選擇。對於這一風險事件，你最終可能多出20,000美元或者多出30,000美元的財富，其概率是相等的。

從這幾個事例我們可以得出幾項重要的意義。首先，同一個決策問題可以用廣義（比如財富）或者狹義（比如損益）方式進行理解，並且廣義和狹義方式通常會導致不同的偏好。其次，採用廣義方式並將注意力集中於狀況（比如財富）而不是變化（比如損益），可以最好地符合理性的要求，而狹義方式更容易更自然，而且更常見。

理財的對策建議：

在給客戶提供有選擇的行動方針時，要用最為廣義的方式來表達。確保所選擇的表達方式與客戶有關（比如財富）。對於主要目的是退休後生活的客戶，應考慮將財富水平轉換為在退休期間能夠被預期的年金收入額。

五、現金等價值

問題8：你認為多少確定的收益值才與下面的風險期望相匹配。50%機會贏得1,000美元，50%的機會什麼都贏不到？或者說你願意支付多少門票價格參與這個游戲？

某一風險期望的現金等價（Cash-equivalent）是指為達到期望的效用水平，所需要保證的財產水平。容易看出，上述問題的期望收益為500美元，但是大多數人會為上面問題中的風險事件設置少於400美元的現金等價。

現在假設可能贏得的數額為5,000美元，那麼你願意支付多少價格參與呢？如果可能贏得的數額為20,000美元呢？你可能會發現，你的現金等價金額幾乎與獎金的數額同比例增長。現金等價與風險期望幾乎以同樣的倍數增長，這個觀察結果被稱為風險態度的近似對稱性。但是在投資理財中，假設所有的投資者都是風險厭惡的，也就是說人們對於風險的增加，要求補償的收益應該是邊際遞增的，而不應該是同比例增加。正如我們稍後將瞭解到的，風險態度的近似對稱性是理財決策中某些重要錯誤的一個根源。

在理財顧問中也存在著風險對稱性。卡內曼和泰勒（Kahneman和Thaler）在一項培訓中，向某家專業機構的一群理財顧問提出了針對一個富裕家庭全面理財建議的方案。有一半顧問被告知，該家庭擁有3,000萬美元資產，並且每年開支20萬美元。另一半顧問考慮了除資產（600萬美元）和開支（12萬美元）以外，所有細節都相同的一個方案。理財顧問們建議的應投入證券的資產比例在兩種方案中幾乎是一樣的：對於較富裕的家庭為66%，對於富裕程度稍差的家庭為65%。但是當這些顧問被要求同時考慮這兩種方案，並決定他們是否會對兩種方案推薦同樣的證券投資比例時，絕大多數人則認為他們會建議較富裕的家庭更多地持有證券資產。

類似的，在一個實驗中，貝納特茲和泰勒（Benartzi和Thaler）給投資者閱覽一份股票和公債的年度收益報告，然後詢問他們決定對各項投入多少資產，實驗結果發現他們分配給股票的平均資產值為40%；但是在另一個實驗中，再向投資者出示一份股票和公債的收益報告，不過這次的收益週期改為30年。結果發現，投資者分配給股票的比例平均達到90%。這個實驗證明，人們會因為回報率表現的時間範圍不同而有不同的反應。據此，貝納特茲和泰勒（Benartzi和Thaler）建議人們不應該過於頻繁的清點他們的資產，著眼點應該是長期收益，而不應該受到短期投資波動的影響。

理財顧問和投資者應事先就一系列操作程序達成一致，以防投資者因為憑感覺或者對突發事件下意識的反應，一時衝動對投資組合做出調整。如果投資者確實出現衝動情況，並且基於短線的考慮對投資組合做出重大調整，而且交易結果並不理想，理財顧問應在投資者下一次再出現強烈的衝動時，委婉地向客戶指出這樣做的後果。

第一篇　理論篇

【理財建議】

投資理財中需要注意的 24 個心理現象

1. 為什麼我們會為了節省 10 美元驅車到 11 千米以外的地方買一件 30 美元的襯衫，而不會為了節省 10 美元在買一臺 300 美元的電視機時也這樣做？

2. 為什麼那些對內幕交易深惡痛絕的人在聽到內部消息後也會立即跟風？

3. 當我們覺得持有股票頭寸過高時，消除風險的最快捷辦法就是將股票立即全部賣出，但我們為什麼總是要一點一點地賣呢？

4. 當股市大幅下挫的時候，總有專家說投資者在恐慌拋售，可他們怎麼從不對買股的人分析一下呢？

5. 如果一個初創的公司前途無量，那它的創始人為什麼還急於通過首次公開募股出售股權呢？

6. 那些理財一塌糊塗的人為什麼總拿自己某一次的成功投資到處吹噓？

7. 如果說股票是一種長期投資，那怎麼每天總有那麼多買盤和賣盤？

8. 為什麼那些最好的公司往往對投資者來說卻是最壞的投資？

9. 如果說投資是為了今後 20 年或 30 年的生活，那為什麼股市一天不好我們的心情都會很糟？

10. 當我們在買股票的時候，為什麼總那麼自信，覺得自己對這只股票的看法要比那些正賣出這只股票的人高明？

11. 為什麼人們在商場促銷時會瘋狂購物，而股價下跌時卻忙著賣股？

12. 為什麼股市預言家在其預言準確的時候會得到好評，但預言不準時就指責別人愚蠢？

13. 為什麼共同基金在做廣告時總說能在短期內獲得最佳回報，但同時卻總提醒股東這是長期投資？

14. 鄰居一會兒換新車，一會兒度豪華假期，既然你知道攢錢是累積財富的關鍵，為什麼還會覺得鄰居是個有錢人呢？

15. 我們以前進行了某筆投資，如果今天再給一次選擇機會我們絕對不會再次買進，但我們為什麼還堅守著這筆投資不放？

16. 為什麼那些聲稱投資回報很難跑贏大盤的人總不滿足於只購買追蹤大盤的指數基金？

17. 為什麼明知道賣出虧本的股票、留著賺錢的股票有利於避稅，我們還總是賣出盈利的股票，死守著虧錢的股票？

18. 從長期看，基金管理公司和券商可以通過讓投資者發達來使自己更興旺，可既然如此，它們為什麼還要去欺騙投資者呢？

19. 為什麼那些極其謹慎、只會把錢投資於存單的人也會去購買中獎概率幾乎為零的彩票？

115

20. 為什麼人們在一筆投資取得不錯回報後還會繼續追逐這項投資，產儘現在的高回報可能意味著今後的回報率會降低？

21. 為什麼我們總是認為新櫥櫃是一項投資，但卧室的衣櫃只是消費品呢？

22. 為什麼人們會因為忘記去商店時帶優惠券而沮喪，但在競價買房時將報價抬高 10,000 美元連眼皮都不眨一下？

23. 如果銷售員堅信其音響產品質量上乘，那為什麼還向我們推銷延期質量擔保？

24. 為什麼人們會不惜大量時間籌劃一週長的假日，卻不願意抽一點時間思考一下自己 20 年的退休生活如何過？

第三節　家庭投資理財的風險及其規避

一、風險的類型

凡是投資都有風險，只是風險的大小不同而已，家庭投資亦如此。風險是指由於各種不確定性因素的作用，從而對投資過程產生不利影響的可能性。一旦不利的影響或不利的結果產生將會對投資者造成損失。

風險可分為系統風險和非系統風險。系統風險主要由政治、經濟形勢的變化引起，如國家政策的大調整、經濟週期的變化等；非系統風險主要由企業或單個資產自身因素導致。系統性風險是由共同因素所引致的，這些因素會對所有證券的收益產生影響，不能通過分散化投資來避免這些風險，例如假定有一意外通告，宣布政府準備減持上市公司中的國家股，這樣股票價格就會急遽下跌。

非系統性風險是由獨特因素引致的，這些因素只對單個證券的收益產生影響，是可以通過分散化投資來避免這些風險的，例如長虹公司大規模地擴大了電視機的產量，後來發現電視機市場出現了過度競爭，市場需求量大大低於預期的數字，因此，長虹公司的收入及其股票價格受到不利的影響，而其他公司的收入和股票價格卻不受此影響。系統性風險與非系統性風險的關係如圖 5-3 所示。

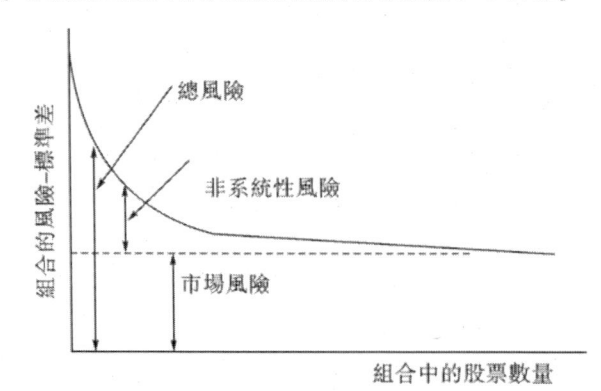

圖 5-3　系統性風險與非系統性風險的關係

第一篇 理論篇

家庭理財投資面臨的風險主要有：政策風險，指因國家經濟金融政策的出抬實施或調整變化而給投資者帶來的風險；法律風險，指因違反國家法律法規進行金融投資而形成的風險；市場風險，指因市場變化而造成的風險；機構風險，指因金融機構經營管理不善而給投資者帶來的風險；詐騙風險，指家庭在投資過程中被人詐騙而形成的風險；操作風險，指家庭進行金融投資的過程中因操作不當而形成的風險。

二、理財風險的防控

面對理財中存在的風險，家庭應做好相應的風險防控措施。

1. 建好家庭金融檔案

在家庭金融活動頻繁的今天，眾多的金融信息已經很難僅憑人的大腦就全部記憶清楚，由此導致了一系列問題：有的銀行存單和其他有價證券被盜或丟失後，卻因提供不出有關資料，無法到有關金融機構去掛失；有些股民股票買進賣出都不記帳，有關上市公司多次送股後，竟搞不清帳上究竟有多少股票，以至錯失了高價位拋出並贏得更多利潤的良機；有的將家庭財產或人身意外傷害等保險憑據亂放，一旦真的出了事，卻因找不到保險憑單而難以獲得保險公司理賠等。

建立家庭金融檔案主要可從以下三個方面入手：首先，明確入檔內容。①各類銀行存款和記帳式有價證券存單姓名、帳號、所存金額和存款日期及取款密碼；②股票買賣情況記錄；③各類保險憑據；④個人間相互借款憑據；⑤各種金融信息資料，如銀行分檔存款利率、國庫券發行和兌付信息、股市行情信息等；⑥家庭投資理財方法和增值技藝的資料。

其次，掌握入檔方法。家庭投資額不多的，可專門用一個小本子記載即可；如投資較多，則應建立正規帳冊，區別類型，分別將家庭金融內容逐一記入，並將每次金融活動內容一筆筆記清；家庭有電腦的，則可將個人家庭金融檔案存入電腦，以便隨時檢索。

最後，把握重點問題：入檔要及時，不能隨便亂放導致金融資料散失；內容要全面，應入檔的各種金融內容，都要完整齊備；存檔要保密，對存單（身分證、個人印章、取款密碼等有關家庭金融安全的重要檔案資料，要分別存檔，電腦建檔還應設置密碼）；資料要納新，定期清理老資料，存入新資料，使檔案任何時候都有投資參照價值；應用要經常，堅持常翻閱、常研究，從而提高理財本領，提高投資效益，同時，防止存款到期忘記支取，避免家庭投資利益損失。

2. 打造個人信用

所謂個人信用，即個人向金融機構借貸投資或消費時，所具有的守信還貸紀錄。它是公民在經濟活動中不可或缺的通行證。目前，居民建立個人金融信用，可採取兩種辦法：其一，利用銀行金融創新機遇證明個人信用。近年來，商業銀行紛紛推

117

出信用卡、貸記卡，持卡者守信還貸，就能建立起個人信用。其二，借助仲介服務機構建立個人信用。如上海資信有限公司就為銀行和個人提供個人信用聯合徵信服務。它通過對個人信用信息的採集、諮詢、評估及管理，建立個人信用檔案數據中心，為市民申辦信用消費提供配套的個人信用報告。在進行家庭借貸投資或消費時，應借助這樣的仲介服務，建立個人信用，取得向多家銀行借貸的通行證。

3. 家庭投資者要及時查明實際遇到風險的種類、原因，並及時採取補救措施

由外部原因引起的風險，如存折丟失、密碼被盜等造成的風險，應及時與銀行聯繫掛失；由金融詐騙引起的風險，應及時採取多種方式、多種手段進行催收，直至訴諸法律，以最大限度減少損失。由國家宏觀經濟政策的變化造成的風險，應及時調整修改投資計劃和投資方案，如利率下調，就調整儲蓄結構；如資本市場不景氣，就調整股票、期貨、基金、債券結構。

4. 計算「生活風險忍受度」，量力而投

所謂「生活風險忍受度」是指如果家庭主要收入者發生嚴重事故，家庭生活所能維持的時間長度。因而對家庭主要收入者要在可能的情況下加大人身保險投保力度，尤其是家裡有經濟上不能自立的家庭成員，要為其做好一段時間的計劃，以免在主要收入者發生意外時他們無法正常生活；此外，在正常生活過程中也要預留能維持3個月左右的生活開支，然後再選擇投資，以備急需之用；同時，不能降低生活質量而過度投資。

總而言之，家庭投資理財是一項系統工程，需要用一生的時間和精力來周密規劃、精心打理；要科學合理地掌握理財原則，擴大投資渠道，運用各種理財工具，科學組合、分散風險，走出理財誤區，最大限度地發揮資金的使用效益。總之，家庭投資理財的健康發展，一方面需要加強家庭理財的科學規劃，建立適合自身的理財方式；另一方面也需要金融機構開發出更多更好的理財產品，創造良好的投資環境，優化使用家庭的投資資金，提高其投資的收益率，這樣才有可能最大限度地優化家庭持有的資金，從而實現家庭財產使用效益的最大化，才能真正使家庭投資理財成為中國經濟增長的重要支撐點，推動中國經濟又好又快地發展。

本章小結

行為金融學與現代經典金融學本質上並沒有很大的差異，它們的主要目的都是試圖在一個統一的框架下，利用盡可能少的工具構建統一的理論，解決金融市場中的所有問題。兩者的主要差別有兩個，一是行為金融學的理論基礎不同，它是以投資者有限理性、隨機交易和市場存在套利限制為基礎，盡可能考慮投資者的實際行為和心理行為進行研究；二是行為金融學利用的研究工具不同，主要包括與投資者行為相關的心理學理論，即與投資者信念、偏好以及決策相關的情感心理學、認知

心理學和社會心理學的研究成果。因此，心理學的研究成果就成為行為金融學研究必不可少的基礎。目前，行為金融學所依據的心理學成果主要還是一般地行為研究成果，專門針對投資決策的研究不足。

本章主要通過對行為金融學及其對理財活動的影響進行介紹，從主觀層面對理財規劃的影響因素進行分析。理財規劃是個人或家庭利用自己的閒餘資金進行組合投資從而實現自己理財目標的一項經濟活動，它與理財者的主觀風險偏好、主觀行為偏差以及市場上投資者的構成、市場環境等息息相關。因此瞭解清楚各種行為偏差產生的原因、種類以及對理財規劃活動的影響是制定出完善、有效的理財規劃方案的重要環節之一。

思考題

1. 行為金融學與傳統金融學的區別？
2. 投資者行為分析的主要內容是什麼？
3. 試運用心理帳戶理論分析證券投資中的一些現象。
4. 投資理財中涉及哪些投資心理現象？
5. 為什麼說套利是有限制的？
6. 過度自信的投資者經常會表現出哪些行為偏差？
7. 框定依賴偏差對理性決策有哪些挑戰？
8. 在投資理財中該如何進行投資行為的評估？

課後閱讀

富人和窮人的十二大經典差異

1. 自我認知

窮人：很少想到如何去賺錢和如何才能賺到錢，認為自己一輩子就該這樣，不相信會有什麼改變。

富人：骨子裡就深信自己生下來不是要做窮人，而是要做富人，他有強烈的賺錢意識，這已是他血液裡的東西，他會想盡一切辦法使自己致富。

2. 休閒

窮人：在家看電視，為肥皂劇的劇情感動得痛哭流涕，還要仿照電視裡的時尚打扮自己。

富人：在外跑市場，即使打高爾夫球也不忘帶著項目合同。

3. 交際圈子

窮人：喜歡走窮親戚，窮人的圈子大多是窮人，也排斥與富人交往，久而久之，

心態成了窮人的心態，思維成了窮人的思維，做出來的事也就是窮人的模式。

大家每天談論著打折商品，交流著節約技巧，雖然有利於訓練生存能力，但你的眼界也就漸漸圍於這樣的瑣事，而將雄心壯志消磨掉了。

富人：最喜歡結交對自己有幫助，能提升自己各種能力的朋友。不純粹放任自己僅以個人喜好交朋友。

4. 學習

窮人：學手藝。

富人：學管理。

5. 時間

窮人：一個享受充裕時間的人不可能掙大錢，要想悠閒輕鬆就會失去更多掙錢的機會。窮人的時間是不值錢的，有時甚至多餘，不知道怎麼打發，怎麼混起來才不煩。如果你可以因為買一千克白菜多花了一毛錢而氣惱不已，卻不為虛度一天而心痛，這就是典型的窮人思維。

富人：一個人無論以何種方式掙錢，也無論錢掙得是多是少，都必須經過時間的積澱。富人的玩也是一種工作方式，是有目的的。富人的閒，閒在身體，修身養性，以利再戰，腦袋一刻也沒有閒著；窮人的閒，閒在思想，他手腳都在忙，忙著去麻將桌上多摸幾把。

6. 歸屬感

窮人：是顆螺絲釘。窮人因為自身的卑微，缺少安全感，就迫切地希望自己從屬並依賴於一個團體。於是他們以這個團體的標準作為自己的標準，讓自己的一切合乎規範，為團體的利益而工作、奔波，甚至遷徙。對於窮人來說，在一個著名的企業裡穩定地工作幾十年，由實習生一直幹到高級主管，那簡直是美妙得不能再美妙的理想了。

富人：那些團體的領導者通常都是富人，他們總是一方面向窮人灌輸：團結就是力量，如果你不從屬於自己這個團體，你就什麼都不是，一文不名。但另一方面，他們卻從來沒有停止過招兵買馬，培養新人，以便隨時可以把你替換。

7. 投資及對待財富

窮人：經典觀點就是少用就等於多賺。比如開一家麵館，收益率是100%，投入2萬元，一年就淨賺2萬元，對窮人來說很不錯了。窮人即使有錢，也捨不得拿出來，即使終於下定決心投資，也不願冒風險，最終還是走不出那一步。窮人最津津樂道的就是雞生蛋、蛋生雞，一本萬利……但是建築在一只母雞身上的希望，畢竟是那樣脆弱。

富人：富人的出發點是萬本萬利。同樣的開麵館，富人們會想，一家麵館承載的資本只有2萬元，如果有1億元，豈不是要開5,000家麵館？要一個一個管理好，大老闆得操多少心，累白多少根頭髮呀？還不如投資賓館，一個賓館就足以消化全部的資本，哪怕收益率只有20%，一年下來也有2,000萬元利潤啊！

8. 激情

窮人：沒有激情。他總是按部就班，很難出大錯，也絕不會做最好。沒有激情就無法興奮，就不可能全心全意投入工作，大部分的窮人不能說沒有激情，但他的激情總是消耗在太具體的事情上；上司表揚了，他會激動；商店打折了，他會激動；電視裡破鏡重圓了，他的眼淚一串一串往下流，窮人有的只是一種情緒。

富人：「燕雀安知鴻鵠之志?」「王侯將相，寧有種乎?」有這樣的激情，窮人終將不是窮人！激情是一種天性，是生命力的象徵，有了激情，才有了靈感的火花，才有了鮮明的個性，才有了人際關係中的強烈感染力，也才有瞭解決問題的魅力和方法。

9. 自信

窮人：窮人的自信要通過武裝到牙齒，要通過一身高級名牌的穿戴和豪華的配飾才能給他們帶來更多的自信，窮人的自信往往不是發自內心和自然天成的。

富人：李嘉誠在談到他的經營秘訣時說：「其實也沒什麼特別的，光景好時，決不過分樂觀；光景不好時，也不過度悲觀」。這其實就是一種富人特有的自信。自信才能不被外力所左右，自信才可能有正確的決定。

10. 習慣

窮人：有個故事，一個富人送給窮人一頭牛。窮人滿懷希望開始奮鬥。可牛要吃草，人要吃飯，日子很難，窮人於是把牛賣了，買了幾只羊，吃了一只，剩下的用來生小羊。可小羊遲遲沒有生下來，日子又艱難了。窮人又把羊賣了，買成雞，想讓雞生蛋賺錢為生，但是日子並沒有改變，最後窮人把雞也殺了，窮人的理想徹底崩潰了。這就是窮人的習慣。

富人：據一個投資專家說，富人成功秘訣就是：沒錢時，不管多困難，也不要動用投資和積蓄，壓力使你找到賺錢的新方法，幫你還清帳單。這是個好習慣。性格形成習慣，習慣決定成功。

11. 上網絡

窮人：上網聊天。窮人聊天，一是窮人時間多，二是窮人的嘴天生就不能閒著。富人講究榮辱不驚，溫柔敦厚，那叫涵養，有涵養才能樹大根深。

窮人就顧不了那麼多，成天受著別人的白眼，渾身沾滿了雞毛蒜皮，多少窩囊氣啊，說說都不行？聊天有理！

富人：上網找投資機會。富人上網，更多的是利用網絡的低成本高效率，尋找更多的投資機會和項目，把便利運用到自己的生意中來。

12. 消費花錢

窮人：買名牌是為了體驗滿足感，喜歡試驗剛出來的流行時尚產品，相信貴的必然是好的。

富人：買名牌是為了節省挑選細節的時間，與消費品的售價相比，他們更在乎產品的質量，比如會買15元的純棉T恤，也不會買昂貴的萊卡製品。

資料來源：杜雲生. 富人和窮人的十二大經典差異 [J]. 領導文革, 2012 (8)：107-110.

第六章　撰寫理財規劃方案

撰寫理財規劃報告是理財規劃的最後一步，也是最重要的一步。理財規劃報告是理財規劃師的最終成果和理財思想的體現，也是客戶實施理財規劃的依據。一份優秀的理財規劃報告應該滿足三個要求：

（1）可讀性強，容易被客戶閱讀和理解。理財規劃建議書的語言表達要親切友好、結構要合理可讀、思路要嚴謹清晰、圖表要簡潔易懂，使客戶容易閱讀和理解。

（2）合乎客戶理財要求和目標。金融理財師和客戶進行充分溝通，瞭解客戶生活目標和財務目標後，理財規劃報告中理財目標的表達要有時間和實際金額，明確而有序，要圍繞客戶的理財目標來展開。客戶的理財目標，必須運用理財規劃的基本理論和技術方法來進行科學的需求分析。這樣，才能保證理財規劃方案的有效執行，以此實現客戶的理財目標。

（3）要具有可行性。一份好的理財規劃建議書並非紙上談兵，而應該是以客戶需求為導向，理財方案要清晰具體、有操作性，易於監控和執行。

第一節　理財規劃報告書的構成

一、封面與目錄

理財規劃報告的封面應包含抬頭、提案受益人、規劃師和提案書作者。一般理財規劃報告書的封面有固定的模板，如果沒有則要注意格式規範。目錄需要展示理財規劃方案的內容概括，每一部分內容應標註相應頁碼。

二、前言

前言部分應明確理財規劃的目的、說明理財規劃書的資料來源、理財規劃師和客戶各自的義務，以及製作者簽名和日期等內容。一般有固定用語：本提案書的所有論點和觀點均為作者作為理財顧問的客觀判斷，這些表述不對您的行動構成任何約束力和強制性；上述提案書內容都是根據既有的現實資料和您提供的數據製作，如發生經濟形勢等各方面條件的變化等，結果可能甚至發生相反的變化，特此聲明；本案的有關客戶秘密，我們嚴守保密義務，有關本件以外的任何使用均屬違反約定行為並承擔法律責任等。

前言範例：

尊敬的唐先生：

您好。

××××有限公司，是中國領先的專業財富增值管理機構，專業從事理財規劃、財經諮詢、金融培訓的服務性企業。擁有國內金融理財領域的眾多資深專業人士和國內一流的金融理財專家與團隊。我們非常感謝您的信任與支持，很榮幸能為您的家庭設計一套完整的理財方案，希望我們的服務能讓您滿意，我們可以長期保持良好的合作關係。

（一）理財規劃建議書的由來

本理財規劃建議書是在您向我們提供的個人和家庭信息資料基礎上，根據通常可接受的財務假設和合理的估計，綜合考慮您家庭的資產負債狀況、收入支出情況、理財目標而為您量身制訂的，目的是幫助您明確財務需求和理財目標，為您提供合理的家庭財務安排，以實現您個人和家庭的各種理財規劃目標。對於分析過程中所提及的金融產品不做收益保證，僅作為建議供您參考。

（二）本建議書所使用的資料來源

（1）你提供給我們的財務狀況、家庭情況、生活環境以及對未來計劃的相關資料文件。

（2）國家的有關法律、最近公布的相關統計理財數據和國家相關的投資政策。

（3）目前市場所處的經濟環境和對未來經濟形勢的預測。

（三）本公司的義務

根據理財規劃師工作要求及職業道德要求本公司具有如下義務：

（1）本公司為您指定的具體承辦理財規劃實務的理財規劃師具有相應的勝任能力，已經通過理財規劃師職業資格考試，取得執業證書，並具有一定的工作經驗。

（2）歸納與整理客戶提供的信息，能夠分析客戶的基本狀況，掌握客戶的理財目標和需求，能夠針對客戶的需要獨立設計可行性方案。

（3）公司指定的理財規劃師將勤勉盡責地處理客戶委託的事務，保證對在業務

過程中悉知的客戶隱私或商業秘密不向任何人或機構披露。

（4）定期與客戶聯繫，報告理財產品的收益情況，向客戶介紹新的金融服務、理財產品及金融市場動向，維護良好的信任關係。

（四）客戶方義務

（1）按照合同約定及時繳納理財服務費。

（2）向理財規劃師提供與理財規劃的制定相關的一切信息，提供的信息內容必須真實準確。

（3）如在理財規劃的制定與執行過程中，客戶的家庭或財務狀況發生重大變化，有義務及時理財規劃師及其公司以便於調整方案。

（4）客戶需為理財規劃師執行理財規劃提供必要的便利。

三、重要提示和金融假設

這部分需要聲明理財規劃方案中利益相關的重要事項，並對理財規劃中的估算和市場情況進行假設，說明整個理財規劃方案製作的基礎。

範例：

重要提示：

1. 本理財規劃建議書是在您提供的資料基礎上，並基於通常可接受的假設，合理的估計，綜合考慮您的資產負債情況、理財目標、現金收支以及理財對策制定的，推算出的結果可能與您真實情況存在一定的誤差，您提供信息的完整性、真實性將有利於我們為您更好地制訂家庭理財計劃，提供更好的家庭理財服務。

2. 所有的理財市場均會發生變化，方案計劃的收益率建立在預測基礎之上，不是保證收益率，建議定期保持溝通共同審視理財效果。

3. 我們提供的理財建議中的理財產品，均以盡了最大努力盡職審查，所有審查均建立在相關公司提供的資料上，資料發生錯誤，我們將對此不負責任。

4. 理財規劃師對於本理財方案中所建議的投資工具或金融產品不做任何收益承諾，凡因市場不利變化等因素導致損失，××公司不承擔責任。

5. 本理財方案所依據的部分數據是建立在預測基礎之上的，對未來的預測不可能完全準確，因此根據宏觀的經濟環境、客戶的事業發展、家庭情況、財務狀況的變化而相應修訂理財方案。

6. 本理財方案僅用於指定的客戶，指定的目的。未經方案擬定人同意，第三方不得擅自挪用，否則將追究法律責任。同時因此引起的第三方損失，本人概不承擔責任。

本理財建議書的計算均基於以下假設條件：

1. 年通貨膨脹率為5%。

2. 活期儲蓄存款利率0.81%，一年期定期存款的年利率為3.60%。

3. 四金提繳率為：醫療2%，失業1%，住房公積金5%，養老金8%。
4. 換房後房貸住房公積金利率為5%，一般貸款利率為7%，貸款20年。
5. 教育投資收益率設為2%。

四、客戶現狀分析[1]

這部分需要闡述客戶的基本資料，包括家族構成、家庭一覽表、各自的出生及年齡情況、財產情況、收支情況，並對財務現狀進行分析和診斷。分析方法有：財務比率分析法，比如負債比例、流動性比例、淨資產償付比例、淨儲蓄比例等；餅圖剖析；家庭整體財務狀況分析。

範例：

（一）客戶家庭成員基本情況

客戶家庭成員基本情況如表6-1所示。

表6-1　　　　　　　　　客戶家庭成員基本情況

姓名	年齡	職業	收入
唐勇	35歲	外企行業主管	稅前收入1萬元/月，年終效益收入8萬元
馮瑤	35歲	財務主管	稅前收入4,000元/月，年終獎金5,000元
唐韜	9歲	學生	無

（二）家庭主要成員性格與投資偏好分析

1. 唐先生的性格分析

唐先生性格沉穩，工作生活中規中矩，但也並不保守，願意嘗試新鮮事物。唐先生非常熱愛運動與旅遊，對家人有著非常強烈的責任感。

2. 唐先生的投資偏好分析

通過對唐先生投資偏好的問卷測試，結合對唐先生風險承受能力與風險態度的主客觀分析，再結合理財規劃師與唐先生溝通過程中的交流與判斷，基本上可以確定唐先生的投資偏好屬於穩健偏進取型，即投資比較穩健但又不保守，能接受一些新的投資工具與理財理念，並且能夠承受一定投資損失的風險。

3. 唐太太的性格分析

唐太太性格開朗，工作認真謹慎，照顧家人無微不至。

4. 唐太太投資偏好分析

多年事業單位的財務工作使唐太太在理財方面更顯謹慎，屬於典型的穩健性，沒有唐先生那麼進取，雖然投資很有心得和想法，但風險承受能力不強，所以她進行投資時一般會認真思考，反覆論證，只有她覺得很有把握時才會投資。

---

[1] 本部分案例來源於對理財規劃師（二級）的理論知識部分考試資料的整理。

(三) 家庭財務狀況

1. 資產負債表

家庭資產負債表如表 6-2 所示。

表 6-2　　　　　　　　　　　家庭資產負債表

日期：2014 年 12 月 31 日

客戶：唐先生與唐太太家庭　　　　　　　　　　　　　　　　　　　　　　單位：元

資產	金額	負債與淨資產	金額
定期存款	250,000	短期借款	0
活期存款	50,000	信用卡透支	0
股票	50,000	房貸	0
基金	50,000	車貸	0
房產	600,000	負債合計	0
車產	150,000	淨資產	0
資產合計	1,150,000	負債與淨資產合計	1,150,000

2. 現金流量表

現金流量表如表 6-3 所示。

表 6-3　　　　　　　　　　　　現金流量表

日期：2014 年 1 月 1 日至 2014 年 12 月 31 日

客戶：唐先生與唐太太家庭　　　　　　　　　　　　　　　　　　　　　　單位：元

年收入	金額	百分比	年支出	金額	百分比
工資和薪金			唐韜支出		
唐先生	181,460	77.45%	學雜費	4,000	3.97%
唐太太	47,820	20.41%	興趣班	2,000	1.98%
獎金	5,000	2.13%	家庭生活開支	36,000	35.71%
投資收入			養車費	24,000	23.81%
			車險費	4,600	4.56%
			車船使用稅	200	0.20%
			服裝休閒開支	5,000	4.96%
			旅遊	10,000	9.92%
			探親交通費	5,000	4.96%
			對雙方父母表示的孝心	10,000	9.92%
收入總計	234,280	100%	支出總計	100,800	100%
年結餘			133,480		

第一篇　理論篇

（四）家庭收入分析

唐先生年收入大約 18 萬元，唐太太年收入大約 5 萬元。另外，唐先生家庭的存款、基金等金融型資產有 40 萬元左右，按照年投資收益率 8% 計算，年收益為 3.2 萬元。從表 6-3 可以看出，唐先生家庭收入中，唐先生個人收入所占的比例最大，約占七點七成的比例，可以說唐先生是這個家庭的頂梁柱。同時，在所有的收入來源中，工資收入占總收入的 97.87%，家庭收入中除工資收入以外的其他收入微乎其微。可見唐先生家庭收入來源過於單一，萬一出現失業或者意外，將會給唐先生的家庭帶來極大的衝擊。

（五）家庭支出分析

根據唐先生目前提供的家庭開支數據可知，其日常生活開支不是很大，但是他的養車費與車險費約占總支出三成的比例，將近三萬元，這部分的支出費用過大，面對以後孩子長大，換房等都將使他的家庭費用支出上升，因此，目前要好好地規劃和準備一下，以更好地面對將來的支出壓力。其家庭支出與盈餘餅狀圖如圖 6-1 所示。

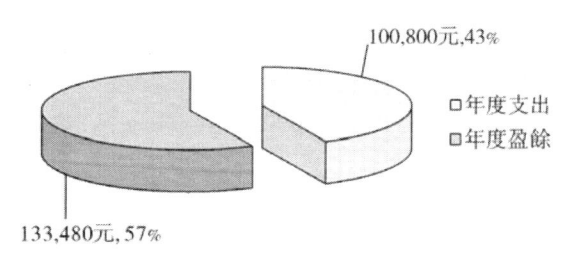

圖 6-1　家庭支出與盈餘餅狀圖

（六）客戶財務狀況比率分析

客戶財務比率表如表 6-4 所示。

表 6-4　　　　　　　　　　客戶財務比率表

項目	參考值	實際數值
結餘比率	30%	56.97%
投資與淨資產比率	50%	0.87%
清償比率	50%	100%
負債比率	50%	0
即付比率	70%	
負債收入比率	40%	0
流動性比率	3	48

總體分析唐先生的各項指標，說明他的財務結構不盡合理。他較關注資產的流動性，流動性資產完全可以應付負債，結餘比率較高，應適當增加投資，充分利用槓桿效應提高資產的整體收益性。

(七）客戶財務狀況預測

唐先生與唐太太現在處於事業的黃金階段，預期收入會有穩定的增長，但支出也會隨著年齡的增長而增加，醫療保險與養老保險的費用也會逐漸增加。好在他沒有什麼負債，減少了一定的壓力。

(八）客戶財務狀況總體評價

總體看來，唐先生的結餘比例較高，財務狀況較好，其缺陷在於存款占資產的比例過低，投資結構較不合理，他的資產投資和消費結構可進一步提高。

五、客戶理財目標和風險分析

這部分說明客戶的個人願望和理財目的，願望分為可實現願望和不可實現願望。對客戶的理財目標進行詳細分析，區分短期目標和長期目標。同時，需要對客戶的風險偏好和風險承受能力進行評估分析。

範例：

根據您的期望和我們之間的多次協商，我們認為您與太太的理財目標是：

①現金規劃：保持家庭資產適當的流動性。

②保險規劃：增加適當的保險投入進行風險管理。

③購房計劃：購買一套小區環境優雅的70萬元的新房。

④子女教育規劃：供孩子考入大學到碩士研究生畢業大概計劃35萬元。

⑤退休養老計劃：您與太太都打算55歲退休，退休時籌集到200萬元退休費。

⑥財產傳承計劃：拍賣現在房產，並將拍賣的二分之一收入捐贈給慈善機構，剩餘二分之一留給子女，其餘按法定程序繼承處理。

通過以上您的描述，我們判斷您屬於保守型投資者，投資方面股票配置不大，房產投資較高，屬於被動投資，主動型的投資明顯不足，應該在投資方面做出調整，充分利用現有的財務資源，配置不同的組合和收益率，實現自己的各項人生目標和財務需求。

六、問題分析

(1) 製作現狀的資金流量表，進行現狀資產分析。通過資金流量表可以分析出資產的流動性問題、收支平衡問題（包括收入和支出的持續性、臨時性）、儲蓄餘額變動問題、家庭破產預測等問題。除此以外，還應該分析保險和保障的合理性、投資組合的合理性以及貸款和負債等問題。

(2) 現狀的納稅測算。測算現在條件下的個人所得稅、利息稅、獎金稅、消費稅、契稅情況。

(3) 提出問題。住宅、教育、老年生活保障為人生三大事件，採用EXCEL表的計算功能測試收入支出（物價上升、年金分配、還貸計劃等）、臨時收入（保險

到期等)、臨時支出(學費)、連續性支出和收入、收支平衡以及儲蓄變化,對以上項目進行逐一分析。最後明確問題的解決方法。具體見表6-5。

表6-5　　　　　　　　　　財務問題、原因及對策關係

赤字類型	原因	對策
臨時赤字	大宗支出	提前累積
斷續赤字	一段時間大額支出	累積、調整收支
連續赤字	財務惡化、破產	全面調整

七、對策提示

這部分需要提出理財規劃對策,對策分為兩種,一是無痛對策,即運用收入、保險、住房選擇、貸款計劃、資產處分等實現理財目標;另一種稱為有痛對策,即需要進行生活變更、支出削減、終止或推遲大事才能實現目標。

範例:

1. 現金規劃

您目前的流動資金有300,000元,占您總資產的26.09%。您目前的生活費每月大概為8,400元,現金/存款額度偏高,對於唐先生唐太太這樣收入比較穩定的家庭來說,保持三個月的消費支出額度即可,建議保留30,000元的家庭備用金,以上30,000元家庭備用金可以分為:1萬元活期銀行存款;1萬元一年期定期存款(運用12張存單法);1萬元貨幣基金(華夏貨幣基金「活期通」、贖回T+0即時到帳)。

2. 購房規劃

您要購買的100平方米的新房價值700,000元,契稅10,500元,印花稅350元,交易管理費為300元,交易登記費為50元,這樣總共是711,200元。從您的家庭經濟情況看,我們建議您在一年內買房,可以從存款中支取250,000元,另外461,200元可以從以後每年的收入結餘中支取。為節約購房成本,建議唐先生將餘款支付採用公積金貸款方式。以貸款47萬,20年,現行公積金貸款利率5%,等額本息還款,未來每月需還款3,235元。待房本下來,將夫妻二人的公積金支取出來,即可進行部分提前還款。

3. 教育規劃

您的孩子活潑好動,生活中難免有些磕磕碰碰,所以您為您的孩子投保的人身意外險事很有必要的。但是現在您的孩子只有9歲,9年以後孩子上大學,所以可以為孩子買一份教育保險,在孩子大學四年期間每年可獲教育資金10,000元,您二位希望把孩子供到碩士畢業,那麼從考入大學到碩士畢業考慮各種因素需要35萬元,剩餘31萬元教育基金的籌集可以靠投資來完成,距他上大學還有9年,假設投資收益率為10%,您需要每年為他投資2.6萬元,九年後即可得到31萬元的教育基金。

129

4. 風險管理和保險規劃

您的財產和家庭成員都缺少風險保障，您本人、太太及孩子的風險保障可以通過商業保險完成，考慮到您家庭的收入水平，所有風險保障費用總額不應超過10,000元，這樣既可以轉移風險又可以避免家庭財務負擔。具體風險保障規劃現按家庭各成員和家庭財產分別陳述如下：

首先我們對唐先生您的保險規劃建議如下：

您是該家庭的經濟支柱，收入佔家庭總收入的77%，一旦發生意外，必將給您的家庭帶來災難性的打擊，嚴重影響家庭成員的生活水平，因此保險規劃要首先考慮唐先生您的風險保障問題。要保證家庭生活質量在出現任何風險時都基本不下降，保險總額需要涵蓋兒子的成長和教育費用、妻子的退休生活費用、房屋貸款等。以唐先生年收入的10倍計算，保險金額大約應為180萬元。建議唐先生購買150萬元人壽保險和30萬元重疾險。

我們對唐太太的保險規劃建議如下：根據唐太太的基本情況，建議唐太太購買80萬元的人壽保險和20萬元的重疾險。

我們對唐輯的保險規劃建議如下：由於您兒子今年只有9歲，兒童的免疫力較低，可以為其購買一份健康醫療商業保險。孩子還要9年才上大學，還可為其購買一份教育保險。

對您不動產的保險規劃建議如下：您目前居住的房產是家庭唯一的不動產，可以考慮為該房產投保家庭財產綜合險，保險金額80萬元。

以上保險規劃，基本能夠保障家庭成員的人身安全和家庭財產安全。用於以上保險方面的家庭全年新增支出大致為1萬元。

5. 投資規劃

（1）房產投資分析：您計劃再購買一套100平方米的新房，雖基於自身需求但對於房價居高不下的今天，此乃明智之舉，而且您現在的住房也可以以每月2,000元的價格對外出租，每年增加收入24,000元。

（2）股票投資分析：您目前只有股票市值5萬元的投資，股票投資帳面基本持平，目前股市重新復甦，可繼續持有或購買成長型股票基金。

（3）基金投資分析：您目前投資基金5萬元，獲利3,000元，我們建議您追加基金投資到15萬元，同時基於長期投資的理念，可將基金的分紅方式修改為分紅再投資的方式，以享受複利帶來的豐厚利潤。

6. 稅收籌劃

根據家庭的資產情況，您與夫人百年之後，除現在的老式房子被拍賣的一半所得捐贈給慈善機構外，剩餘財產作為遺產被兒子繼承。按照國際慣例，將會被課以高額的遺產稅，為了規避遺產稅的徵收及中國現有的可使用的避稅工具，我們建議您做以下處理：

（1）在60歲時，可考慮用現金資產購買萬能型保險，受益人為子女，這樣可

避開稅收將資產轉移至兒子名下。

（2）在60歲時，購買以子女為受益人的高額終身壽險，屆時子女可以用得到的壽險保險金作為繳納房產遺產稅的資金來源。

7. 退休養老規劃

您與太太要想實現退休後的生活目標，需在退休當年籌備好約200萬元的退休金。您與太太到退休前有20年的時間來籌備退休金，假設投資收益率為8%，根據您目前的家庭資產狀況，可將金融資產中的三分之一，即10萬元用於退休金的初始投入。根據以上數據（投資期限＝20年，收益率＝8%，期初投資＝10萬元，終值＝200萬元），可測算出，您從現在開始到退休前每年尚需追加投入40,244元用於退休金的籌備，該部分年金投入可從每年的家庭收入結餘中提取進行資產配置。

8. 財產分配與傳承規劃

您與太太希望百年之後將現在居住的老式房子進行拍賣，並將拍賣所得的二分之一捐贈給慈善機構，剩餘的二分之一留給兒子唐韜，其他財產按照法定程序繼承處理。

八、對策期待效果分析

對策期待效果分析這部分主要是通過製作現金流量表，對理財規劃前後的現金流進行對比分析，通過數值量化分析說明理財規劃的預期效果。

範例：

現金流量表和家庭資產負債表分別如表6-6、表6-7所示。

表6-6　　　　　　　　　　　現金流量表

日期：2015年1月1日至2015年12月31日

客戶：唐先生與唐太太家庭　　　　　　　　　　　　　　　　　　　　單位：元

年收入	金額	百分比	年支出	金額	百分比
工資和薪金			唐韜支出		
唐先生	181,460	70.28%	學雜費	4,000	1.91%
唐太太	47,820	18.52%	興趣班	2,000	0.99%
獎金	5,000	1.94%	家庭生活開支	36,000	17.19%
投資收入			養車費	15,000	7.16%
租金收入	24,000	9.30%	車險費	4,600	2.20%
			車船使用稅	200	0.01%
			服裝休閒	5,000	2.39%
			旅遊	10,000	4.78%
			探親交通費	5,000	2.39%
			對雙方父母孝心	10,000	4.78%
			商業保險費用	10,000	4.78%

表6-6(續)

年收入	金額	百分比	年支出	金額	百分比
			房屋按揭還貸	32,350	15.45%
			教育投資	26,000	12.42%
			退休金準備	40,224	19.21%
收入總計	258,180	100%	支出總計	209,374	100%
年結餘			48,806		

表6-7　　　　　　　　　　　家庭資產負債表

日期：2015年12月31日

客戶：唐先生與唐太太家庭　　　　　　　　　　　　　　　　　　單位：元

資產	金額	負債與淨資產	金額
活期存款	10,000	短期借款	
貨幣市場基金	20,000	信用卡透支	
股票	50,000	房貸	450,000
基金	150,000	車貸	
自住房	600,000	負債合計	450,000
車產	150,000	淨資產	1,230,000
投資的房地產	700,000		
資產合計	1,680,000	負債與淨資產合計	1,680,000

財務狀況的綜合評價：

通過以上規劃的執行，客戶的理財目標基本可以得到實現，財物安全得到保障的同時，整體資產的收益率在客戶風險承受範圍之內，如果客戶財務狀況穩定，客戶可於一年後對本理財規劃建議進行調整。

九、理財方案的執行和調整

這部分說明理財規劃師的綜合意見，闡述理財規劃實施過程中的注意事項以及理財規劃方案的計算根據，以及後續的跟蹤服務和調整情況。

範例：

您的家庭未來收支可能發生較大變化，同時可能面臨很多不確定因素，而且本規劃方案中的金融產品均存在不同程度的風險。我們會定期分析相關數據，根據實際情況隨時為您提供更加合理的建議，以實現您的理財規劃目標。具體的調整關係為：

①本規劃建議書調整週期為1年，我們會定期根據您情況的變化來修改建議書。

②金融市場或者理財產品相關方面發生重大變化時，我們將及時通知您，並建

議您調整理財方案。

③如果您的家庭在財務、成員關係等方面發生重大變化，請及時通知我們，以幫助您調整理財方案。

再次感謝您對我們的信任和支持，您的意見和建議是我們前進的動力！祝願您和家人身體健康，並早日實現人生理財目標！

十、其他資料

其他資料包括宣傳資料、測算表等內容，最後這部分是對理財規劃方案的補充說明，如現狀的資金流量表、對策後的資金流量表以及各種測試表和計算根據等。

● 第二節　個人理財規劃報告的決策與評價

一、個人理財方案選擇的層次

在實務中，金融理財師在進行規劃分析時，可採用決策樹法列出所有可能方案，進而根據客戶的主觀意願篩選出各年度現金流量可達成理財目標者，並列為可選方案。當可選方案超過三個時，應該選擇淨現值較高或內部報酬率較低的三個方案作為推薦方案。推薦方案由客戶做出最後的決定，選出最終的方案，金融理財師根據最終方案執行理財規劃。

二、個人理財方案的決策分析

1. 定性分析的方法——SWOT 分析

利用 SWOT 方法對理財方案進行定性分析，從自身的優勢和劣勢，從外部環境的機會與威脅角度進行分析，通過調查列舉出來，並依照矩陣形式排列，然後用系統分析的思想，把各種因素相互匹配起來加以分析，從中得出一系列相應的結論。SWOT 矩陣如表 6-8 所示。

表 6-8　　　　　　　　　　　　SWOT 矩陣

	Strengths（優勢）	Weaknesses（劣勢）
Opportunities（機會）	S-O 戰略 依靠內部優勢 利用外部機會	W-O 戰略 利用外部機會 克服內部劣勢
Threats（威脅）	S-T 戰略 依靠內部優勢 迴避外部威脅	W-T 戰略 減少內部劣勢 迴避外部威脅

2. 定量分析的方法

（1）現金流量決策：現有資產、借貸或收支結餘，能否滿足該方案所需的額外支出。

（2）淨現值決策：將該方案決策所涉及的現金流量，還原為淨現值，淨現值高者優先考慮。

（3）內部報酬率決策：將所有的理財目標所涉及的現金流量一併考慮，內部報酬率較低者，表示要達成所有理財目標所需要的投資報酬率較低，達成的可能性較高，應優先考慮。

三、個人理財方案的評價

理財規劃方案完成後，需要對其在可操作性、收益和風險、可持續性等方面進行評估。具體應該評估以下幾個方面：

(1) 注意現代理財基本原理是否在方案中適用。
(2) 方案是否顯示可用技術方法解決客戶的財務問題。
(3) 理財報告結構要合理，語言親切，可讀性強。
(4) 目標界定要清晰，邏輯嚴謹，結論明確。
(5) 要注意風險和收益的平衡。
(6) 產品推薦思路清晰，滿足客戶需求導向，可操作，易於監控和執行。

第三節　理財規劃方案書案例分析[①]

一、案例分析：新參加工作大學畢業生的儲蓄規劃

背景情況：

小A先生是今年剛剛畢業的大學生，9月份參加工作。目前正在為如何安排工資、怎樣安排儲蓄煩惱。公司今年由於準備開始企業年金制度等的原因，修改了原來的退休金制度，原來的退休金被廢止，相當於退休金的部分加到工資中由自己計劃安排使用。為此個人必須制訂一個有效的儲蓄計劃，但考慮安排何種儲蓄商品對小A來說真是夠頭痛的事。

A先生現在是同父母共居，但到30歲前後準備結婚，購房的問題計劃和結婚同步進行。小A的父母目前有比較穩定的養老年金收入，所以在經濟方面暫時不要求小A提供幫助。相反，如果小A在買房子的時候父母可以給予約10萬元的幫助。

[①] 本節案例材料均來自對註冊理財規劃師的資料整理。

第一篇　理論篇

A 先生的基本資料：
23 歲，獨身，每月淨收入 4,000 元，60 歲退休。
目前儲蓄餘額：0 元。
每月支出的伙食費及其他 1,000 元，計劃交給父母 500 元生活費。
今後的目標：30 歲結婚、購住房（希望購買約 25 萬元的兩居室，或者將父母的房子變賣 26 萬元購買 4 居室）
參與社會保險制度：社會養老保險、醫療保險、企業年金（企業按工資的 10% 支付，加入自願）
現行財富累積商品：一般財富累積儲蓄（商品）有證券公司、信託銀行的貨幣信託，住宅資金累積儲蓄（商品）有銀行的一般定期存款、人壽保險的住宅資金累積險，年金型的資金儲蓄（商品）有信託銀行的貨幣信託、人壽保險中的年金財富累積險、住宅補助 100 元／月（針對租借房和貸款買房者）。

問題：
1. A 先生為了購買住房，準備在 30 歲前儲蓄 9 萬元。請為 A 先生規劃如何才能達到上述儲蓄目標？
2. A 先生打算利用財富累積儲蓄，根據上述各商品的特點和 A 的個人條件應該如何選擇上述商品？
3. 假定 A 先生在退休前工作不發生變化，舉出 4 種在 A 先生 30 歲時可利用的貸款？

二、案例分析：退休後的老年生活設計

背景情況：
從事私人公司經營的 B 先生已經接近 60 歲了，開始考慮晚年隱退的事情了。目前收入有每年約 11,000.00 元的社會養老保險，65 歲前可能從事諸如顧問等力所能及的工作，預計年收入在 20,000.00 左右。此外，個人年金可以從 60 歲開始，持續 10 年，每年收入預計為 8,000.00 元。考慮金融的不穩定形勢，計劃把 5 萬元的退職金運用到較為安全的金融投資中。

B 先生的基本情況：
60 歲、退職金 5 萬元（稅後）。
收入：社會保險，年收 11,000.00 元（終生）；顧問費，年收 20,000.00 元（終生）；個人年金，年收 8,000.00 元（65 歲開始）。
儲蓄：3 萬元（以夫妻名義每 1 萬元一張的定存）。
妻子：55 歲，家庭主婦，參與社會保險，年收 5,000.00 元。

問題：
1. 介紹有關存款保險制度和存款保險上限問題。

2. 在退職金 5 萬元的運用中，要注意風險的分散問題，請討論在金融工具選擇中分散風險應該注意哪些問題？

3. 對上述 5 萬元進行金融投資時，應注意哪些問題？列舉一些適合的具體投資品種。

三、案例分析：投資組合設計

背景情況：

某公司的高管 C 先生計劃對自己現有的金融資產進行整理，主要考慮提高收益的問題。計劃構建一個兼顧收益和風險控制的投資組合，但由於自身對投資組合方法和金融產品的知識瞭解有限，於是求助於理財規劃師。

組合式投資就是根據客戶的要求和性格，通過分散組合投資商品，達到最小的控制風險，並同時獲得最大的收益。構築投資組合時首先要確認的就是對收益和風險的允許度、各種制約條件，然後制訂資產分配計劃。

理財規劃方案不但要考慮客戶的需求，同時還要兼顧客戶所處的生命階段、市場上的新投資品種等外部環境，制訂具有彈性的計劃。組合式投資不僅僅是簡單的金融產品的組合，還要運用時間分散、購入期分散、貨幣分散等策略。

問題：

1. C 先生的資產中有 5 萬元投入股票中。具體如表 6-9 所示。

表 6-9　　　　　　　　　C 先生的股票投資

名稱	投資比例	期待值	標準偏差
A	85%	10%	20%
B	15%	20%	35%

（1）如果 A、B 各股的收益率系數是 0.4，那麼這個組合的期待收益率和標準偏差是多少？

（2）簡單說明一下分散投資的效果。

2. C 先生知道信託投資是以分散投資為前提的，他希望自己的一部分資產能夠運用到信託投資中。

（1）列舉出 4 種信託投資的方法。

（2）公司型不動產信託投資和不動產公司的區別是什麼？

3. 根據不同生活要求，設計不同的投資組合。請分別為以下生活要求設計投資組合：安全為主的組合、小額累積型、增加老年生活費用型、高風險高收益型。

本章小結

理財規劃方案是理財規劃業務的直接結果，其目的在於展現理財的成果，根據客戶的具體理財目標和現狀進行理財規劃。理財規劃方案的構成部分有十個：封面和目錄、前言、重要提示和金融假設、客戶現狀分析、客戶理財目標和風險分析、問題分析、對策提示、對策期待效果分析、理財方案的執行與調整、其他資料。

理財規劃方案制訂實施後，需要繼續對其進行調整和評價。評價的方法分為定性評價和定量評價兩種。定性評價主要是通過SWOT分析方法分析其優勢、劣勢、機遇和挑戰四個方面；定量分析是從現金流、淨現值和內部收益率三個方面進行分析。

思考題

1. 理財規劃方案對於客戶和理財規劃師而言有什麼意義？
2. 理財規劃方案的制訂應滿足哪些基本要求？
3. 理財規劃方案的構成部分有哪些？
4. 撰寫理財規劃方案的一般程序有哪些？
5. 撰寫理財規劃方案有哪些技巧？

課後閱讀

理財規劃方案範例：「2007江西十佳理財之星」參選方案

目　錄

第一部分　　案例簡介
第二部分　　理財目標
第三部分　　合理假設
第四部分　　家庭資產分析
第五部分　　家庭財務診斷
第六部分　　理財目標的初步確立及資金供求分析
第七部分　　理財規劃建議
第八部分　　風險揭示
第九部分　　後續服務

理財規劃實訓教程

第一部分 案例簡介

劉先生,現年45歲,某上市公司高層管理人員,妻子方女士,現年41歲,政府機關幹部。劉先生夫婦雙方父母健在,每月均需劉先生夫婦支付1,000元生活費。劉先生夫婦膝下一子,在復旦大學讀一年級。劉家現有住房兩套,一套在南昌市市中心,約130平方米,2000年30萬元全額付清,現約50萬元。另一套在市郊某在建樓盤,約270平方米,2006年購置,2007年12月交房,總價165萬元,首付50萬元,分15年按揭。最近新購18萬元轎車一輛。劉先生年收入25萬元,方女士年收入3.5萬元。家中現有流動資產30萬元,其中2006年12月,以每股4元價格買入中國銀行2萬股,3年期定期存款10萬元(2007年10月到期),其餘為活期存款。劉家購車前每月日常生活開支(包括兒子日常費用)5,000元。目前劉先生在理財方面有如下思考,一是想為家庭成員(包括雙方父母)的保險做些安排,二是夫妻退休後不希望因工作變化而降低消費水平,三是對投資做些規劃,能有超過10%的年收益就好。理財規劃師若有其他合適的建議也可考慮,劉先生風險偏好中等。請為劉先生家制訂一份理財規劃方案。

第二部分 理財目標

1. 為家庭成員(包括雙方父母)的保險做些安排。
2. 夫妻退休後不希望因工作變化而降低消費水平。
3. 對投資做些規劃,能有超過10%年收益就可。
4. 委託人風險偏好:中等。

第三部分 合理假設

1. 假設劉先生夫妻收入均為稅後收入。
2. 房屋按揭款貸款基本情況:公積金貸款30萬元,期限15年,商業貸款85萬元,期限15年。按當年公積金和商業貸款利率,按月等額本息還款法計算住房公積金貸款與個人住房商業性貸款還款情況:公積金貸款每年還款約28,375元,商業貸款每年約還款87,581元,合計約115,956元。
3. 由於劉先生夫婦雙方父母每月均需劉先生夫婦支付1,000元生活費,合理假設劉先生夫婦雙方父母沒有醫保、社保,有獨立住房。
4. 由於劉先生系某上市公司高層管理人員、妻子方女士系政府機關幹部,該家庭主要成員應具有醫保、社保。
5. 退休後保證原生活水平為每月4,000元(扣除兒子生活費1,000元)。
6. 基本數據假設

   收入增長率=3%

   投資報酬率=10%

   通貨膨脹率=生活支出增長率=3%

   當前大學學費水平為1萬元/年/人

   大學學費近三年不增長

第一篇　理論篇

退休年齡均為60歲，退休後生活25年，養老金收入800元/月/人

第四部分　家庭資產分析

1. 資產負債情況

資產項目	金額	負債項目	金額
市中心住房一套	50萬元	銀行按揭款	115萬元
市郊住房一套	165萬元		
轎車一輛	18萬元		
股票（中國銀行）	8萬元（2006年12月價格）		
3年定期存款（2007年10月到期）	10萬元		
活期存款	12萬元		
資產總計	263萬元	負債總計	115萬元
淨資產	148萬元		

2. 家庭年收支情況表

	金額	支出項目	金額
劉先生稅後工資性收入	250,000元	雙方父母生活費	24,000元
方女士稅後工資性收入	35,000元	房屋按揭款	115,956元
		日常開支	60,000元
收入總計	285,000元	支出總計	199,956元
結餘	85,044元		

第五部分　家庭財務診斷

1. 資產負債情況診斷

從該家庭的資產負債表可以看出，該家庭的金融資產為銀行存款和股票，沒有其他投資資產，雖然8萬元（投資時價格）股票的收益性現階段較高，但風險也高於其他金融資產；22萬元的銀行存款明顯較多，雖然銀行存款安全性較高，但也造成收益水平偏低，考慮到通貨膨脹的因素，資產不但不能增值，反而可能會縮水。當前負債115萬，雖然存在一定的壓力，但對家庭的負擔影響不大。

2. 收支情況診斷

從家庭收支情況來看，家庭收入來源結構一般，主要集中在劉先生身上。整個家庭的收入來源是工資性薪金收入（主動性收入），理財收入（被動性收入）很少，距離財務自由（日常固定開支主要依賴理財收入）還有很大的距離。目前的節餘比例為34%，考慮到支付按揭貸款較大，還算合理，但是考慮到該家庭還要為家庭成員（包括雙方父母）保險做些安排、為兒子支付的進一步教育準備費用、為雙方父

母準備醫療基金等，因此還存在很多潛在的支出，會造成收支節餘比例的下降。

3. 其他財務診斷

保障缺失：雖然作為家庭經濟支柱的劉先生夫妻具有正常醫保、社保，但由於雙方父母及兒子均沒有醫保、社保，該夫妻也缺少商業補充保障，因此保障缺失，這將會嚴重威脅到整個家庭的財務安全，一旦發生意外，該家庭將會出現較為嚴重的經濟問題，因此在理財規劃中首先滿足家庭成員的保障需求。

風險特徵：從客戶金融資產73%為銀行存款，27%為股票投資來看，客戶具有一定的投資經驗但投資知識不足，風險承受度中等。

家庭生命週期：處於家庭空巢期，但教育負擔達到峰值；由於雙方父母均保障缺失，保險需求達到高峰，生活支出平穩。

第六部分 理財目標的初步確立及資金供求分析

1. 資金需求分析

理財目標	優先順序	幾年後開始	預估每年費用	持續年限	需求現值總和：不考慮時間價值
生活支出	1	0	84,000	15	1,260,000
車輛使用支出	1	0	12,000	10	120,000
雙方父母醫療支出基金（計劃）	1	0	60,000	15	900,000
歸還房貸	1	0	115,956	15	1,739,340
兒子上大學	2	0	10,000	3	30,000
退休	2	15	48,000	25	1,200,000
需求值總計					5,249,340

2. 資金供給分析

理財資源	優先順序	幾年後開始	現值流入	持續幾年	供給現值總和：考慮時間價值及收入增長率相同
劉先生稅後工資性收入	1	0	250,000	15	3,750,000
方女士稅後工資收入	1	0	35,000	19	665,000
劉先生養老金給付	2	15	9,600	25	240,000
方女士養老金給付	2	19	9,600	25	240,000
供給值總計					4,895,000

第七部分 理財規劃建議

1. 財務安全規劃

財務安全規劃是整個理財規劃的基礎，可以有效地應對由於家庭經濟支柱出現疾病、死亡、失業或其他意外對家庭的財務狀況所帶來的影響，從而可以確保理財目標的實現。財務安全規劃包括兩方面的內容：

(1) 緊急預備金

緊急預備金是為了應對家庭出現意外的不時之需，一般應準備3~6個月的家庭固定開支，該家庭的月固定開支大約為18,913元，建議提取6萬元作為緊急預備金（緊急預備金的存放形式可以為：放於銀行信用卡內，開通其約定轉存功能，既能保持一定的流動性，在不需用時也可以享受定期存款利息，保持一定的收益水平）。

(2) 家庭保險規劃

由於夫妻兩人保險計劃由單位安排，不另進行商業保險。其雙方父母缺乏保險基金，由於年齡過大，沒有合適的保險品種安排，只有進行家庭保險基金的安排，每人每年自行安排15,000元的醫療基金，共60,000萬元/年。喪失最終支出：當前水平$5,000 \times 6 = 30,000$（元）。

根據整個家庭狀況，為兒子購買保險的保費支出，年保費支出為3萬元，占到年家庭收入的10.5%，屬於合理範圍。並且隨著房屋貸款的逐漸減少和兒子大學教育的完成，保費也將會逐漸減少，還有為兒子購買保險的保費支出可以在兒子工作後轉移到兒子身上，這部分保費支出可以用來準備退休基金。

建議將上述每年的醫療基金（銀行存款拿出6萬元），投資於債券型基金。

2. 還貸款規劃

除了拿出6萬元作為緊急預備金和6萬元（每月存款約5,000元）作為醫療基金之外，人民幣存款還有10萬元，可以投資股票基金，投資收益率為10%~15%，用做15年內的還清貸款的支出。

$$FV = 10 \times (P/F, 10\%, 15) = 41.5（萬元）$$

另外，可將其中一套市值165萬元的市郊房產出租，增加收入。

3. 退休規劃

退休後生活支出保持目前水平為每年19,200元（已扣除支付給兒子的1,000元/月，再扣除養老金收入800元/月/人），退休時所需的生活費用完全可以由房屋租賃收入提供。

另外，每年的節餘可以在滿足醫療保障、償還房貸以後用來儲備退休基金。

4. 投資規劃

原節餘約85,000元/月，現增加開支：①車輛使用支出1,000元/月；②雙方父母醫療支出基金5,000元/月；③兒子上大學生活費834元/月；④兒子保險支出2,500元/月。現結餘約75,600元/月。

資產配置與儲蓄配置

理財目標	資產配置	幾年後開始	儲蓄配置	投資方向	預期收益率
緊急預備金	6萬元	0		活期存款	
股票	8萬元	0			20%

續表

理財目標	資產配置	幾年後開始	儲蓄配置	投資方向	預期收益率
醫療保障預備金		0	6萬元（每月5,000元）	債券型基金	5%
還購房貸款	16萬	0		股票型基金	10%~15%
每月節餘		0	約7.56萬元	股票型基金	10%~15%
合計	22萬		8.1萬		

第八部分 風險揭示

1. 該理財方案是基於目前的市場情況做出的一些假設制訂出來的。這些假設會隨著國家經濟的變化而變化，比如：物價水平的變化、證券市場的波動、經濟增長率的變化、匯率的變動、國家的房地產調控政策等。這些都會對理財方案產生一定的影響。

2. 生活支出除了受到物價水平因素的影響外，還要考慮未來生活品質的提高，醫療、保健等方面的支出。這些支出的需求將會不斷增加，會影響到其他目標的實現。

3. 教育支出也可能會超出預期的增長，目前只是估算了大學的費用，還可能有研究生的教育費用，如果孩子接受研究生教育，也會對理財方案產生一定的影響。

4. 客戶在執行本方案時，應該遵循理財師的意見，理財師會定期與客戶對方案進行調整，如果客戶單方面修改或不遵照執行，也會產生一定的風險。

第九部分 後續服務

1. 理財規劃方案要定期（一般為一年）審視並做出評估和調整，以便使理財規劃方案更加符合實際。

2. 客戶如果發生重大變化，應當及時通知理財師，並對理財方案及時做出調整。

3. 理財師也應當將一些理財信息和投資信息及時告知客戶，使客戶做出合理的判斷。

第二篇　實務篇

理財規劃實務課程實驗報告

實驗項目名稱：＿＿＿＿＿＿＿＿＿＿＿＿

實驗時間：＿＿＿＿＿＿＿＿＿＿＿＿＿

實驗地點：＿＿＿＿＿＿＿＿＿＿＿＿＿

實驗班級：＿＿＿＿＿＿＿＿＿＿＿＿＿

姓　　名：＿＿＿＿＿＿＿＿＿＿＿＿＿

學　　號：＿＿＿＿＿＿＿＿＿＿＿＿＿

小組成員＿＿＿＿＿＿＿＿＿＿＿＿＿＿

實驗成績＿＿＿＿＿　指導教師：＿＿＿＿

實訓任務一　貨幣的時間價值

　　貨幣的時間價值是指貨幣隨著時間推移而發生的增值，也稱資金時間價值，是理財理論的基礎。任何財物決策都會涉及一定時間週期內的成本和收益的核算，這種核算與現金流量、現值、終值等財物指標密切相關。因此，在進行個人財務規劃之前，必須對貨幣的時間價值有比較透澈的理解和把握。

● 第一節　貨幣時間價值理論概述

一、利息率和折現率（Interest Rates and Discount Rates）

　　貨幣的時間價值，反應了時間、現金流量和利息率三者之間的關係。由於投資者偏好現在消費，因此利息率是對投資者推遲現在消費的一種回報，是對投資者的不同風險予以回報的實際無風險利率和風險溢價的總和。利息率（Interest Rate）是一定時期內的利息額同貸出金額的比例，有年利率、月利率和日利率之分。利息率的大小直接受到資金供求關係的影響。

　　假設世界沒有不確定性，沒有風險，利息率被認為是無風險（Risk-free）利率。無風險利率的代表一般是國家的短期債券，如美國財政部發行的國庫券（Treasury-bills，T-bills）。

　　在現實世界中是有風險的，例如借款人可能不還錢，那麼此時的利息率就不再總是無風險水平了，它有兩個因素影響：①通貨膨脹程度。通貨膨脹會形成貸款者承擔通貨溢價（Inflation Premium）和推遲消費的機會成本。因此，貨幣的名義成本（Nominal Cost of Money）由實際利率（Real Rate）和通貨溢價組成。②風險水平。

貸款者貸出資金，除了會損失貨幣的機會成本外，還會承擔不履行義務或者市場價格發生變動的風險，即存在信用風險和市場風險，如果貸款者急需用錢，那麼還可能面臨流動性風險。因此，利息率的構成部分應包括兩個部分：名義的無風險利率和風險溢價。

利息率的意義：①收益要求率，即促使投資者放棄現在消費所要求的必要收益。②折現率，折現是將未來的一筆資金折合到當前時點上的價值，折合所用的利率就稱為折現率。③衡量機會成本，即投資者按某一選擇行為而放棄其他選擇所失去的價值。

二、計算現金流的終值（FV）和現值（PV）

現值（Present Value）是指在將來某一時間的一筆資金折算為現時的價值。終值（Future Value）也稱將來值和未來值，是現在投入的貨幣資金在將來某時期結束時的價值，對於存款和貸款而言就是到期將會獲得（或支付）的本利和。

計息方式有單利與複利之分，根據計息方式的不同，現值和終值的結果也會不同。

1. 單利計息

單利計息是指在規定的期限內獲得的利息均不計算利息，只就本金計算利息的一種方法。單利終值是指按單利計算的利息與本金之和。單利現值是指依據未來的終值，按單利計算的現在價值。

單利利息的計算公式為：$I = P \times i \times n$；

單利終值的計算公式為：$F = P + P \times i \times n$

單利現值的計算公式為：$P = F - I = F - P \times i \times n = F / (1 + i \times n)$

例1：你今天存到銀行1,000元，10年後能得到多少本息呢？假定年存款利率是3%，則10年後的本息和是：1,000×（1+3%×10）= 1,300元（終值）。

例2：小陳希望在5年後取得10,000元，用來支付他出國留學的費用，年利率是5%，若以單利計算，小陳現在應該存入銀行的資金是多少呢？

$P = 10,000 / (1+5 \times 5\%) = 8,000$（元）

2. 複利計息

複利法是指將每一期利息分別滾入下期連同本金一起計算利息的方法，俗稱利滾利。

複利終值就是一定數量的本金在一定的利率下按照複利的方法計算出若干時期以後的本金和利息。

複利終值的計算公式為：$F = P \cdot (1+i)^n$；

公式中的$(1+i)^n$通常被稱為複利終值係數，用符號（F/P, i, n）表示1元本金n期末的複利終值。例如，（F/P, 5%, 2）表示利率為5%的2期末現在1元錢的複利終值。為了便於計算，有「複利終值係數表」可供查詢。

第二篇 實務篇

複利現值是複利終值的逆運算,指未來一定時間的資金按複利計算的現在價值,或者說是為取得將來一定本利和,現在所需要的本金。

複利現值的計算公式為:$P = F \cdot (1+i)^{-n}$;

公式中的 $(1+i)^{-n}$ 通常被稱為複利現值系數,用符號 $(P/F, i, n)$ 表示1元本金 n 期末的複利現值。例如,$(F/P, 5\%, 10)$ 表示利率為5%的10期末現在1元錢的複利現值。為了便於計算,有「複利現值系數表」可供查詢。

例3:小陳希望在3年後取得10,000元,用來支付他出國留學的費用,年利率是5%,若以複利計算,小陳現在應該存入銀行的資金是多少呢?

$P = 10,000 / (1+5\%)^3$

$\quad = 10,000 \times (P/F, 5\%, 3)$

$\quad = 10,000 \times 0.863,8 = 8,638$(元)

【閱讀資料】

複利的強大力量

大約350年前,西方殖民者從印第安人手中買下了曼哈頓島,花了大約價值25美元的飾品。這筆錢如果按6%的年利率複利計算,350年後是多少錢?

$V_n = 25 \times (1+6\%)^{350} = 1.8^{10} = 180$(億美元)

三、年金

年金的概念(Annuity),是指等額、定期的系列收付款項,即若干期限內(如若干年內),每個期限(如每年)均衡產生的現金流入或現金流出。如分期付款賒購、分期償還貸款、發放養老金、支付租金、提取折舊和債券利息等。

按照收付的次數和支付的時間,年金分為:普通年金,又稱期末年金、後付年金,即各期限期末收付的年金;期初年金,又稱先付年金、預付年金,即各期限期初收付的年金;延期年金,開始若干期沒有收付、後來若干期才有收付的年金;永續年金,即無期限收付的年金。下面以普通年金為例,解釋年金現值和終值的計算方法。

1. 年金終值

普通年金的終值,是指在一定時期(n)內,在一定利率(i)下,每期期末等額系列收付值(A)的終值之和。計算公式為:

$$FV = A \times [(1+r)^N - 1] / r$$

其中 $[(1+r)^n - 1] / r$ 為年金終值系數,可用 $(F/A, i, n)$ 表示,可查年金終值系數表求得。例如,可以通過查表獲得 $(F/A, 6\%, 4)$ 的年金終值系數為4.374,6,即表示每年年末收付1元,按年利率6%計算,到第4年年末,其年金終值為4.374,6元。在年金終值的一般公式中有4個變量——FVA、A、i、n,已知其中的任意3個變量都可以計算出第4個變量。

147

理財規劃實訓教程

例4：求每年收入為2,000元，期限為5年，利息率為10%的這一系列金額的終值。

解：$FVA = 2,000\ (1+10\%)^4 + 2,000\ (1+10\%)^3 + 2,000\ (1+10\%)^2 + 2,000\ (1+10\%)^1 + 2,000 = 12,210$（元）

2. 年金現值

年金現值，是首次支付發生在 $t=1$、末次支付發生在 $t=N$ 時的現金流動。其現值（PV）的計算公式：

$$PV = A\left[(1+r)^{-1}+(1+r)^{-2}+\cdots+(1+r)^{-N}\right] = A\left[1-(1+r)^{-N}\right]/r$$

其中 $\left[1-(1+r)^{-n}\right]/r$ 為年金現值系數，可用（$P/A, i, n$）表示，可查年金現值系數表獲得。

例5：某公司預計在8年中可以從一位顧客處每年收取6,000元的汽車貸款還款，貸款利率為6%，該顧客借了多少資金？

$$PVA = A \times \frac{1-(1+i)^{-n}}{i} = 6,000 \times \frac{1-(1+6\%)^{-8}}{6\%}$$

$$= 6,000 \times 6.209\,8 = 37,258.8\ (元)$$

四、構建函數求解貨幣時間價值

由於年金涉及一系列現金的收付問題，計算量比較大，人工計算費時費力，準確性低，因此人們更多的是利用電腦中的函數或編程語言來計算複雜的年金問題。本書主要介紹利用 Excel 完成年金的分析。

打開 Excel 工作表，通過 Excel 中的函數和數據分析工具可以快速準確地求解貨幣時間價值類的問題，尤其是當現金流的分佈比較複雜、所需計算量較大時，函數解題的優勢尤為明顯。下面介紹幾個常用的函數。

1. PMT 函數（見圖1-1）

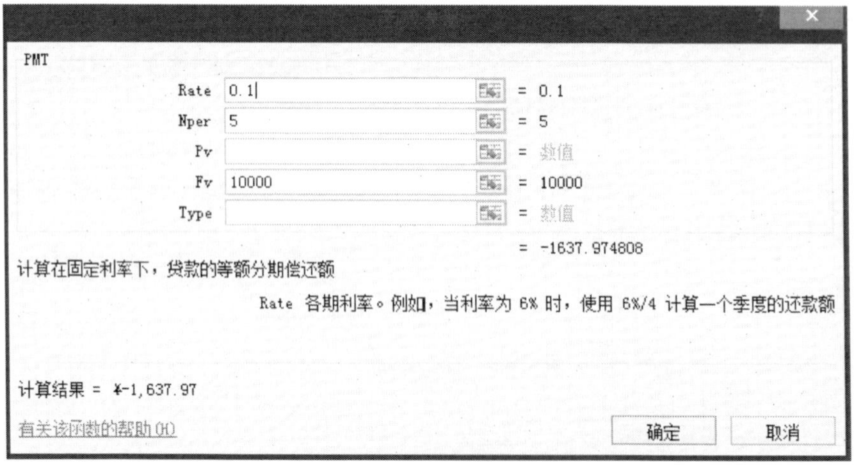

圖1-1　PMT 函數

第二篇 實務篇

PMT 函數用於根據固定付款額和固定利率計算貸款的付款額。一共有 5 個參數，Rate 為貸款利率；Nper 為該項貸款的付款總數；pv 為現值，或一系列未來付款額現在所值的總額，也叫本金；Fv 是未來值，或在最後一次付款後希望得到的現金餘額。Type 為類型，表示現金流的支付時間，0 或不填表示期末支付，1 表示期初支付。一般普通年金均為期末支付，如貸款還款額、退休金等；部分年金是期初支付，如租金、生活費支出。

使用 PMT 函數時要注意貸款利率、付款期數必須是統一的時間單位，如果貸款利率為年利率，則期數應該以年計；如果要計算月還款額，那麼期數和貸款利率分別是月份數量和月利率。

例 6：某客戶貸款購買一套房屋，貸款數額 20 萬，期限 30 年，假設貸款年利率為 8%，採用等額本息還款發，則請問月還款額為多少？

等額本息還款法，是指將貸款的本金利息之和在整個貸款期限內進行平均攤還，每期的還款數額固定。這個問題就是計算年金的問題。將題目中的條件輸入 PMT 函數中，注意這裡要求的是月還款額，因此在求解時要注意時間上的統一。

利率 Rate 為 8%/12 = 0.006,7，期數 Nper 為 30×12 = 360 期，現值 pv 為 20 萬元。在 Excel 中輸入函數 = PMT（8%/12，360，200,000，0），代入可求解得到 PMT 值為 1,467.53，即每月應還款項為 1,467.53 元。

2. PV 函數

PV 是一個財務函數，用於根據固定利率計算貸款或投資的現值。可以將 PV 與定期付款、固定付款（如按揭或其他貸款）或投資目標的未來值結合使用。

PV 有 5 個可填參數。Rate 為各期利率，與 PMT 中的意義相同。例如，如果獲得年利率為 10% 的汽車貸款，並且每月還款一次，則每月的利率為 10%/12（即 0.83%）。需要在公式中輸入 10%/12（即 0.83%）或 0.008,3 作為利率。

Nper 為年金的付款總期數，注意期數要與利率的時間單位相匹配。例如，如果獲得為期 4 年的汽車貸款，每月還款一次，則貸款期數為 4×12（即 48）期，即需要在公式中輸入 48 作為 Nper。

Pmt 為每期的付款金額，在年金週期內不能更改。通常 Pmt 是本金利息之和，但不含其他費用或稅金。例如，對於金額為 100,000 元、利率為 12% 的 4 年期汽車貸款，每月付款為 2,633.30 元。需要在公式中輸入 -2,633.30 作為 Pmt。如果省略 Pmt，則必須包括 Fv 參數。

Fv 為終值，或在最後一次付款後希望得到的現金餘額。如果省略 Fv，則假定其值為 0（即貸款的最後一次償付值是 0）。例如，如果要在 18 年後為支付某個特殊項目而儲蓄 500,000 元，則 500,000 元就是未來值。然後，你可以對利率進行保守的猜測，並確定每月必須儲蓄的金額。如果省略 Fv，則必須包括 Pmt 參數，即 Fv 和 Pmt 兩者至少一個有值，不能兩者均為零。

Type 表示類型，用數字 0 或 1 表示各期的付款時間是在期初還是期末。

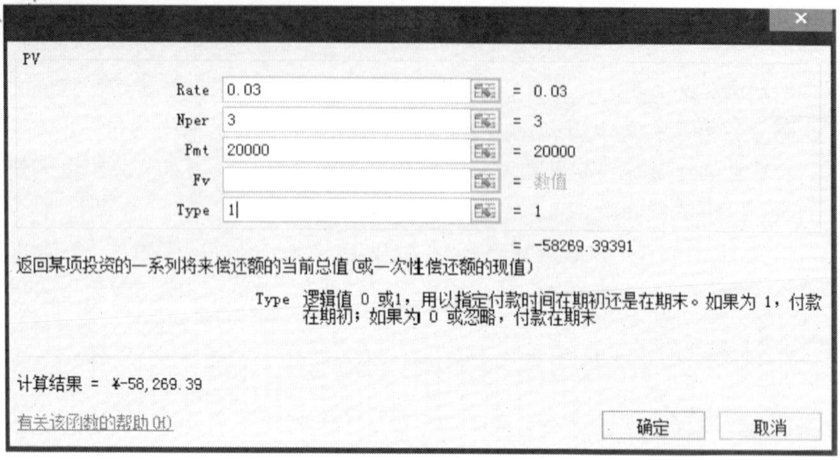

[PV 函數對話框]

圖 1-2　PV 函數

例7：某公司預計在 8 年中可以從一位顧客處每年收取 6,000 元的汽車貸款還款，貸款利率為 6%，問該顧客借了多少資金？

借款是當前的借款，這其實是在計算現值的問題。因此輸入 PV 函數，Rate 為 6%，Nper 為 8，PMT 為 6,000，即=PV（6%，8，6,000），可計算得到該顧客現在借了 37,258.76 元。

3. FV 函數

FV 是一個財務函數，用於根據固定利率計算投資的未來值。可以將 FV 與定期付款、固定付款或一次付清總額付款結合使用。類似的，它也有 5 個參數，含義與上相同，這裡就不再贅述。

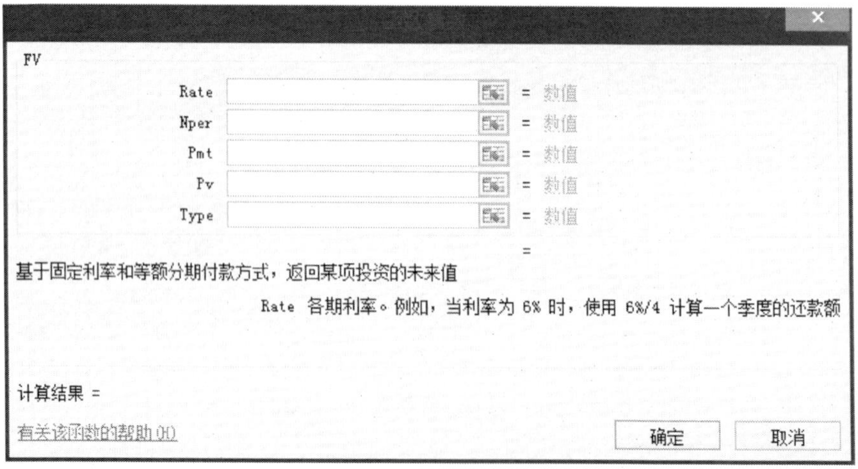

[FV 函數對話框]

圖 1-3　FV 函數

第二篇　實務篇

例8：假設某項目有5年建設期，在建設期內每年年末從銀行借款100萬元，借款年利率為10%，則該項目竣工時應付本息的總額為多少？

到期的本利和是借款的終值，這其實是在計算年金終值的問題。因此輸入FV函數，Rate為10%，Nper為5，PMT為1,000,000，即=FV（10%，5，1,000,000）可計算得到該項目竣工時應付本息的總額為610,510.00元。

4. NPER函數

NPER函數的作用是基於固定利率及等額分期付款方式，計算某項投資的總期數。其主要參數有5個，含義與上文相同。

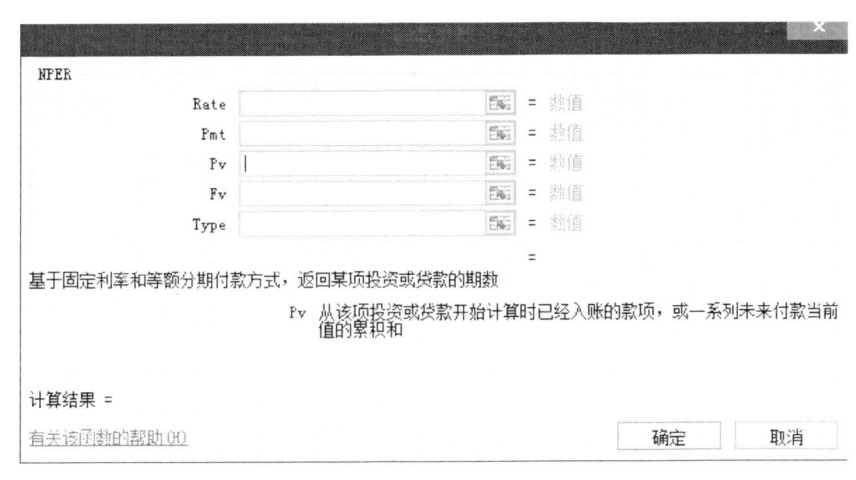

圖1-4　NPER函數

● 第二節　貨幣時間價值實訓

一、實訓目的

貨幣時間價值是對財務信息進行分析的基礎，也是理財規劃方案構造的前提。因此掌握貨幣時間價值的計算，是要讓實訓者具備基本的計算分析能力，熟悉利率的種類和年金的概念及其計算方法。通過本部分的實訓，要求學生熟練掌握單、複利及年金的計算及其應用。

二、實訓要求

1. 根據給出的習題，列出計算等式，並計算出答案。
2. 練習使用Excel中的函數。

三、實訓報告

（一）單利及複利的計算

1. 一筆 1 萬元的存款存在銀行 3 年，存款方式是一年期定期存款，到期自動轉存，利率為現行存款利率，則在單利和複利模式下，獲得的利息分別是多少？

2. 銀行年利率為 7%，若每半年複利一次，則實際利率為多少？若每季度複利一次，實際利率又為多少？

3. 如果你去存款，想在第一年年末取 20,000 元，第二年年末取 30,000 元後全部取完，按年利率 8% 複利計算，你現在該存入多少錢才行？

（二）年金的分析及計算

1. 某人擬在 5 年後還清 10,000 元債務，從現在起每年年末等額存入銀行一筆款項。假設銀行存款利率為 10%，那麼每年需要存入多少元？

2. 某公司有一項付款業務，有甲乙兩種付款方式可供選擇。
甲方案：現在支付 10 萬元，一次性結清。
乙方案：分三年付款，1~3 年各年初的付款額分別為 3 萬元、4 萬元、4 萬元。
假定年利率為 10%，要求按現值計算，從甲乙兩方案中選優。

3. 某人擬購置一處房產，房主提出兩種付款方案：
（1）從現在起，每年年末支付 20 萬元，連續支付 10 次，共 200 萬元；
（2）從第 5 年開始，每年年初支付 25 萬元，連續支付 10 次，共 250 萬元。
假設投資報酬率（即最低報酬率）為 10%，按照現值計算，你認為他應選擇哪個方案？

4. 假設你的朋友要出國 3 年，請你代付房租，每年租金 20,000 元，設銀行存款利率為 3%，請問他應當現在給你在銀行存入多少錢？

5. 假設某人 12 個月分期付款購物，每月月底付 200 元，設分期付款的月利率為 5%，該項分期付款相當於一次性現金支付的購價是多少？

教師檢查簽字＿＿＿＿＿＿＿　　　檢查時間＿＿＿＿年＿＿月＿＿日

實訓任務二　銀行理財產品調查

　　中國銀行理財業務的發展有三個階段。第一階段為 2005 年 11 月以前，2002 年中國第一個銀行理財產品問世，這一階段屬於理財產品市場的萌芽階段，特點為產品發售數量較少，產品類型單一和資金規模較小等。第二階段為 2005 年 11 月至 2008 年中期。這一階段屬於銀行理財產品市場的發展階段，主要特點為產品數量飆升，產品類型日益豐富和資金規模屢創新高等。第三階段為 2008 年至今。這一階段屬於銀行市場的規範階段，主要特點是受全球金融危機的影響，銀行理財產品零收益、負收益和展期事件不斷暴露，相關的法律法規密集出抬等。
　　在進行理財規劃之前，應首先瞭解目前商業銀行理財產品的發行、投資情況。

● 第一節　銀行理財產品概述

一、銀行理財產品要素

　　(一)　產品開發主體信息
　　(1)　產品發行人。產品發行人是指理財產品的發行主體。一般而言，銀行理財產品由商業銀行自己開發設計和銷售。
　　(2)　託管機構。託管機構是指理財資產的託管存放主體，資產託管人主要由符合特定條件的商業銀行擔任。
　　(3)　投資顧問。投資顧問是指為商業銀行理財產品所募集資金投資運作提供諮詢服務、承擔日常的投資運作管理的第三方機構。

第二篇　實務篇

（二）產品目標客戶信息

（1）客戶風險承受能力。銀行風險評估，是指商業銀行只能向客戶銷售風險評級等於或者低於其風險承受能力評級的理財產品。投資者風險承受能力分類如表 2-1 所示。

表 2-1　　　　　　　　　　投資者風險承受能力分類

風險承受能力	投資者類型	適合的理財產品
風險承受能力極低	保守型	低風險
風險承受能力較低	謹慎型	低風險、中低風險
風險承受能力一般	穩健型	低風險、中低風險、中風險
風險承受能力較高	積極型	低風險、中低風險、中風險、中高風險
風險承受能力很高	激進型	低風險、中低風險、中風險、中高風險、高風險

（2）客戶資產規模和客戶等級。

（3）產品限制發行。有些理財產品是限定發行區域的或者限定發行方式的。

（4）資金門檻和最小遞增金額。一般而言，理財產品的銷售起點為 5 萬元，追加金額為 1 萬元起；對於有經驗的客戶，理財產品起點為 10 萬元。

（三）產品特徵信息

1. 銀行理財產品收益類型

按收益或者本金是否可以保證分為兩類：保本產品和非保本產品。保本產品，是指保證本金 100% 收回，但是不保證利息收益，相對價值可能受損，一般不得提前支取。非保本產品是指，不保障本金完整，適合能夠承受一定風險的投資者。

2. 理財產品交易類型

理財產品可分兩類：開放式產品和封閉式產品。

開放式產品：總體份額和總體金額是可變的，可以隨時根據市場供求情況發行新份額或者贖回。

封閉式產品：在存續期內總體份額保持不變，總體金額可能變化；不能申購也不能贖回，或者只能贖回不能申購。

3. 產品期次屬性

產品期次屬性可分兩種：期次類和滾動發行。期次類是指只會在一段銷售時間內銷售，到期後利隨本清，產品結束；滾動發行是指以循環銷售的方式連續投資，部分產品可通過一次性簽約形式自動實現產品的滾動購買。

4. 產品投資類型

銀行理財產品根據投資或者掛鉤的對象可以分為利率掛鉤、股票掛鉤、基金掛鉤、外匯掛鉤、商品掛鉤、信用掛鉤、保險掛鉤、混合掛鉤等。

5. 產品期限類型

銀行理財產品按期限類型可分為 6 個月以內、1 年以內、1 年至 2 年期以及 2 年

以上期產品。1 個月以內是超短期理財產品，1 個月至 1 年以內是短期理財產品，1 年至 2 年是中期理財產品，2 年以上期是長期理財產品。

　　6. 產品風險等級

　　銀行理財產品風險包括政策風險、違約風險、市場風險、利率風險、匯率風險、流動風險、提前終止風險等。其他還有操作風險、交易對手管理風險、延期風險、不可抗力風險以及意外事件風險等。

二、銀行理財產品介紹

　　1. 貨幣型理財產品

　　貨幣型理財產品是投資於貨幣市場的銀行理財產品，貨幣市場的金融產品包括國債、金融債、中央銀行票據、債券回購、高信用級別的企業債、公司債、短期融資券等。貨幣型理財產品的投資方向是具有高信用級別的中短期金融工具，其信用風險低，流動性風險小。這類理財產品的特點是投資期短，資金贖回靈活，收益、本金安全性高。

　　例 1：某投資者在 4 月 21 日購買該類產品 100 萬元，4 月 24 日賣出。4 月 21 日至 4 月 24 日每天的年化收益率分別為 2.15%、2.20%、2.10%、2.15%。

　　在此期間理財收益 =（2.15%+2.20%+2.10%）÷365×1,000,000 = 176.71（元）

　　2. 債券型理財產品

　　債券型產品是以國債、金融債和中央銀行票據為主要投資對象的銀行理財產品。投資方向主要為銀行間債券市場、國債市場和企業債市場，這類產品的特點是產品結構簡單、投資風險小，客戶預期收益穩定，市場認知度高，客戶容易瞭解。目前，商業銀行推出的債券型產品是以國債、金融債和中央銀行票據等信用高、流動性強、風險小的產品為主。

　　例 2：A 銀行人民幣債券理財計劃為一個月期理財產品，到期一次還本付息。預期收益率為 2.62%。假設有一個投資者投資了 10 萬元，請問他的理財收益是多少？

　　理財收益 = 100,000×2.62%×30÷365 = 216（元）

　　3. 股票類理財產品

　　股票類理財產品品種較多，其中包括商業銀行推出的一些基金中的基金（FOF）產品、私募理財產品等，這些產品都是部分或者全部投資於股票的理財產品，風險相對較大。

　　公募（Public Offering, PO）發行，又稱為公開發行，是發行人向不特定的社會公眾投資者發售證券的發行。私募（Private Equity, PE）發行，又稱不公開發行或私下發行、內部發行，是指以特定少數的投資者為對象的發行。

　　4. 組合投資類理財產品

　　組合投資類理財產品通常投資於多種資產組成的資產組合或資產池，突破了理

財產品投資渠道狹窄的限制，投資資產包括債券、票據、債券回購、貨幣市場存拆放交易、新股申購、信貸資產及其他理財產品等多種投資品種。在資產管理方面，發行主體往往採用動態的投資組合管理方法和資產負債管理方法對資產池進行管理。在發行方式方面，組合投資類理財產品突破了銀行理財產品間歇性銷售的形式，組合投資可以滾動發行和連續銷售。組合理財產品以其獨特的靈活性和更強的資產配置能力成為銀行理財產品市場的一大投資熱點。組合投資類理財產品的優缺點見表2-2。

表 2-2　　　　　　　　　　組合投資類理財產品的優缺點

優勢	缺點
A. 產品期限覆蓋面廣 B. 組合投資的投資模式在分散投資風險的同時，突破單一投資產品負債期限和資產期限必須嚴格對應的缺陷，擴大銀行資金運用範圍和客戶收益空間 C. 賦予發行主體充分的主動管理能力	A. 組合投資類理財產品存在信息透明度不高的缺點，難以全面瞭解 B. 產品的表現更加依賴於發行主體的管理水平 C. 負債期限和資產期限的錯配以及複雜性衍生結構的嵌入增加了產品的複雜性，導致決定產品最終收益的因素增多，產品投資風險可能隨之擴大

5. 結構性理財產品

結構性理財產品是運用金融工程技術，將存款、零息債券等固定收益產品和金融衍生品組合在一起而形成的新型金融產品。按聯結的基礎產品可分為股權聯結型產品（其收益與單只股票、股票組合或股票價格指數相聯繫）、利率聯結型產品、匯率聯結型產品、商品聯結型產品等；按收益保障性可分為收益保證型和非收益保證型兩大類，前者可進一步分為保本型和保證最低收益型產品；按發行方式可分為公開募集的結構化產品與私募結構化產品，前者通常可以在交易所交易。

【閱讀資料】

中國的結構化產品

結構化產品是銀行及證券公司理財業務的重要發展方向。隨著外資銀行大量進入國內市場，國內結構化產品的發行增長迅速，目前主要是針對外幣的，發行機構利用境外投資工具多、風險對沖機制完善的優點，推出多種結構化產品。產品結構方面，以本金保護型產品為主，掛鈎標的：利率、匯率、股票指數。以前國內銀行的人民幣理財業務投資範圍較窄，主要是債券、央行票據、存款等，收益率較低，對投資者吸引力不大。近年來國內銀行將外幣結構化產品設計模式用於人民幣理財已成趨勢，如光大銀行推出的人民幣理財 A 計劃，包含了與原油期貨掛鈎的產品。

國內有廣闊的發展前景。居民儲蓄存款多，存差大，而可供居民投資的品種太少。假定市場上投資者大部分是風險厭惡型，則風險越大的投資產品，市場需求量越小。結構化產品可以在風險介於股票和定期存款之間構造出多種類型的投資品種，

它的市場規模理論上應大於股票市場，小於銀行存款餘額。從外幣結構化產品在國內銷售火爆可以看出，結構化產品在國內有相當大的需求。

多數投資者對該產品還很陌生，相關機構對該產品的認識仍然停留在較低水平，對其設計原理、定價方法以及風險對沖缺乏研究。在外資銀行競爭的情況下，國內金融機構有必要加強對結構化產品的研究和實務操作。主管部門要積極引導創新類券商試點發行結構化產品，擴大證券市場參與基礎，滿足投資者多方需要。證券交易所方面，可借鑒香港聯交所的股票掛勾票據，推出一些上市交易的結構化產品。

（1）外匯掛勾理財產品。外匯掛勾理財產品的回報率取決於一組或多組外匯的匯率走勢，掛勾標的是一組或多組外匯的匯率。

例3：B銀行2007年1月4日在市場上發行一個投資期3個月的區間投資產品，掛勾歐元/美元，具體細節見表2-3，有關匯率能夠維持在指定區間內，就可以獲得潛在回報。

表2-3

投資金額	10,000美元
投資金額保證比率	100%
初始匯率	歐元/美元 1.195.0
交易區間	歐元/美元 [1.147,2，1.254,8]（不包括區間上下限）
潛在回報率	1.375%
最低回報率	0

理財收益：

如果與投資者預期一致：$10,000 \times (1+1.375\%) = 10,137.5$（美元）

如果與投資者預期不一致：10,000美元

（2）利率/債券掛勾類型理財產品。利率/債券掛勾類型理財產品的收益可與利率掛勾，也可與債券掛勾。與利率掛勾，是指與境外貨幣的利率掛勾，產品收益取決於產品結構和利率走勢；與債券掛勾，主要是指在貨幣市場和債券市場上進行交換和交易由銀行發行的理財產品。這類產品的特點是收益率不高，但非常穩定，包括與利率正向掛勾產品、與利率反向掛勾產品、區間累積產品和達標贖回型產品幾種類型。一般而言，常見的掛勾標的有倫敦銀行同業拆放利率（LIBOR），這是目前最重要和最常用的市場基準利率；國庫債利率；公司債券利率。

（3）股票掛勾理財產品。股票掛勾理財產品，又稱連動式投資產品，是通過金融工程技術，針對投資市場的不同預期，以拆解或組合衍生性金融產品，並搭配零息債券的方式形成的各種不同報酬形態的金融產品。按是否保障本金劃分，可分為不保障本金理財產品和保障本金理財產品。常見的掛勾標的有，單只股票，即只掛勾一只股票作為觀察和收益回報基準；股票籃子，即根據所有股票或者表現最差的股票作為收益回報基準。

6. 合格境內投資者（QDII）基金理財產品

QDII 基金理財產品是在一國境內設立，經中國有關部門批准從事境外證券市場的股票、債券等有價證券投資基金。QDII 基金理財產品的一個重要作用是允許內地居民使用外匯投資境外資本市場。通常，它的掛勾標的為基金和交易所上市基金（ETF）。

7. 另類理財產品

另類理財產品是指除傳統股票、債券和現金之外的金融資產和實物資產。例如：房地產、證券化資產、對沖基金、私募股權基金、大宗商品、巨災債券、低碳產品、酒和藝術品等。另類理財產品的特點是：另類資產多屬於新興產業或領域，並且與傳統資產以及宏觀經濟週期的相關性較低；通常會提供以現金形式或實物形式獲取投資本金收益的選擇權。

另類理財產品風險包括投機風險、小概率事件風險以及損失即高虧的極端風險。目前，國內的銀行理財產品已經逐步涉及另類理財產品市場，但是信息透明度較低。

第二節　銀行理財產品調查實訓

一、實訓任務

在當前的個人理財業務中，以銀行為平臺的理財業務已經成為居民理財的主要模式。針對現實中的銀行理財業務的調研是接觸個人理財的第一步，同時也是掌握理財知識的基礎。對銀行理財業務的調研能夠幫助實訓者瞭解宏觀經濟形勢，學會關注宏觀經濟和政策因素的變化對相應產品收益率的影響。

以小組為單位（3~5 人為一組），完成銀行理財產品的調查分析，成果在課堂完成上交，實訓最終的效果可以圖片形式展示。

二、實訓目的和要求

調查銀行業理財產品的目的是使實訓者具備基本的調研分析能力。通過本部分的實訓操作，要求實訓者掌握經濟信息的收集方法，並能夠結合實訓案例，分析理解銀行的理財產品，選擇並推薦合適的銀行理財產品。

三、實訓步驟

1. 選擇一家商業銀行，統計其目前在售的理財產品的品種

A. 人民幣理財產品

（1）進入該商業銀行網站或前往銀行營業網點；

（2）列出目前在售的 5 只人民幣理財產品；

（3）分析其相應的投資品種，並將收益率做排行統計；

（4）對該行近三個月、半年、一年、兩年的理財產品的收益率做統計；

（5）列出相應時間段內的國家存款準備金率和存款基準利率；

（6）將理財產品收益率的變化和相應存款基準利率的變化繪製成圖，並簡要分析兩者的關係。

B. 外幣理財產品

（1）進入該商業銀行網站或前往銀行營業網點；

（2）列出目前在售的 5 只外幣理財產品（同一幣種）；

（3）分析其相應的投資品種，並將收益率做排行統計；

（4）與相同（或相近）期限的人民幣理財產品的收益率作對比。

2. 理財產品投資綜合案例分析（案例附在實訓報告中）

3. 由指導教師對部分實訓者或每個實訓者的部分內容進行抽查，實訓者口頭闡述自己的實訓成果。

四、實訓報告

（一）人民幣理財產品

1. 你選擇的銀行是＿＿＿＿＿＿＿＿＿＿＿＿＿＿＿＿＿＿＿＿

2. 統計該行在售的人民幣理財產品，填入下表中

＿＿＿＿＿銀行＿＿＿月在售的人民幣理財產品

產品代碼	產品名稱	產品期限	產品募集期

3. 對以上 5 只人民幣理財產品的收益率進行排行統計

產品代碼	投資方向	收益類型	預期收益率	收益率排行
				1
				2

續表

產品代碼	投資方向	收益類型	預期收益率	收益率排行
				3
				4
				5

4. 對該行近三個月、半年、一年、兩年的理財產品（期限相近）的收益率做統計

（1）三個月前銷售的理財產品，期限____天，收益率約為_____。（銷售日期：_____）

（2）半年前銷售的理財產品，期限____天，收益率約為_____。（銷售日期：_____）

（3）一年前銷售的理財產品，期限____天，收益率約為_____。（銷售日期：_____）

（4）兩年前銷售的理財產品，期限____天，收益率約為_____。（銷售日期：_____）

5. 列出相應時間段內的國家存款準備金率和存款基準利率

時間	存款準備金率	一年期存款利率

6. 將理財產品收益率的變化和相應基準利率的變化繪製成圖，並簡要分析兩者的關係。（橫坐標為時間，縱坐標為利率）

理財規劃實訓教程

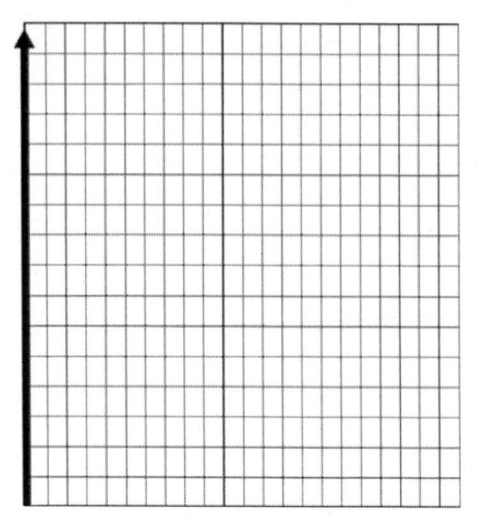

理財產品收益率及相應基準利率變動圖

分析人民幣理財產品收益率與存款基準利率之間的關係：兩者在總體上走勢_____（一致、不一致），存款基準利率對理財產品收益率的影響是_____
_____
_____。

（二）外幣理財產品

1. 你選擇的銀行是_____

2. 統計該行在售的外幣理財產品，填入下表中

_____銀行____月在售的____（幣種）理財產品

產品代碼	產品名稱	產品期限	產品募集期

3. 分析其相應的投資品種，並將收益率做排行統計

第二篇　實務篇

產品代碼	投資方向	收益類型	預期收益率	收益率排行
				1
				2
				3
				4
				5

4. 將上述外幣理財產品與相同（或相近）期限的人民幣理財產品的收益率作對比

（1）產品期限為____天的_____（幣種）理財產品，收益率為_____，同樣期限或相近期限（____天）的人民幣理財產品，收益率為_____。

（2）產品期限為____天的_____（幣種）理財產品，收益率為_____，同樣期限或相近期限（____天）的人民幣理財產品，收益率為_____。

（3）產品期限為____天的_____（幣種）理財產品，收益率為_____，同樣期限或相近期限（____天）的人民幣理財產品，收益率為_____。

（4）產品期限為____天的_____（幣種）理財產品，收益率為_____，同樣期限或相近期限（____天）的人民幣理財產品，收益率為_____。

（5）產品期限為____天的_____（幣種）理財產品，收益率為_____，同樣期限或相近期限（____天）的人民幣理財產品，收益率為_____。

通過分析發現，相同期限的外幣理財產品，其收益率一般_____（高於，低於或不確定）同樣期限的人民幣理財產品。

（三）綜合案例分析

（1）小張是工商銀行杭州某支行的新員工，被安排在櫃臺實習。在工作中經常能第一時間接觸到該行推出的各種期限的理財產品。雖然他以前沒有買過理財產品，但看到最近幾期的產品收益率都不錯（遠高於定期存款的利率），經常半天就賣完了所有額度，他也心動了。他考慮到自己的實際情況，剛剛參加工作，積蓄不多，而一般的理財產品都是5萬元起售，所以他想說服自己的父母拿出原來活期和定期存款的錢來購買。小張的父母都是退休工人，極其保守謹慎，一輩子只知道把錢存在銀行，他們能否接受理財產品這個新興事物呢？請簡述理財產品相對於其他儲蓄產品的優勢，並針對小張父母的風險偏好類別為他們選擇一款適合的理財產品。

①簡述理財產品相對於其他儲蓄產品的優勢

②從風險偏好上看，小張的父母是屬於＿＿＿＿＿＿型。該類型的人群其特點是＿＿＿＿＿＿＿＿＿＿＿＿＿＿＿＿＿＿＿＿＿＿＿＿＿＿＿＿＿＿＿＿＿＿＿＿＿＿

＿＿＿＿＿＿＿＿＿＿＿＿＿＿＿＿＿＿＿＿＿＿＿＿。

因此，我建議他們選擇的理財產品是：

出售銀行	產品名稱	產品期限	幣種	預期收益率	歷史收益率（若有）	風險評級

推薦理由：

（2）麥克是美國人，是強生公司駐中國華南區的財務總監，年收入頗豐。因為身邊經常帶著數額不小的美金，如何讓這筆錢生息理財成為麥克關心的事。麥克對中國的商業銀行正在出售的理財產品很感興趣，他發現自己有兩種選擇，一種是將美金兌換成人民幣後購買人民幣理財產品，到期後如果需要，再兌換成美元；另一種是直接購買美元理財產品。假設目前麥克手裡有 8,000 美金，請為麥克分別選擇一款人民幣理財產品和一款美元理財產品，計算其到期收益，並分析哪一種理財方式更適合麥克。

出售銀行	產品名稱	產品期限	幣種	預期收益率	預計到期收益

註：到期收益均按照預期收益率計算

第二篇　實務篇

推薦理由：

1. 當前人民幣對美元匯率為_____，按照該匯率折算，則_____產品的預計到期收益更高（按照相同期限折算後），為_____元（或_____美元）。因此，麥克更適合選擇_____理財產品。

2. _____
_____
_____
_____。

教師檢查簽字_____　　　檢查時間_____年____月____日

165

實訓任務三　投資者評估

　　投資者的風險態度、風險承受能力和理財目標反應了投資者的主觀理財意向，同時資產負債表和現金流量表是財務狀況的基本反應，編製財務報表的目的就是通過分析報表來把握個人和家庭財務狀況，並通過各種指標的計算分析為做出科學的財務決策提供依據，使個人和家庭理財規劃建立在數據分析的基礎上，使理財規劃方案有據可依。

● 第一節　投資者行為評估

　　投資者行為評估是分析投資者的主觀投資行為影響因素，包括對投資者的風險態度進行界定，風險厭惡程度如何，是否存在典型行為偏差。另外，還需對投資者的理財目標進行分析，主要是對理財目標進行詳細的量化分析，並在此基礎上做出初步的理財計劃。

一、實訓任務

　　以小組為單位（3~5人為一組），進行投資者的風險承受能力和風險偏好的評估分析。成果在課堂完成上交，實訓最終的效果可以圖片形式展示。

　　若為「理論+實踐課」外出實訓（習）項目，為提高外出實訓目的和針對性，實訓任務建議以問答題形式設計，學生提交實訓成果時要求結合外出參觀的實際場景回答問題（即回答問題時圖文並茂）。

二、實訓目的

1. 通過實訓使學生能對客戶的風險狀況進行分析和診斷，風險狀況是投資者理財的主觀影響因素，包括風險承受能力和風險偏好兩部分，學生需要通過諮詢、問卷調查等方式評估分析客戶的風險狀況。
2. 通過實訓應該掌握風險評估報告的撰寫方法和技巧。

三、實訓要求

1. 班級進行分組，3~5人一組
2. 以小組為單位，進行模擬諮詢。任意選取一名同學，對該同學進行投資者行為評估，評估內容應包括行為評估和財務評估兩個部分。

四、實訓步驟

1. 分組，小組選擇一名同學扮演客戶，一名同學為理財經理，一名同學為記錄員，其他同學搜集諮詢過程的資料，並對評估過程進行記錄。
2. 進行行為評估，評估內容包括：
（1）投資者風險評估：風險承受能力（損失最大限額、行為偏差）和風險態度，要求根據對客戶的問卷調查和訪談資料進行分析，並得出結論；
（2）投資者理財目標（買房、教育、現金增值）分析，要求根據客戶的理財目標描述，對理財目標進行量化分析，與客戶達成一致意見，制訂理財目標實施計劃。
3. 記錄客戶諮詢的問題，討論整理資料，形成諮詢記錄報告。
4. 抽取2~3組進行上臺展示，並提交客戶諮詢報告，教師予以點評。

五、實訓報告

分析客戶的風險承受能力和投資偏好

為了幫助投資者衡量自己的風險厭惡度，這裡設計了一套問卷和評分體系，分數在9至14分的為保守型投資者，分數在15至21分的為溫和型投資者，分數在22至27分的為激進型投資者。問題如下：

1. 在你投資60天後，價格下跌了20%。假設所有基本面均未改變，你會怎麼做？
   A. 為避免更大的擔憂，賣掉再試試其他的
   B. 什麼也不做，靜等收回投資
   C. 再買入。它曾是好的投資，現在也是便宜的投資

2. 現在換個角度看上面的問題。你的投資下跌了20%，但它是投資組合的一部分，用來在三個不同的時間段上達成投資目標。

(1) 如果目標是5年以後，你會怎麼做？

A. 賣掉　　　B. 不動　　　C. 再買入

(2) 如果目標是15年以後，你會怎麼做？

A. 賣掉　　　B. 不動　　　C. 再買入

(3) 如果目標是30年以後，你會怎麼做？

A. 賣掉　　　B. 不動　　　C. 再買入

3. 在你買入退休基金後1個月，其價格上漲了25%。同樣，基本條件沒有變化，高興之餘，你會怎麼做？

A. 賣掉鎖定收益

B. 持有看跌期權並期待更多的收益

C. 再買入，因為可能還會上漲

4. 你為了15年後退休而投資。你更願意怎麼做？

A. 投資於貨幣市場基金或有保證的投資契約，放棄獲得大量收益的可能性，重點保證本金的安全。

B. 一半投入債券基金，一半投入股票基金，希望在有些增長的同時，還有固定收入的保障。

C. 投資於不斷增長的共同基金，其價值在該年可能會有巨幅波動，但在5或10年後有巨額收益的潛力。

5. 你剛贏得一份大獎。但具體哪一個，由你自己定。

A. 2,000美元現金

B. 50%的機會獲得5,000美元

C. 20%的機會獲得15,000美元

6. 有一個很好的投資機會剛出現，但你得借錢，你會接受貸款嗎？

A. 絕對不會　　　B. 也許　　　C. 會

7. 你的公司要向員工出售股票。公司經營者計劃在3年內讓公司上市。在此之前，你無法賣出股票，也不會得到紅利。但當公司上市時你的投資將增值10倍。你會投資多少錢買這種股票？

A. 一點也不買　　　B. 兩個月的工資　　　C. 四個月的工資

第二篇 實務篇

風險厭惡度打分：
按以下方法將答案乘以不同的系數相加，就得出總分：
A 答案的個數×1 分 = _____ 分
B 答案的個數×2 分 = _____ 分
C 答案的個數×3 分 = _____ 分
總分 _____ 分。

客戶風險偏好評估結論：
_____
_____
_____
_____

客戶理財諮詢記錄表

實訓步驟：根據客戶的理財需要，對客戶進行風險評估，分析客戶投資需求。為制定理財目標，對目標進行詳細分析，與客戶達成一致意見，並制定完成時間表。

步驟一：客戶需要現實的理財目標。
（1）短期目標
_____
（2）長期目標
_____

步驟二：對你的目標進行具體化、量化論述
（1）_____
（2）_____

步驟三：客戶風險評估總結
_____
_____

步驟四：制定完成上述目標的時間表
（1）_____
（2）_____
（3）_____

教師檢查簽字_____　　檢查時間_____年____月____日

第二節　投資者財務分析

一、相關理論與實務操作

（一）房貸車貸的利息的計算

在一般家庭中，貸款是主要的負債構成部分，常見的有住房貸款、汽車貸款和消費貸款。在銀行貸款中還款方式一般有兩種，等額本息還款法和等額本金還款法。這兩種還款方式的利息總額有所不同，對於不同類型的客戶應根據自己的具體情況選擇適合的還款方式。

1. 等額本息還款方式

等額本息還款法，又稱本利攤還法，是指每月的還款額相同，償還固定數額的一種還款方式。這種方式在月供的「本金與利息」分配比例中，前半段時期所還的利息比例大、本金比例小，還款期限過半後逐步轉為本金比例大、利息比例小。所支出的總利息比等額本金法多，而且貸款期限越長，利息相差越大。但由於該方式還款額每月相同，適宜家庭的開支計劃，所以對年輕人來說，比較適用採用等額本息法，因為隨著年齡增大或職位升遷，收入會增加，還款的壓力會逐漸減小。

$$每月還款額 = \frac{貸款本金 \times 月利率 \times (1+月利率)^{還款期數}}{(1+月利率)^{還款期數} - 1}$$

2. 等額本金還款方式

等額本金還款法，又稱本金攤還法，是指每月的還款額不同，它是將貸款額即本金，按還款的總月數均分（等額本金），再加上上期剩餘本金的月利息，形成一個月還款額，所以等額本金法第一個月的還款額最多，而後逐月減少，越還越少。這種方法所支出的總利息比等額本息法少。但該還款方式在貸款期的前段時間還款額較高，財務負擔較重，比較適合在前段時間還款能力強的貸款人，如中年老年客戶群體可採用等額本金法，因為隨著年齡增大或退休，收入可能會減少。

$$每月還款額 = \frac{貸款本金}{還款期數} + (貸款本金 - 累計已還本金)$$

3. 兩種還款方式的比較

在等額本息還款的方式下，隨著貸款剩餘的本金的減少，利息的比例逐漸減少。這種還款方式實際是採用複利計息。在每期還款的結算時刻，剩餘本金所產生的利息要和剩餘的本金（貸款餘額）一起計息，也就是說未付的利息也要計息，在國外，它是公認的適合放貸人利益的貸款方式。

而在等額本金還款的方式下，每月還款的本金數目一直不變，前期的還款額度較大，但是利息逐漸變少，每月還款的數額就越來越少。所以，它實際採用的是單利計息。在每期還款的結算時刻，它只對剩餘的本金（貸款餘額）計息，也就是說

第二篇　實務篇

未支付的貸款利息不與未支付的貸款餘額一起作利息計算，而只有本金才作利息計算。具體見表 3-1 及圖 3-1。

表 3-1　　　　　　　　　　等額本金法與等額本息法比較

	等額本金貸款	等額本息貸款
原始本金	50 萬元	50 萬元
貸款年利率	5.65%	5.65%
貸款週期	30 年	30 年
支付頻率	每月支付一次	每月支付一次
每月支付金額	￥2,569.24（所有還款額月平均值）	￥2,886.18（固定還款額）
利息累計	￥424,927.08	￥539,024.42
還款期數	360 期	360 期
等額本息貸款每月多支付	￥316.94	
等額本息貸款 30 年多支付	￥114,097.34	

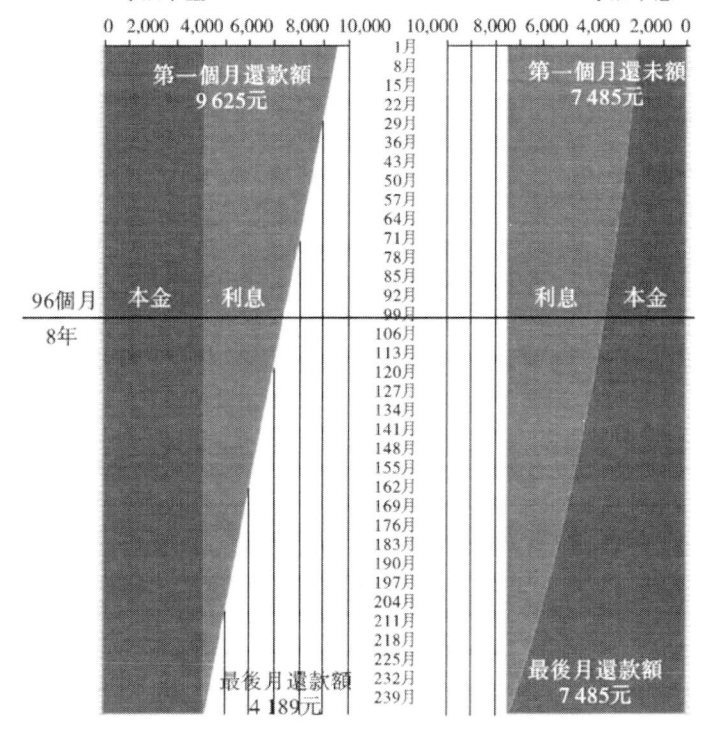

圖 3-1　等額本金法與等額本息法比較

(二) 房貸車貸的實際操作步驟

在固定利率下，每期本利攤還額固定，因此可將其看作年金，在 Excel 工作表中可以用 PMT 函數來快速計算。如圖 3-2 所示。

Excel：PMT =（I/Y, N×12, PV, FV, 0）

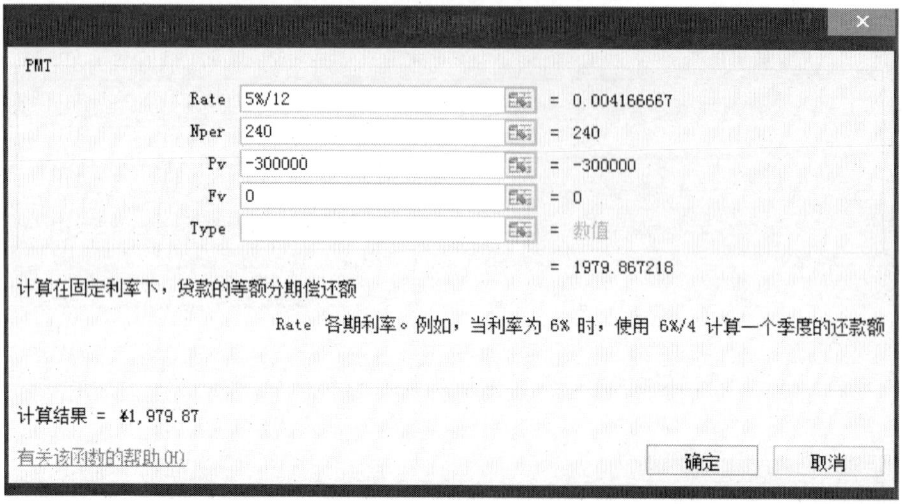

圖 3-2

例1：利率5%，貸款20年，貸款額30萬元，每月期末還清，採用等額本息法還款。計算每月還款額。

根據 Excel 工作表可知：

PMT（5/12 I/Y, 20×12N, -300,000PV, 0）= 1,980（元）

即在年利率為5%的條件下，每月本利攤還額為1,980元，一共還20年。

例2：沿用上題條件，採用本金平均攤還法還款，計算首月還款額。

每期本金償還額 = 300,000÷240 = 1,250（元）

第一期利息額 = 300,000 元×5%÷12 = 1,250（元）

第一年期末本金餘額 = 300,000-1,250 = 298,750（元）

第一期攤還額 = 1,250+1,250 = 2,500（元）

二、投資者財務評估實訓目的

1. 掌握兩種還款方式的計算方法。
2. 通過實訓使學生能對客戶的財務狀況進行分析和診斷。
3. 能夠分析客戶的資產結構、負債結構、收入結構和消費支出結構，並能夠以指標數據為基礎，對家庭償債能力、收支狀況和投資結構進行初步分析，並學會計算收支平衡點。

三、實訓要求

1. 完成分組，每 3~5 人一組。
2. 老師展示案例，學生進行討論和分析，最終形成結論，然後每小組派代表進行演講，通過這樣的方式使學生學會對客戶的財務狀況進行分析和診斷。
3. 根據案例，編製財務報表，計算各種財務比率，並進行分析診斷。
4. 根據案例，結合所學的現金規劃知識，計算出緊急備用金，並制訂現金規劃方案。

四、實訓步驟

1. 列出自己的資產和負債，編製資產負債表。
2. 提前一個月記錄自己的收支情況，編製當月現金流量表。
3. 展示案例，整理案例材料，計算相應的房貸還款額。
4. 小組討論案例。
5. 編製個人/家庭資產負債表，個人/家庭現金流量表，計算各種財務比率。
6. 計算出緊急備用金。
7. 由指導教師對部分實訓者或每個實訓者的部分內容進行抽查，實訓者口頭闡述自己的實訓成果。

注意事項（含安全操作規程等）：注意做好組內成員分工，積極參與實訓；注意表格製作的規範與合理。

六、實訓報告

自己的資產負債分析

（一）編製資產負債表

1. 以本人為實例，該資產負債表的統計時點為＿＿＿＿＿＿＿。
2. 將本人實際資產、負債，分別填入表 3-2 中。

表 3-2　　　　　　　　　　　　本人資產負債表

\multicolumn{4}{c	}{資產}	\multicolumn{4}{c}{負債}
類別	項目	金額	占總值比例	類別	項目	金額	占總值比例
金融資產				短期負債			

表3-2(續)

資產				負債			
類別	項目	金額	占總值比例	類別	項目	金額	占總值比例
實物資產				長期負債			
其他資產				債總額			
總資產				淨資產			

(二) 編製損益表

將自己記錄的上月收支情況匯總，並填入表3-3中。

表3-3　　　　　　　　自己上月收支情況匯總表

科目		金額
收入		
	收入合計	
支出		
	支出合計	
	淨結餘	

(三) 財務狀況分析

1. 資產負債分析

我目前的資產總額為＿＿＿＿＿＿，資產中占最大比重的是＿＿＿＿＿＿。

我目前＿＿＿＿（有，沒有）負債。若有，該負債為＿＿＿＿＿＿。

2. 收支狀況分析

我的收入來源主要是＿＿＿＿＿＿。

我每個月的開支集中在＿＿＿＿＿＿＿＿＿＿，節餘比率為＿＿＿＿。

3. 收支平衡點

我的收支平衡點 = _____ = _____。

由此可見，我目前的收入與收支平衡點相比，緩衝空間_____（比較大、一般、較小）

案例 1：貸款案例分析

張先生購買了一套總價 100 萬元的新房，首付 20 萬元，貸款 80 萬元，利率為 6%，期限為 20 年。

（1）如果採用等額本息方式還款，則每月還款額為多少？利息總額為多少？

（2）如果採用等額本金方式還款，則利息總額為多少？第一月還款額為多少？

（3）若張先生在還款 5 年後，有一筆 10 萬元的偶然收入，張先生計劃用這 10 萬元來提前歸還部分貸款，提前還貸後，希望每月負擔額保持原來的水平，但縮短還款期限，請為其設計提前還款安排。

（4）沿用第 3 問條件，若張先生希望提前還貸後，仍保持原還款期限，但減少每月的還款負擔呢？

案例2：個人財務狀況綜合案例分析

現年45歲的楊先生在某律師事務所擔任專職律師，每月稅前收入為8,500元。楊先生的妻子孫女士現年也是45歲，是一所中學的高級教師，每月稅前收入約為4,800元。他們唯一的兒子今年17歲，讀高中三年級。楊先生的父母目前都住在農村，由於有楊先生弟弟的照料，楊先生也比較放心。為出行方便，楊先生貸款10萬元買了一輛總價值16萬元的家庭經濟型轎車，貸款期限為5年，利率5.5%，採用等額本金方式還款，2006年1月楊先生將償還第4個月的車貸。楊先生一家都很謹慎，所以他們目前在銀行的各類存款有10萬元，包含去年全年取得的銀行利息約1,800元（稅後）；他們還有總價約15萬元的國債，去年全年收到利息5,500元；除此之外，他們還有總值約12萬元的債券基金和信託產品，全年有6,000元的稅後收益。楊先生目前住房的市場價值已經升至75萬元。除了每月需要償還車貸外，楊先生一家每月的生活開支保持在3,500元左右。每個月楊先生還要向父母匯去600元的生活費。楊先生的保險意識很好，曾請專業人士進行過保險規劃（忽略保險分紅收入），每年保費支出約為13,000元，保險單現金價值為10萬元。楊先生會不定期地攜帶全家到外地旅遊，去年為此花掉了5,000元。為應付日常需要，楊先生家裡備有1,500元的現金。

（註：各項財務信息截至2005年12月31日，數據採集時間為2006年1月10日）

資料來源：理財規劃師二級專業能力考試（2005）。

1. 基本財務狀況

個人或家庭資產負債表和個人或家庭現金流量表分別如表3-4、表3-5所示。

表3-4　　　　　　　　個人或家庭資產負債表

姓名：　　　　　日期：　　年　　月　　日　　　　單位：元

資產	金額	負債與淨資產項目	金額
流動資產		流動負債	
現金及存款		信用卡透支額	
流動資產小計		應繳稅金	
投資資產		其他應付帳款	
貨幣市場基金		流動負債小計	
股票基金		長期負債	
股票		教育貸款	
應稅債券		房屋貸款	
免稅債券		個人貸款	
收藏品		汽車貸款	
投資資產小計		長期負債小計	

第二篇　實務篇

表3-4(續)

資產	金額	負債與淨資產項目	金額
住房現值		負債小計	
汽車現值		淨資產	
家具			
其他個人資產			
固定資產小計			
資產總計			

表 3-5　　　　　　　　　　個人或家庭現金流量表

姓名：　　　　　日期：　　年　　月　　日　　　　　單位：元

現金流入		現金流出	
項目	金額	項目	金額
工資		固定支出	
獎金		生活費	
津貼		水電煤氣費	
稿酬		子女教育費	
存款利息		保險費	
收房租		還貸支出	
現金股利		變動指出	
債券利息		零花錢	
收回股票本金		醫藥費	
收回債券本金		旅遊費	
對外舉債取得的現金		交往應酬費	
饋贈		購買衣服	
救濟		購買家電	
遺產繼承		購買禮物	
		捐贈	
合計		合計	
		淨現金流量	

2. 財務狀況分析

(1) 資產負債分析

_____

_____

_____

_____

(2) 收支情況分析

(3) 財務比率分析

考核項目	比 率	客戶狀況	理想標準	結 論
淨資產擴大能力	結餘比率		>10%	
	投資/淨資產比率		20%~50%	
支出能力強弱	流動性比率		3左右	
還債能力	即付率		0.7左右	
	清償率		60%~70%	
	負債率		<50%	

緊急備用金數額：_____

計算過程：_____

原因：_____

教師檢查簽字_____　　檢查時間_____年___月___日

實訓任務四　現金與消費信貸規劃

　　根據理財規劃的定義，個人理財規劃的具體內容包括現金規劃、消費支出規劃、教育規劃、風險管理與保險規劃、稅收籌劃、投資規劃、退休養老規劃、財產分配與傳承規劃八個方面。

　　現金規劃是一項活動，它是指對家庭或者個人日常的、日復一日的現金及現金等價物進行的管理。現金規劃的核心是建立應急基金，保障個人和家庭生活質量和狀態的持續性穩定。家庭消費支出規劃主要是基於一定的財務資源下，對家庭消費水平和消費結構進行規劃，以達到適度消費，穩步提高生活質量的目標。家庭消費支出規劃主要包括住房消費規劃、汽車消費規劃以及信用卡與個人信貸消費規劃等。

第一節　現金規劃

　　現金管理是為了滿足個人或家庭短期需求而進行的，管理日常現金及現金等價物和短期融資的活動。現金等價物是指流動性比較強的活期儲蓄、各類銀行存款和貨幣市場基金等金融資產。

　　現金管理的原則是，短期需求可以用手頭的現金來滿足，而預期的或者將來的需求則可以通過各種類型的儲蓄或者短期投資、融資工具來滿足。其可分為現金儲備和超額需求兩部分。現金儲備主要以月度家庭生活開支的3~6倍為宜，以滿足日常開支及短期現金儲備。超額需求主要是為了應對突發或重大變故使家庭財務發生的劇烈變動，或者避免流動性過多影響資金回報率，可以通過各種類型的儲蓄工具及投融資工具來滿足。

理財規劃實訓教程

一、編製客戶收入支出表

1. 分析客戶現金需求

現金需求的影響因素主要有四個：

（1）對金融資產流動性的要求。通常可以用流動性比率來衡量對資產流動性的要求，流動性比率是流動資產與月支出的比值，反應客戶支出能力的強弱。一般而言，資產的流動性與其收益性呈反比，也就是說資產的流動性越強，收益率越低。家庭的流動性比率應保持在 3 左右。

（2）交易動機。客戶的交易動機越強，現金需求越高；反之則越低。客戶的交易動機與客戶現金需求呈正相關關係。

（3）謹慎動機或預防動機。客戶的預防動機越強，現金需求越高；反之則越低。客戶的預防動機與現金需求呈正相關關係。

（4）持有現金及現金等價物的機會成本。機會成本主要指持有其他資產的收益率，持有現金的機會成本越高，現金需求越低；反之則越高。現金的機會成本與現金需求呈負相關關係。

2. 編製收入支出表

收入支出表應真實可靠，充分反應客戶的財務狀況，且能清楚明晰地展現現金收支、結餘情況。一般收入支出表的編製分為三欄：收入、支出和結餘。編製週期通常為 12 個月，也可以 1 個月為週期。

案例：丈夫 31 歲，私營業主，年收入約 30 萬元，無任何保險。妻子 28 歲，中學教師，月薪 2,000 元左右（13 個月），有社保，公積金每月 300 元。家庭日常支出每月 4,000 元，每月孩子教育費 1,500 元，每月車費 1,500 元，家庭旅遊一年 12,000 元。資產狀況：家庭現有現金 10,000 元，銀行活期存款 90 萬元，三年定期存款 10 萬元，股票 8 萬元，房產現市值 86 萬元，汽車一輛 16.8 萬元，無負債。資產負債表和現金流量表分別如表 4-1、表 4-2 所示。

表 4-1　　　　　　　　　　　　資產負債表

資產		負債及淨資產	
項目	金額	項目	金額
現金	10,000	負債	0
活期存款	900,000		
定期存款	100,000		
股票	80,000		
住房	860,000	淨資產	2,118,000
汽車	168,000		
資產合計	2,118,000	負債及淨資產合計	2,118,000

表4-2　　　　　　　　　　　　　現金流量表

收入		支出	
項目	金額	項目	金額
丈夫收入	300,000	日常支出	48,000
妻子收入	29,600	子女教育支出	18,000
		養車支出	18,000
		旅遊支出	12,000
收入合計	329,600	支出合計	96,000
年結餘	233,600		

財務分析：這個家庭收入相對穩定，每月開銷穩定在7,000元左右，控制開支能力較強。無負債，活期存款很多，優勢是可以應付突發事件、意外風險；不足是活期存款較多，收益性不強。除了銀行儲蓄外，這個家庭沒有建立有效的理財工具搭配，所以這個家庭的現狀是穩定有餘而收益不足，這會嚴重影響資產的收益性和未來應對風險的能力。

3. 資產配置方案

在保證日常開支同時，應為家庭儲備應急備用金。為了使應急備用金更為完善，建議辦理1~2張信用卡，額度在2萬~4萬元；另外，在風險防範方面，建議配製個人意外傷害、住院醫療、大病保險的保險方案，具體防範因意外、疾病給家庭帶來的大額現金支出。

沿用上述案例，該家庭每月支出共7,000元，家庭一年消費支出現金共計9萬元左右，這一部分資金可以採用組合存款方式，滿足每個月的現金支出，保證流動性。配製原則保證為3~6個月的家庭支出，即2.1萬~4.2萬元。

配置方案：1萬元現金（消費用卡居多，保存5,000元即可）；2萬元用於活期儲蓄；3萬元用於3個月定期存款（P2P）；3萬元用於6個月定期存款。

二、現金管理一般工具

1. 現金（M0）

現金及現金等價物是流動性最強的金融資產。

2. 相關儲蓄品種

（1）一般儲蓄業務主要包括活期、定活兩便、整存整取、零存整取、整存零取、存本取息、個人通知存款、個人支票儲蓄存款等。不同的儲蓄品種有不同的適用人群。零存整取，適合收入穩定，攢錢以備結婚、上學等用途的客戶；存本取息，適合積攢養老金的客戶；教育儲蓄，適合有教育投資需求的客戶；定活兩便，適合

擁有大筆資金、用途明確、時間不定的客戶；個人通知存款，適合有短期資金需求、期限不足定期存款最低限的客戶。如圖 4-1 所示。

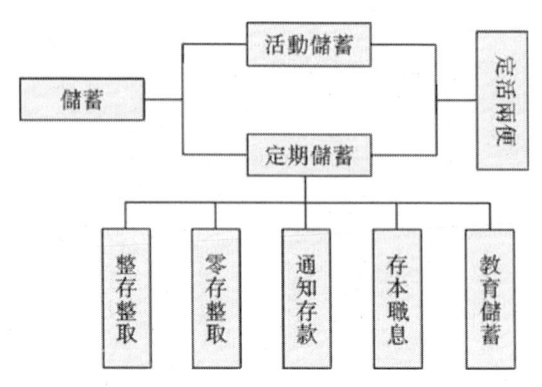

圖 4-1　一般儲蓄業務品種

（2）特色儲蓄業務，包括定額定期雙定存單、定活通、綠色存款、禮儀存單、喜慶存單、四方錢等。

3. 貨幣市場基金

貨幣市場基金是指現金、1 年以內（含）的銀行定期存款、大額存單；剩餘期限在 397 天以內（含）的債券；期限在 1 年以內（含）的債券回購；期限在 1 年以內（含）的中央銀行票據；證監會、中國人民銀行認可的其他流動性較好的貨幣市場工具等。通常，貨幣市場基金具有本金安全、資金流動性強、收益率較高、投資成本低、分紅免稅的特點。儲蓄品種特性比較如表 4-3 所示。

表 4-3　　　　　　　　　　儲蓄品種特性比較

	現金	單位協定存款	7 天通知存款	貨幣市場基金
安全性	高	中	中	高
流動性	強	隨時提取	提前 7 天預約	最快 T+1 日到帳
稅前收益率	0	1.53%	1.71%	3%~6%
交易率	0	無	無	無
所得稅	0	有	有	無
其他限制	無	有最低要求	有，5 萬元起存	首次認購 1,000 元起，追加無限制

三、銀行卡管理

1. 銀行卡的含義

銀行卡分為借記卡和貸記卡。借記卡是指由商業銀行向社會發行的具有消費信用、轉帳結算、存取現金等全部或部分功能的支付工具。貸記卡，又叫信用卡，是指由商業銀行（含郵政儲蓄機構）向社會發行的具有消費信用、轉帳結算、存取現

第二篇　實務篇

金功能的信用支付工具,包括真正意義上的信用卡和借記卡,也稱為銀行卡。狹義的信用卡是指,銀行或其他財務機構簽發給那些資信狀況良好的人士,用於在指定的商家購物和消費,或在指定銀行機構存取現金的特製卡片,是一種特殊的信用憑證。如圖4-2所示。

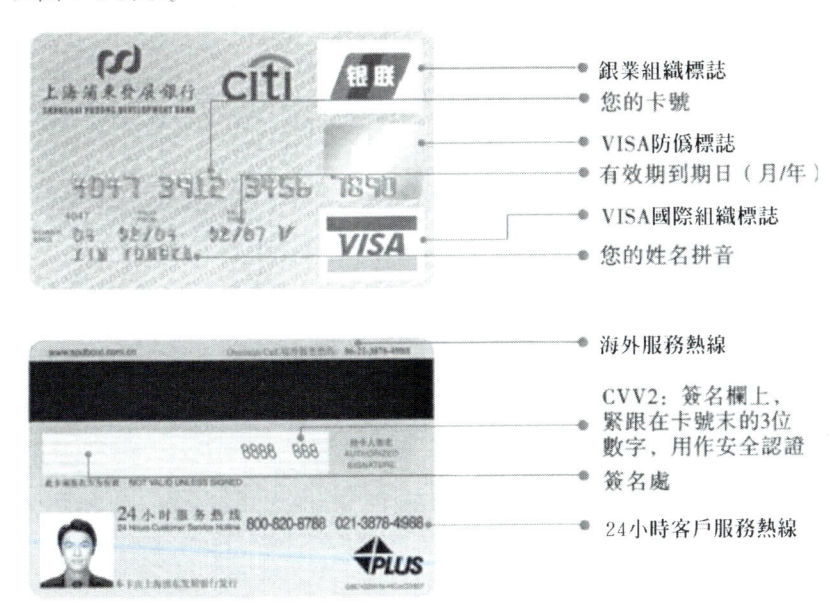

圖4-2　銀行卡的識別

2. 信用卡的免息期

信用卡對非現金交易,從銀行記帳日起至到期還款日之間的日期為免息還款期。在此期間,只要全額還清當期對帳單上的本期應還金額(總欠款金額),便不用支付任何利息。

例1:假設客戶的帳單日為某月17日,免息期為20天,則到期還款日(以每月30天為例)為下月7日(若該月為31天,則為下月6日,大小月按此推算)。

若客戶4月15日消費10,000元,且該筆消費款於當日記入客戶的帳戶,則銀行記帳日為4月15日,因客戶的帳單日為4月17日,到期還款日為帳單日後20天為5月7日,該筆消費最長可享受免息期為22天。

若4月18日客戶消費10,000元,且該筆消費款於當日記入客戶的帳戶,則銀行記帳日為4月18日,由於該筆消費款應於5月17日帳單日出帳,因此距到期還款日6月6日有50天,則該筆消費最長可享受免息期為50天。

3. 循環利息

循環信用是一種按日計息的小額、無擔保貸款,客戶可以按照自己的財務狀況,每月在信用卡當期帳單的到期還款日前,自行決定還款金額。當償還的金額等於或高於當期帳單的最低還款額,但低於本期應還金額時,剩餘的延後還款的金額就是

183

循環信用餘額。

例2：張先生的帳單日為每月5日，到期還款日為每月23日；4月5日銀行為張先生打印的本期帳單包括了他從3月5日至4月5日之間的所有交易帳務；本月帳單週期張先生僅有一筆消費；3月30日，消費金額為人民幣5,000元；張先生的本期帳單列印「本期應還金額」為人民幣5,000元，「最低還款額」為500元。

不同的還款情況下，張先生的循環利息分別為：

（1）若張先生於4月23日前，全額還款5,000元，則在5月5日的對帳單中循環利息為0元。

（2）若張先生於4月23日前，只償還最低還款額500元，則5月5日的對帳單的循環利息為87元。

具體計算如下：循環利息＝5,000元×0.05%×24天（3月30日~4月23日）＋（5,000元－500元）×0.05%×12天（4月23日~5月5日）＝87元，則本期應還款587元。

（3）若張先生於5月23日前，繼續償還最低還款額500元，則6月5日的對帳單的循環利息為101元。具體計算如下：循環利息＝5,000元×0.05%×30天（4月24日~5月23日）＋（5,000元－1,000元）×0.05%×13天（5月23日~6月5日）＝101元，則本期應還款601元。

（4）若張先生於6月23日前，繼續償還最低還款額500元，則7月5日的對帳單的循環利息為98.5元。具體計算如下：循環利息＝5,000元×0.05%×31天（5月24日~6月23日）＋（5,000元－1,500元）×0.05%×12天（6月23日~7月5日）＝98.5元，則本期應還款598.5元。

（5）若張先生於7月23日前，繼續償還最低還款額500元，則8月5日的對帳單的循環利息為94.5元。具體計算如下：循環利息＝5,000元×0.05%×30天（6月24日~7月23日）＋（5,000元－2,000元）×0.05%×13天（7月23日~8月5日）＝94.5元，則本期應還款594.5元。

四、現金規劃的基本流程

1. 向客戶說明現金規劃、現金規劃的影響因素及現金規劃的內容；
2. 收集與客戶現金規劃有關的信息；
3. 根據信息，引導客戶編製客戶的現金流量表；
4. 確定現金及現金等價物的額度；
5. 將客戶的每月支出3~6倍的額度在現金規劃的一般工具中進行配置；
6. 向客戶介紹現金規劃的融資方式，解決超額的現金需求；
7. 形成現金規劃報告，交付客戶。

第二節　消費支出規劃

消費支出規劃主要是基於一定的財務資源下，對家庭消費水平和消費結構進行規劃，以達到適度消費，穩步提高生活質量的目標。家庭消費支出規劃主要包括住房消費規劃、汽車消費規劃、信用卡與個人信貸消費規劃以及耐用品消費規劃等。住房規劃下一章詳細介紹，這裡就不再贅述。

一、消費規劃概述

消費規劃，說得通俗一些，大到個人購房置業，小到吃飯穿衣，一切與花錢消費有關的事項都可以歸為個人消費規劃的範圍；說得專業一些，消費規劃是對個人、家庭的消費資源進行合理的、科學的、系統的管理，使個人、家庭在整個生活過程中保持消費資源的財務收支平衡，最終達到終身的財務安全、自主、自由的過程。

家庭消費模式的主要三種類型：

（1）收大於支的消費模式。這種模式下家庭不但達到了財務安全的目標，而且有一定的結餘資金可用來投資，如投資理財得當，未來投資收入可以覆蓋整個家庭消費支出，可獲得財務自由。

（2）收支相抵的消費模式。這種家庭消費大體上等於收入，沒有多少結餘可用來投資。如果從初期就有一定的投資，且收益一直增長，則有可能達到財務自由，但需很長時間。如果沒有初始投資的情況，那麼這種消費模式幾乎不可能達到財務自由。

（3）支大於收的消費模式。這種模式最不可取，典型的代表就是「月光族」「啃老族」。由於消費支出一直大於收入，那就不得不消耗家庭原有財富累積，長此下去家庭必將陷入財務危機。

通過對三種模式的比較可知，第一種消費模式是最佳的消費模式，這樣才有財力來完成其他一些重要的理財規劃，如子女教育規劃、退休養老規劃等。

在進行消費決策時應遵循一定的原則：消費應符合家庭長遠發展目標和未來發展的需要；消費應符合漸進式逐步提高的要求；還應符合經濟性原則。因此最佳的消費方案應是符合家庭發展目標的、滿足家庭成員基本需求的，並且能夠用盡可能少的時間和貨幣獲得最大滿足的消費。

二、購車規劃

汽車行業是中國經濟發展的一大支柱，在住房需求得到基本滿足後，消費熱點必然轉移到汽車上。在 2000—2010 年，中國轎車的需求保持 20% 左右的年增長，其中私家車將保持 33% 左右的發展水平。

一般而言，購車交納費用如下（以 10 萬元車為例，以下費用均為概數，且以重慶市 2017 年為基礎）：固定費用，包括保險費 3,000~4,000 元，甚至 6,000 元以上；路橋費 2,300 元；車船稅 300 元；年審 200 元；養護費 1,200 元；除此以外還有變動費用，包括汽油費、停車費、路橋費等。所有這些費用總計可以達到 15,000~20,000 元，幾乎占到購車款的 15%~20%。並且這些費用中的大部分都是要每年必交的，這意味著購車之後將有一筆不小的現金流出，如果沒有穩定的足夠的收入來源，這筆現金流出會給家庭帶來一定的負擔。

1. 汽車消費信貸

個人汽車消費貸款是銀行向申請購買汽車的借款人發放的人民幣擔保貸款。該貸款只能用於購買由貸款人確認的經銷商銷售的確定品牌汽車，並提供銀行認可的財產抵押、質押或第三方保證，實行「部分自籌、有效擔保、專款專用、按期償還」的原則。貸款人、借款人、汽車經銷商、保險人和擔保人應在同一城市。個人汽車消費貸款的年限是 3~5 年；貸款金額如果以質押方式首付不少於車款的 20%，以抵押方式首付不少於 30%，以保證方式首付不少於 40%。汽車貸款利率見表 4-4。

表 4-4　　　　　　　　　　　汽車貸款利率

年限	調整前（%）	調整後（%）
1 年	5.31	5.56
1~3 年（含）	5.40	5.60
3~5 年（含）	5.76	5.96
5 年以上	5.94	6.14

2. 貸款購車費用計算

假設購買一輛 10 萬元的汽車，計算貸款購車綜合費用。具體見表 4-5。

表 4-5　　　　　　　　　　　貸款購車費用計算

	計算公式	選項	金額
購車車價			100,000
首付款	現款購車價格×30%		30,000
貸款額	現款購車價格−首付款		70,000
月付款		還款期限 2 年	3,084
車輛保險費	240+車價×1.2%	車損保費	1,440
	限額 5 萬第三者責任險	第三者責任險	1,040
	車價×1.1%	全車盜搶險	1,100
	（賠償限額+車損險）×20%	不計免賠	496
擔保費	欠車款×2%	2 年	1,400
購置附加費	購車款×10%		10,000

第二篇　實務篇

表4-5(續)

	計算公式	選項	金額
公證費	100~300		100
停車泊位費	小區內每年1,800元	租車位	1,800
車船使用稅	每年420元		420
年票	每年980元		980
上牌費			150
驗車費			60
費用總計	貸款車款＝首付款+月付款×貸款年限	貸款購車款	104,016
	首期付款總額＝首付款+保險費用+牌證費用	首期付款總額	48,986

3. 制定汽車消費支出規劃程序

(1) 跟客戶進行交流，確定客戶購車需求；

(2) 收集客戶信息，包括家庭組成、家庭收入、支出以及固有的資產等；

(3) 分析客戶的信息，對其現狀進行分析，列出家庭資產負債表和現金流量表；

(4) 確定貸款方式、還款方式及還款期限；

(5) 購車計劃的實施；

(6) 根據客戶未來情況的變動及時調整方案。

三、其他綜合消費規劃

管理財富就如同管理一個蓄水池，有來源有去流，去流中很大一部分是「消費」，如果管理不善恐怕很難積蓄起來，所以要想好好理財，首先要從理性、聰明的消費開始。

(1) 設定開支預算，控制開銷。每月制定月度預算表，參照預算購物，超額的不花，不在計劃內的也不買。月度支出預算表見表4-6。

表4-6　　　　月度支出預算表

居家物業	房租物業	1,400	休閒娛樂	聚會	100
	水電煤氣	300		休閒玩樂	100
	維修保養	50	學習進修	書報雜誌	50
	生活用品	100		培訓學習	0
食品菸酒	生活費	1,200	金融保險	投資虧損	0
	柴米油鹽	200		按揭還款	225
	水果零用	100		保險支出	0

187

表4-6(續)

衣服飾品	衣服褲子	200	育兒資金	營養食品	50
	鞋帽包包	300		衣服鞋子	100
	化妝飾品	100		書本玩具	50
交通與通訊	公共交通	100		娛樂遊玩	0
	手機費	100	其他		
	郵寄費	30			
		4,080			675

(2) 堅持記帳，瞭解開支情況。記帳是理財的第一步，記帳最直接的作用就是摸清收入、支出的具體情況，看看自己到底掙了多少錢，花了多少錢，錢都花在什麼地方。還可以知道維持日常生活需要多少錢，剩下的錢可以考慮進行消費和投資，這是家庭財務規劃的基礎。「月光族」並不全是掙錢少不夠花，往往是不能理性消費。通過記帳明確錢是怎樣花出去的，才會避免大手大腳亂花錢。通過記帳慢慢就能成為精明的理性消費者，把錢花在刀刃上，用更少的錢做更多的事。準確記錄自己每月的收支，可以讓你看到自己的改變，有助於我們進行理財規劃或者職業規劃，提升自己的不足，慢慢改變目前狀況，增加收入。

(3) 購物需要才買，控制自己的消費慾望。調查顯示，生活的富裕指數，有95%是決定於你的用錢態度。其實除了從生活節省開銷之外，記帳是最有效的方法，因為這樣可以幫助你檢視出什麼是「必要支出」和「非必要支出」，並且持續力行「當用則用、當省則省」的原則，才不會產生財務困境。購物需要才買，特別是奢侈品，理性消費很重要。尤其是春節前，商場各種打折促銷的活動增多，建議不可光憑打折就購買，也一定要看物品，確實很實用才行。有不少女性，就因看到打折便買了一堆東西，卻用不上，就浪費了不少錢財。

【相關閱讀】

開始理財第一步

試著想想看，是否有過這樣的經驗，在沒有記帳之前，是不是動不動就坐出租車，而忘了搭公交車比較省錢；出去吃個午餐，卻可能被路邊攤的小飾品吸引而駐足不前，不知不覺多花了許多錢；只要戶頭裡還有錢或是信用卡還可以刷，多半都會盡情消費。

那麼現在開始嘗試記帳，堅持一個月。當開始記帳後，每寫下一筆消費金額似乎就是一種思考，有些花掉的錢其實可以不用花，如此便可厘清什麼是「必要」，而什麼只是「想要」，進而在中間做出取捨，在杜絕「想要」的消費慾望後，便有多餘的錢可以存下來。

(4) 先儲蓄再消費，即「強制儲蓄」。通常說法是存款和消費三七開，即每個月日常開銷的預算最好不超過工資收入的70%。

（5）分期付款提前享受。如果你有一年內為購買一臺筆記本電腦和數碼相機，未來兩年購車的夢想，那麼分期付款會是一個很好的方式，分期付款既可以提前享受消費帶來的效用，又可以一定程度上抑制其他消費。但是，在計劃大項消費支出前，一定要先評估一下自己的財務狀況，看是否具備這樣的經濟實力或還有缺口，如果還有缺口那就要推遲計劃或者在以後的開支中多留結餘，並根據計劃的時間來選擇相應的合適的投資工具來累積資金。

總之，進行消費支出規劃一定要注意不要使自己家庭的負債比過高，以免造成嚴重的債務危機，短期投資累積也要選擇相應的投資工具。

第三節　現金與消費信貸規劃實務

一、實訓任務

現金規劃主要體現在家庭現金流中。家庭進行現金管理，就是要計劃好手中應留有多少流動資金才合適。

消費信貸即在不影響家庭正常收支的情況下合理利用銀行貸款，增加家庭淨資產。現金和消費信貸規劃是個人或家庭理財規劃中的重要組成部分，其目的就是在保持家庭資產流動性的同時，通過合理負債，實現資產保值增值。

學生通過進行現金流游戲模擬現實生活，掌握如何識別和把握投資理財的機會；通過不斷的游戲和訓練以及學習游戲中所蘊含的投資思維，提高游戲者的財商，最終實現財務自由。

二、實訓目的和要求

現金和消費信貸分析實訓操作的目的是使實訓者學會合理配置家庭流動性資產和負債。通過本部分的實訓操作（現金流游戲），要求實訓者學會設定理財目標，選擇投資方式並實現資產保值增值。

三、實訓步驟

1. 現金流游戲

（1）全班同學分組，分組進行現金流游戲。

（2）目標1：跳出老鼠怪圈，進入富人圈，條件是非工資收入大於總支出。

（3）目標2：實現自己的夢想！每月的現金流增加50,000美元。

（4）記錄自己在游戲過程中做過的投資的收益及虧損，初始現金流和游戲結束時的現金流，總結贏得或輸掉游戲的原因。

2. 由指導教師對部分實訓者或每個實訓者的部分內容進行抽查，實訓者口頭闡

述自己的實訓成果。

四、實訓報告

（一）現金流游戲

我在游戲中扮演的職業角色是_____，初始現金流是_____，我選擇的夢想是
_____。

我在游戲過程中共進行了____次投資，投資及盈虧情況記錄如表4-7所示。

表4-7　　　　　　　　　　　投資盈虧記錄表

次數	投資種類	買入價	賣出價	盈虧情況

游戲結束時，我的投資成果是_____（盈利或虧損）_____元，現金流是_____。

我_____（進入或未進入）快車道，_____（實現或未實現）我的夢想。

通過現金流游戲，我的投資心得是：（現金流重要嗎？和我們有什麼關係？自己做和大家一起做有什麼不同？在整個游戲中學習到什麼？）

_____
_____
_____
_____

（二）現金流游戲資產負債表和現金流量表填製

資產負債變動情況統計如表4-8所示。

表4-8　　　　　　　　　　　資產負債變動情況表

期初資產總計：			
購入資產總計：		出售資產總計：	
資產種類	金額	資產種類	金額

表4-8(續)

期末資產總計:		

在本輪游戲中，我的資產總額＿＿＿＿＿（增加/減少/不變）。主要原因是
＿＿＿＿＿＿＿＿＿＿＿＿＿＿＿＿＿＿＿＿＿＿＿＿＿＿＿＿＿＿＿＿＿＿＿＿。

現金流量變動統計如表4-9。

表4-9　　　　　　　　　　現金流量變動表

期初現金總計:			
現金流入總計:		現金流出總計:	
流入原因	金額	流出原因	金額
期末現金總計:			

在本輪游戲中，我的現金總額＿＿＿＿＿（增加/減少/不變）。主要原因是
＿＿＿＿＿＿＿＿＿＿＿＿＿＿＿＿＿＿＿＿＿＿＿＿＿＿＿＿＿＿＿＿＿＿＿＿。

教師檢查簽字＿＿＿＿＿＿＿　　　檢查時間＿＿＿＿年＿＿月＿＿日

實訓任務五　住房規劃

開篇引例

讓人目瞪口呆的美國住房規劃

馬薩諸塞州（簡稱麻省）位於美國的東北部，東臨大西洋，屬於海洋性氣候，氣候條件與中國河北省相近，但雨量充沛則勝過河北省。麻省屬於丘陵地區，境內主要是高低起伏海拔兩三百米的丘陵。如果其中出現一個海拔五六百米的山頭，就可能成為一個風景點。

人們開車順著盤山公路到達山頂，就可以「極目遠望」，觀賞周圍的丘陵、小河和湖泊。麻省的地理和氣候條件，如在中國應是一個較好的農業地區。而美國適農地域廣闊，為了防止糧食生產過剩，美國政府把麻省的大部分地區劃為非農業區，即不準種糧食，但可以種一些瓜果的地區。所以，麻省的鄉村由於不搞農業生產，不是「農村」，而是樹木茂密的鄉村。麻省有完整的高速公路網連接著各個城市。

為了發展鄉村住宅，就在兩條高速公路之間建設好幾條小型公路。公路長度以兩端連接高速公路為限，一般十幾二十千米，因為車流量極小，所以路寬僅12米左右。沿著公路每隔一二百米建一幢鄉村住宅，每幢在200平方米左右，屬於中等收入者住房水平。住宅四周有一二千平方米的草地，屋後的山上還有較大面積的山林。新房售價每幢在20萬美元左右，舊房售價則為十幾萬美元，比較便宜。由於地處樹林茂密的鄉間，生態環境宜人。特別是沿著小河建的住宅，背山面水，風景更為優美。由住宅駕車上高速公路一般只需幾分鐘，交通也方便。以上幾個條件，使得許多居民願意住鄉村住宅。

第二篇　實務篇

第一節　住房規劃相關理論

一、住房規劃概述

　　隨著人們生活水平的提高、居住環境的改善，家庭成員對居住的空間需求和環境需求也在改變，但對居住氛圍、居住場所的追求是沒有變的。因此針對租房還是購房、換房還是建房以及購房的融資方案、房貸還款計劃、家庭成員的數量等都是住房規劃中要考慮的問題。

　　住房規劃是根據家庭資產基礎、職業特徵、收入穩定性等因素，制訂合理的租房、購房計劃，使個人和家庭在經濟承受能力範圍內，得到較舒適的居住環境。住房規劃包括買房、租房、換房、建房、賣房的規劃，規劃是否得當會影響資產負債狀況和現金流量的方向。

　　對任何人來講，購買住房都是人生中的一件大事。普通老百姓可能要用掉其一生的積蓄，而且可能一生中的許多年都要為還銀行貸款而奮鬥。因此對家庭住房規劃一定要得當。家庭住房規劃不當可能導致以下結果：一是沒有住房規劃的觀念，難以制訂合理的行動計劃；二是未能量入為出，圓夢功敗垂成；三是陷入低首付陷阱，購買了自己買不起的房子；四是成為房奴，一生都為還房貸而奮鬥，直至變老。一個合理的住房規劃，既能滿足不同時期的居住需求，又不會背上沉重的債務負擔；既能滿足居住的需求，又能滿足其他生活需求；既能使家庭財務平穩，又能使生活水平穩步上升。住房規劃流程圖見圖 5-1。

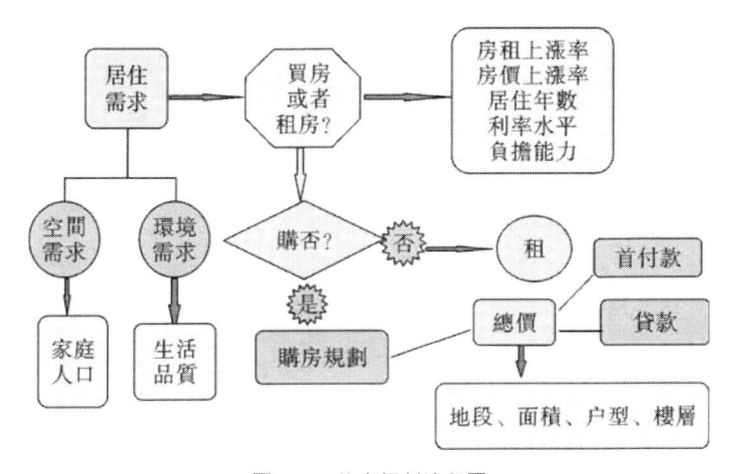

圖 5-1　住房規劃流程圖

二、購房和租房決策

（一）住房與租房的比較

購房與子女教育、退休不同，住房的根本效用是提供居住場所，它具有可替代性，對買不起房子的人而言，租房也是不錯的選擇。購房與租房的居住效用相近，主要差別在於，購房者有產權，因而有使用期間的自主權；而租房者有時會面臨房東要求搬家的窘境。具體見表5-1。

表5-1　　　　　　　　　購房和租房的優缺點對比

	租　房	購　房
優點	1. 用較低成本，居住較大房屋 2. 對未來收入的變化有較大承受能力 3. 留存首付款，用在其他投資渠道上並帶來收益 4. 不用考慮未來房屋價格的下跌風險 5. 租房有較大的遷從自由度和新鮮感 6. 房屋質量或損毀風險由房主承擔	1. 提供屬於自己的長久居住場所 2. 滿足中國人居有定所的傳統觀念 3. 提高生活品質 4. 強迫儲蓄，累積財富 5. 具有投資價值和資本增值機會 6. 可以按自己意願布置和裝飾家居
缺點	1. 別人房產，主動權在房主 2. 無法按自己意願裝修布置房屋 3. 有房屋租金價格不斷上升的風險 4. 有房價上漲，未來購房成本增加的風險	1. 資金動用額大，缺乏流動性 2. 維護成本較高 3. 需承擔房屋價格下跌和損毀的風險

租房與購房何者更加划算，要考慮擁有自己房產的心理效用與對未來房價的預期。購房者可期待房地產增值的利益；租房者只能期待房東不要隨時漲房租。一般而言，選擇租房的人群主要是以下幾類：剛剛踏入社會的年輕人；工作地點與生活範圍不固定者；儲蓄不多的家庭；不急需買房且不清楚房價走勢者。

（二）購房與租房的成本分析

1. 年成本法

購房者的使用成本是首付款的占用造成的機會成本以及房屋貸款利息。而租房者的使用成本是房租。購房（或租房）者在進行決策時會比較購房和租房成本的大小，選擇成本小的方案。

$$租房年成本 = 押金 \times 存款利率 + 年租金$$

$$購房年成本 = 首付款 \times 存款利率 + 貸款金額 \times 貸款利率 + 年維修稅捐費用$$

例1：王先生看上了一間80平方米位於北京市朝陽區的一處房產，房產開發商可租可售。若是租房，房租每月3,000元，押金3個月。購房則總價80萬元，首付30萬元，利率6%的房屋抵押貸款。

分析：王先生租房與購房的成本分析如下（假設押金與首付款的機會成本是一

年的存款利率3%）。

租房年成本：3,000×12+3,000×3×3% = 36,270（元）

購房年成本：300,000×3%+50×6% = 39,000（元）

由此可得，租房比購房年成本低2,730元，或每月低227.5元，租房比較劃算。

通常，在進行租購房決策時主要的影響因素有：

（1）房價成長率。若房價未來看漲，那麼即使目前算起來購房的年居住成本稍高，未來出售房屋的資本利得也足以彌補居住期間的成本差異；如上例，租房年居住成本率=3.6萬元/80萬元×100%=4.5%，購房年居住成本率=3.9萬元/80萬元×100%=4.875%，兩者差距0.375%。若計劃住5年，0.375%×5=1.875%，意味著只要房價可能在5年內漲2%以上，購房仍然比較劃算。因此租房與購房究竟何者劃算，當事人對未來房價漲跌的主觀判斷仍是決定因素。

（2）房租成長率。房租成長率越高，購房越劃算。

（3）居住年數。居住時間越長，購房越劃算。

（4）利率水平。利率愈低，購房的年成本愈低，購房就會愈劃算。如果預期房貸利率進一步降低，而房租保持不變，則租房與購房的居住成本的差異會逐漸降低，可以考慮通過購房滿足居住需求。

（5）房屋的持有成本。房屋持有成本越高，租房越劃算。

（6）租房押金。押金水平越高，購房越劃算。

（7）房租調整因素。如上例中購房後成本固定，而且租與購的月成本只差227.5元，只有月租的7.6%，因此只要未來房租的調整幅度超過7.6%，則購房比租房劃算。

2. 淨現值法

淨現值法是考慮在一個固定的居住期間內，將租房及購房的現金流量還原為現值，比較兩者的現值，支付的淨現金流越小越好。

例2：王先生看中一處房產。若是租，房租每年30萬元。王先生確定要在該處住滿5年。若是購買則總價800萬元，假設5年後售房所得為1,000萬元。以存款利率6%為機會成本的計算依據。

請分析王先生是租房劃算還是購房劃算。

分析：

租房淨現金流量現值為：P = 年金30萬元×年金現值系數（n=5，i=6%）= 30×（P×A，6%，5）= 30×4.212,4 = 126.37（萬元）

購房淨現金流量現值應該等於5年後售房淨所得的現值減去購房現值，而5年後售房淨所得的現值為：P = 1,000萬元×標準複利現值系數（n=5，i=6%）= 1,000×（P×F，6%，5）= 1,000×0.747,26 = 747.26（萬元）

購房淨現金流量現值 = 5年後售房淨所得的現值－購房現值 = 747.26 － 800 = －52.74（萬元）。

購房淨現金流量現值遠遠小於租房的淨現金流量現值，因此購房比租房劃算。

淨現值法考慮居住年數，值得參考的決策標準是，如果不打算在同一個地方住3年以上，最好還是以租代購。因為3年內房租再怎麼漲，仍會低於房貸利息的負擔，若購房後裝修只住3年，則折舊成本太高，而期待房價不斷上升是相當不切實際的。一個簡單的法則是，在一個地方住越久，用淨現值法計算的購房比租房劃算的機會越大。

閒置房屋是出租還是出售要視房屋的新舊、地段的好壞、房地產政策等綜合因素而定，也就是要綜合考慮房產的價格。

影響房產價格的因素很多，具體可歸為以下四個方面：第一，自然因素，主要是指房地產所處的位置、地質、地勢、氣候條件和環境質量等因素，需要說明的是，房地產中的地段概念，不僅指其自然地理位置，而更多地是指房地產的經濟地理位置、環境地理位置和文化地理位置，交通狀況和所在地的基礎設施建設也是影響房地產價格的重要因素。第二，經濟因素，主要有供求狀況、物價水平、利率水平、居民收入和消費水平。由於利率水平是資金的使用成本的反應，利率上升不僅帶來開發成本的提高，也將提高房地產投資者的機會成本，因此會降低房地產的社會需求，導致房地產價格的下降。但是，房地產價格受多種因素的影響，在市場投機狀況嚴重或利率水平過低的情況下，利率的上升並不必然導致房地產價格的下降。第三，行政因素，指影響房地產價格的制度、政策、法規等方面的因素，包括土地制度、住房制度、城市規劃、稅收政策與市政管理等方面。第四，社會因素，主要有社會治安狀況、居民法律意識、人口因素、風俗因素、投機狀況和社會偏好等方面。此外，房產價格還受房屋質量、開發商實力、物業管理狀況和採光度等因素的影響。

總而言之，要做出是出租房還是出售房的決策，投資者需要全面瞭解以上的宏觀和微觀因素。特別應當注意的是房地產政策風險。當經濟過熱，政府採取緊縮的宏觀經濟政策時，房地產業通常會步入下降週期，房地產價格降低，房產有損失的風險。

三、購房貸款

對多數人來說，買房的花銷太大，很少有人可以一次性付清所有的購房款項，因此個人或家庭的居住規劃中另一個重要問題是關於購房籌資的問題。

1. 住房公積金貸款

住房公積金貸款是指由各地住房公積金管理中心運用職工以其所在單位所繳納的住房公積金，委託商業銀行發放的房屋抵押貸款。公積金貸款利率是2015年10月24日調整並實施的，五年以上公積金貸款利率3.25%，月利率為3.25%/12，五年及以下公積金貸款利率為年利率2.75%。

住房公積金貸款的特點：貸款期限短，最長不超過30年；比銀行其他貸款利率

第二篇 實務篇

低；貸款對象有特殊要求，必須是公積金繳存人；基本上沒有年齡上的限制；貸款額度大於商業銀行個人住房額度；貸款額度不超過購房合同金額的70%，但還有最高限額。

例3：一位公積金制度的客戶，打算購買一套100萬元的自住普通住房，擬申請貸款。假定目前客戶本人名下的住房公積金本息餘額為6,000元，上個月公積金匯儲額是1,500元，本人離退休還有30年。

客戶可繳存公積金總額＝20,000＋500×12×30＝20（萬元）。假定該客戶還有其他1名家庭成員，可繳存公積金總額為40萬元。該客戶可申請的住房公積金貸款額度為三個條件（可貸額度、房價70%、貸款額度）中最低者，即40萬元。

【相關閱讀】

申請住房公積金貸款需要什麼條件？

住房公積金的貸款條件每個地區略有不同，但是基本條件如下：

（1）職工所在單位和本人按規定連續足額繳存住房公積金1年以上（含1年）；未按規定逐月繳存公積金連續三個月以上（含三個月）不具備貸款條件。

（2）職工所在單位建立住房公積金制度二年以上且單位未有繳存不良記錄，新調入、新參加工作的職工繳存住房公積金三個月以上（含三個月）。

（3）所貸款項用於購買商品房、經濟適用房、房改房、二手房、危改還原房以及自建房。

（4）有穩定的經濟收入和償還貸款本息的能力，有良好的信用記錄，且具有完全民事行為能力的自然人。

（5）有合法的購房合同和首期支付不低於購房總價款30%的自籌資金。

（6）新交易的二手房屋，以契稅發票為準6個月以內可申請貸款；超過6個月，不提供貸款。

（7）持房屋所有權證貸款，以契稅發票為準二年以內可申請裝修貸款，超過二年不提供貸款。

（8）自建房一年內可申請貸款，超過一年不提供貸款。

（9）職工支取公積金後，須連續繳存一年以上，一年內不具備貸款資格。

使用本人住房公積金申請住房公積金貸款的，貸款最高限額40萬元；同時使用配偶住房公積金申請住房公積金貸款的，貸款最高限額60萬元。

資料來源：公積金個人住房貸款簡介［EB/OL］．http://www.cqgjj.cn/html/2012-08/2012.html．

2. 個人住房商業性貸款

個人住房商業貸款，又稱房屋按揭貸款，是指因購買商品房而向銀行申請的一種貸款。可分為四種類型：抵押貸款，用購房契約向銀行作抵押；質押貸款，用動產或權利做質押；保證貸款，以具有代為清償能力的法人、其他經濟組織或自然人

作為保證人；抵押（質押）加保證貸款。

個人住房商業貸款一般要求貸款人有穩定的經濟收入，有合法有效的購房合同，自籌20%以上的房款，即首付款不得低於20%。同時住房抵押或質押貸款需向銀行提供有效的抵押、質押或保證擔保，貸款額度一般最高不超過100萬元，貸款期限一般不超過30年。

　　3. 住房組合貸款

住房組合貸款，是指符合個人住房商業性貸款條件的借款人同時繳存個人住房公積金，在申請個人住房商業貸款的同時還可向銀行申請個人住房公積金貸款。分別按各自的利率計算利息。

【閱讀資料】

政策低價房

安居房，指實施國家「安居（或康居）工程」而建設的住房（屬於經濟適用房的一類）。它是黨和國家安排貸款和地方自籌資金建設的面向廣大中低收入家庭，特別是對4平方米以下特困戶提供的銷售價格低於成本、由政府補貼的非營利性住房。

平價房，是指以成本加上3%的管理費作為銷售價格的向大多數中低收入家庭提供的住宅。

經濟適用住房，指由中國政府出資扶持的具有經濟性和適用性兩方面特點的社會保障住房。所謂經濟性，是指住房的價格適合中等及低收入家庭的負擔能力。所謂適用性，是指在房屋的建築標準上不能削減和降低，要達到一定的使用效果。

第二節　購房籌資規劃

一、制定住房消費支出規劃

（1）跟客戶進行交流，確定客戶希望購房還是租房。

（2）收集客戶信息，包括家庭組成、家庭收入、支出以及固有的資產等。

（3）分析客戶的信息，對其現狀進行分析，列出家庭資產負債表和現金流量表。購房前，應先對客戶的財產做周密細緻的評估，根據客戶的經濟能力找出相應的地段和樓盤，這要比找完房子再算價錢明智得多。

（4）幫助客戶制定購房目標，包括購房的時間、希望的居住面積和屆時的房價，確定明確的購房目標。根據客戶財產和還款能力確定購房的總價和單價，確定購房的總價主要看購房者可負擔的首付款以及可負擔的房貸總額的能力；確定購房的單價主要看購房者對房屋的區位、結構等的選擇。

（5）幫助客戶進行貸款規劃，選擇適當貸款方式、還款方式及還款期限等，並運用相關稅收和法律知識，為客戶提供必要的支持。應分析購房後的家庭收支狀況，在計算家庭收入時應側重固定可靠的來源，如工資、銀行存款利息、債券利息等；家庭支出包括每月的月供費用、物業管理費、水電氣費、話費、其他正常生活開支、娛樂教育費用等。據專業理財人士測算，房屋月供款與稅前月總收入的比率一般不應超過25%～30%，所有貸款月供款與稅前月總收入的比率一般應控制在33%～38%。

（6）購房計劃的實施。

（7）根據客戶未來情況的變動，對計劃做出及時的調整。

例4：金先生夫婦都在南方電網工作，去年他們家庭的總收入為32萬元。他們非常謹慎地理財，沒有任何負債。現在他們打算買一棟房子，並想知道根據他們的收入到底能借到多少錢。他們打算用積攢下來的30萬元作為首付款，現在五年期以上的房屋抵押貸款利率為6.80%（首套上浮6%，以20年為例）。

分析：家庭的最高借款額為：30%×32萬元＝9.6萬元/年，即0.8萬元/月。

$$PFIFA = \frac{1-\frac{1}{(1+k)^n}}{k} \times PTM$$

$$PV = \frac{1-\frac{1}{1+0.068\times(1+0.06)^{240}}}{0.068\times(1+0.06)} \times 8,000$$

$PV = 1,020,000$

也就是說，金先生夫婦最高可負擔的房屋價值是102+30＝132（萬元）。

二、住房貸款的測算

（一）提前還貸問題

借款人在貸款後可以根據自身需要和能力選擇提前償還貸款。通常，借款人在貸款時對自身的償還能力估計不足時，或借款人在貸款一段時間後收入增加、調整投資組合後，可能發生提前償貸。無論出於何種還貸目的，動用提前還款選擇權的決策原則仍然是成本效益原則。提前還款的方式有四種：

（1）全部提前還款，剩餘的貸款一次性還清；

（2）部分提前還款，保持每月還款額不變，將還款期限縮短，這種方式節省利息較多；

（3）部分提前還款，每月還款額減少，保持還款期限不變，可以節省利息，但是節省程度低於第二種；

（4）部分提前還款，每月還款額減少，同時將還款期限縮短，節省利息最多。

在做還貸決策時，應從經濟角度考慮問題。如果客戶選擇的是組合貸款，提前還貸時可考慮先還商貸會比較「優惠」；如果客戶現在資金較為雄厚，又不打算提

前還款，建議採用「等額本金還款法」較為有利，因為兩種還款法相比較，「等額本息還款法」支付的利息高於「等額本金還款法」支付的利息。

需要注意的是，原則上必須是1年以後，銀行才允許提前還貸，貸款期限在1年以內的，不能部分提前還本，貸款期限在1年以上的，可以部分或全部清償。銀行對提前還貸起點金額通常有要求，提前還貸的前提是以前貸款不拖欠。需要提前還貸的借款人一般須提前15天或1個月提出書面申請，借款人提前償還全部貸款後應辦理抵押註銷，並可到保險公司退還提前期內的保費。

(二) 還款方式與還款金額

1. 等額本息還款法

等額本息還款法是指在貸款期限內每月以相等的還款額足額償還貸款本金和利息。這種方式適用於收入穩定的家庭，如公務員、教師等。

例5：教師李先生向銀行申請了20年期80萬元貸款，利率為6.80%（上浮40%），採用等額本息還款。求李先生每月還款額。

$$PVIFA = \frac{1-\frac{1}{(1+k)^n}}{k} \times PMT$$

$$800,000 = \frac{1-\frac{1}{1+0.068(1+0.4)^{240}}}{0.068(1+0.4)} \times PMT$$

$PMT = 7,467.50$

2. 等額本金還款法

等額本金還款法是指在貸款期限內按月償還貸款本金和利息，其中每月所還本金相等。這種方式適用於目前收入較高但將來收入會減少的人群，如面臨退休的人員等。

例6：李先生向銀行申請了20年期30萬元貸款，利率為5.508%，採用等額本金還款。

第一月還款額：$\frac{300,000}{20\times12}\left(1+\frac{20\times12}{12}\times5.508\%\right)$

第二月還款額：$\frac{300,000}{20\times12}\left(1+\frac{20\times12-1}{12}\times5.508\%\right)$

…………

3. 等額遞增還款法

等額遞增還款法是把還款期限劃分為若干時間段，每個時間段內還款額相同，下一個時間段的還款額按一個固定金額遞增。這種方式適用於目前收入一般，但未來收入會逐漸增加的人群，如畢業不久的學生等。

4. 等額遞減還款法

等額遞減還款法是把還款期限劃分為若干時間段，每個時間段內月還款額相同，

第二篇 實務篇

下一個時間段的還款額按一個固定金額遞減。這種方式適用於目前還款能力強，但未來收入將減少的人群，如中年人或未婚的白領人士。

（三）貸款的本金與利息的分解

在住房貸款的償還中，無論是哪種還款方式，每期的還款額中既有本金的償還部分，也有利息的償還部分。分析清楚兩者的構成，是進行科學合理的住房規劃的前提。

例7：貸款金額30萬，利率5%，貸款20年。那麼貸款償還的分解如下：

（1）等額本金還款法。

每期本金償還額＝期初借款額300,000元/240（月）＝1,250元

第一期利息額＝期初借款額300,000元×借款利率5%/12＝1,250元

第一年期末剩餘未償本金餘額＝300,000元－1,250元＝298,750元

第一期攤還總額＝1,250元＋1,250元＝2,500元

（2）等額本息還款法。

每期的還款總額固定為：1,980元

第一期所還利息數額＝期初借款額300,000元×借款利率5%/12＝1,250元

當期本金還款額＝1,980元－1,250元＝730元

第一期末剩餘未償本金餘額＝300,000元－730元＝299,270元

（四）住房籌資規劃步驟和方法

在實務中，估算房屋的貸款額時，往往涉及較長的時間段的現金流，人力計算工作量大並且準確性低，因此可依靠計算機中的相應軟件來實現住房規劃。下面以Excel中的函數為例來計算。

當客戶有購房需求或換房需求時，應該進行住房規劃，一般的規劃步驟為：

（1）測算在購房或換房時點需要的資金量；

（2）測算客戶目前的收入支出水平和資產存量在購房或換房時點的終值；

（3）根據兩者的缺口進行方案規劃；

（4）實施住房規劃方案，並對其進行持續的監控和調整。

例8：陳先生計劃3年後換房子，預計將花1,000萬元，目前住宅值500萬元，房貸200萬元，還要還10年，假設新舊屋的房貸利率都是4%，且此期間房價水平不變。

（1）請問在不另籌自備款的情況下，新屋還要有多少房貸？

（2）若貸款20年，每年要繳多少本息？

（3）若每年本利攤還60萬元，幾年可還清？

分析：

（1）規劃步驟。

第一步：計算舊屋目前每年攤還金額

$PV=200$，$i=4\%$，$n=10$，可得$PMT=-24.66$，即每年要還24.66萬元，為現

金流出，呈現負號。

第二步：計算 3 年後舊屋還剩下多少房貸

$PMT=-24.66$，$i=4\%$，$n=7$，可得 $PV=148$，即 3 年後房貸剩餘期間為 7 年，剩餘房貸 148 萬元。

第三步：計算出售舊屋的淨現金流入，可當作新屋自備款

3 年後房價 500 萬元 − 3 年後剩餘房貸 148 萬元 = 352 萬元

新屋還需要的貸款：新屋總價 1,000 萬元 − 出售舊屋淨流入 352 萬元 = 新屋尚需貸款額 648 萬元

（2）新屋每年本利攤還額。

$PV=648$，$i=4\%$，$n=20$，可得 $PMT=47.68$，即每年要還 47.68 萬元。

（3）若每年還 60 萬，幾年可還清。

$PV=648$，$PM=-60$，$i=4\%$，可得 $n=14.42$，即 14.42 年可以還清貸款。

第三節 住房規劃實訓

一、實訓目的和要求

住房規劃分析實訓操作目的是使實訓者具備基本的居住規劃能力。通過本部分的實訓操作，要求實訓者掌握收集分析房屋基本信息的方法；掌握住房貸款利息的償還方式，能夠對貸款的本金和利息進行分解分析，能分析是否進行提前還款；能夠根據實訓案例做出合理完整的購房需求規劃和購房籌資規劃。

二、實訓步驟

1. 簡述中國目前對住房市場的宏觀調控政策。

2. 請實地走訪一個小區，統計該地區的房屋租賃情況。

（1）確定好自己選擇的小區；

（2）實地走訪小區附近的仲介，瞭解該小區的房屋租賃情況；

（3）將房屋基本情況記錄整理。

3. 根據實訓案例（案例附在實訓報告中），選擇在售的某新樓盤並實地走訪，為購房者做出合理的購房規劃。

（1）根據實訓案例，為購房者選擇合適的區域；

（2）選擇該區域某在售新樓盤，確定一套房源；

（3）請售樓處工作人員根據房屋實際面積和價格，為你估算購房總價，並提供幾種付款方式，你根據實際情況選擇其中一種；

（4）若涉及貸款，請根據案例中購房者選擇的貸款方式，用等額本息還款法計

算貸款本息及月還款額。

4. 由指導教師對部分實訓者或每個實訓者的部分內容進行抽查，實訓者口頭闡述自己的實訓成果。

三、實訓報告

（一）住房市場宏觀調控政策

1. 簡述目前＿＿＿＿＿＿市限購政策

（1）

（2）

（3）

2. 簡述目前幾大商業銀行住房貸款的利率政策

（1）

（2）

（3）

3. 簡述2012—2017年中國新建商品房價格走勢

4. 分析目前＿＿＿＿＿＿市居民的購房意願

(二)_____市房屋租賃情況調查

1. 我選擇的是____市_____區的_____小區。

2. 查找該小區的三套房源，將房屋基本情況填入表5-2，進行比較。

表5-2　　　　　　　　　　房屋基本信息

房屋面積	朝向	樓層	建造年代	裝修情況	月租金

根據實地走訪仲介瞭解到，該小區的房屋租賃價格在過去的半年中呈_____（上漲、下降、變化不大）。

3. 購房租房決策

李先生在上海某地區租了一套兩室一廳的房子，月租金為2,800元，房子售價為100萬元。李先生已經有了部分積蓄，足以付這套房子的首付款。

他現在考慮的問題是，是否應該把這套房子買下來。如果李先生買房，他的成本實際有兩部分：一是按揭貸款的利息支出，二是購房相對於租房的機會成本，即首付款的存款利息損失。假設房屋為30%的首付比率，按揭貸款年利率5.94%，1年期存款實際利率為2.25%。

請分析李先生應該繼續租房還是買房？寫明計算分析過程。

4. 綜合案例分析

小楊是山東人，大學畢業後留在杭州濱江區的一家軟件公司工作。目前小楊的稅後月工資為5,000元，單位為其繳納五險一金（其中個人每月繳納公積金680元）。小楊工作這幾年較為節省，自己約有3萬元的存款，因為是家中獨子，家庭經濟條件尚可，因此父母打算幫他在杭州買一套房子，為日後結婚做準備。小楊估計自己能夠承受的房屋總價大約為120萬元，他打算就在濱江區購買一套新房，首付款由父母資助，其餘部分申請公積金和商業組合貸款。請你為小楊做一個合理的購房規劃。

（1）根據楊先生家庭的實際情況，我選擇的樓盤是_____，該樓

第二篇 實務篇

盤目前均價為_____元/平方米。

（2）根據實地考察，該樓盤____號樓_____室比較符合楊先生的要求。該套房建築面積為_____平方米，戶型為_____，預計購房總價為_____。

計算過程：

（3）根據售樓處工作人員的介紹，楊先生能夠選擇以下幾種付款方式，每種付款方式的優惠情況如下：

（4）經售樓處工作人員計算，楊先生屬於首次購房，若以貸款方式購買，則需支付的首付款為_____萬元，剩餘房款可向_____銀行申請組合貸款，最長可申請____年。在等額本息還款法下，每月還款情況如表5-3所示。

表5-3　　　　　　　　　等額本息還款方式下每月還款情況

組合貸款	
商業貸款利率：	公積金貸款利率：
貸款金額	
商業貸款部分：	公積金貸款部分：
月還款額	

計算過程為：

從以上分析可以看出，購房後楊先生每月需支付的還款額為_____，占其工資收入的_____，還款壓力_____（較大，一般，較小），因此，_____（還需要，不需要）父母的經濟資助。

教師檢查簽字_____　　檢查時間_____年____月____日

實訓任務六　教育規劃

開篇引例

　　宋先生今年元月剛結婚，計劃一年以後生育小孩，為了讓子女接受完整的教育，決定從現在就開始規劃未來子女教育基金。因為剛成家不久，所以宋先生並無多餘的存款，因此希望每月從薪水中提取固定金額作為未來子女教育金的準備，並於18年後累積足夠的子女教育基金。

　　若以目前大學的學雜費及生活費計算，宋先生必須為子女準備至少10萬元供其完成大學學業，以每年平均通貨膨脹率2%計算，18年後必須準備142,825元才相當於現在的10萬元，此時若宋先生選擇每月自薪水中提取固定金額作定期存款，以定期存款約4.7%（假設值）的年利率計算，每月必須提取422元才能順利於18年後達成目標；反之，若能投資於增長型基金或股票，則以每年平均收益率15%計算，每月只需提取220元即可，當然，收益率增加的同時，風險也隨之增加。雖然一樣都能達成目標，但每月所承受的負擔卻有天壤之別，兩者的差異僅在於投資工具的選擇是否正確。

第一節　教育規劃相關理論

　　教育規劃在中國家庭中主要是準備子女接受高等教育的費用。近年來，隨著高等教育學費的逐年提高和整個社會重視知識氛圍的形成，子女教育規劃已經成為家

庭理財規劃中非常重要的一部分。

教育規劃即教育投資規劃，是指為累積實現預期教育目標所需要的費用而進行的一系列資金管理活動，可分為本人教育投資規劃和子女教育投資規劃。個人教育投資規劃是指對自身的教育；子女教育投資規劃是指為子女將來的教育費用進行策劃和投資，又包括基礎教育投資和高等教育投資。

一、子女教育規劃的特點及意義

子女教育金理財規劃必須是專款專用，不能將這一筆資金同時挪去購房或購車；另外子女教育金的理財工具宜保守，而保本是最高指導原則。獲利性較高的理財工具風險性也高，一般開始累積的時間要早，可選擇部分資金投入高風險理財工具，比例不宜高於10%。

（一）子女教育規劃的意義

1. 良好的教育對於個人意義重大

接受良好的教育是提高自身本領和適應市場變化的重要條件，在市場經濟條件下，勞動者收入與受教育程度成正比。

2. 教育費用逐年增加

隨著社會經濟的發展，人們的收入水平有了很大提高，為提高教育費用負擔水平提供了基本保證。獨生子女制度使得家庭加大了對子女教育的投入。教育費用急遽增加，占家庭開支的比例日益擴大，已經成為很多家庭的負擔，甚至有的家庭因此而陷入貧困。

$$教育負擔比 = 子女教育費用 \div 家庭稅後收入$$

例1：馮先生有個女兒，剛考入東北財經大學金融學院。女兒正式入學前，馮先生計算了一下女兒讀大學一年的費用，費用明細為：全年學費4,500元，住宿費1,200元，日常各項開支預計每月1,000元，以全年10個月計共需10,000元。預計馮先生和太太全年稅後收入8萬元，那麼對於馮先生家庭而言：

教育相關費用 = 學費+住宿費+日常開支=4,500+1,200+10,000=15,700（元）

教育負擔比 = 15,700÷80,000=19.6%

3. 教育費用特點

（1）沒有時間彈性，沒有費用彈性。

（2）子女的資質及其所花費的費用難以事先掌握。

（3）子女教育金必須靠自己來準備。考慮存在時間複利的效果，開始規劃的年齡愈早愈好。

（4）子女教育金支出時間長，總額大。

（5）投資策略不可太消極。教育金的支出成長率較一般的物價增幅要高，因此，子女教育金的投資不能太保守，至少要高於學費成長率，但是愈接近學費高峰時期，投資就愈需保守。

理財規劃實訓教程

(二) 教育規劃的資金來源

教育支出最主要的資金來源是家庭自身的收入和資產。穩定的收入和充足的資產是教育支出堅實的資金保證。除此以外，教育資金還可來源於：政府教育資助，如特殊困難補助、減免學費、「綠色通道」、國家助學金等；獎學金；貸款；子女勤工儉學或兼職收入。

1. 政府教育資助

特殊困難補助，各級政府和高校對經濟困難學生遇到一些特殊性、突發性困難時給予的臨時性、一次性的無償資助。

減免學費，是對普通高校中部分經濟特別困難的學生實行的，尤其是孤殘學生、少數民族學生及烈士子女、優撫家庭子女等實行的減收或免收學費的措施。

「綠色通道」，是指對被錄取的經濟困難的新生，一律先辦理入學手續，然後再根據核實後的情況，分別採取不同的資助措施。

國家助學金，主要資助家庭經濟困難學生的生活費用開支。平均資助標準為每生每年 2,000 元，具體標準在 1,000~3,000 元範圍內確定，可以分為 2~3 檔。每年 9 月 30 日前，學生根據規定的國家助學金的基本申請條件及其他有關規定，向學校提出申請，並遞交《普通本科高校、高等職業學校國家助學金申請表》。

2. 獎學金

(1) 國家獎學金。

2002 年 5 月，為幫助家庭經濟困難的普通高校學生順利完成學業，財政部和教育部決定：2002 年 9 月起中國將設立國家獎學金，每年在全國範圍內定額發放給 45,000 名在校大學生，總規模為每年 2 億元。

2007 年 5 月，每年獎勵 5 萬名特別優秀的在校學生，獎勵標準由原來的每人每年 5,000 元提高到 8,000 元。國家獎學金獲得者，其所在學校減免其當年的全部學費。

國家獎學金的基本申請條件：①熱愛社會主義，熱愛祖國，擁護中國共產黨的領導；②遵守憲法和法律，遵守學校規章制度；③誠實守信，道德品質優良；④在校期間學習成績優異，社會實踐、創新能力、綜合素質等方面特別突出。同一學年內，獲得國家獎學金的家庭經濟困難學生可以同時申請並獲得國家助學金，但不能同時獲得國家勵志獎學金。

(2) 國家勵志獎學金。

國家勵志獎學金是為了激勵普通本科高等學校、高等職業學校和高等專科學校的家庭經濟困難學生勤奮學習、努力進取，在德、智、體、美等方面全面發展，由中央和地方政府共同出資設立的，獎勵資助品學兼優的家庭困難學生的獎學金。資助面平均約占全國高校在校生的 3%，資助標準為每生每年 5,000 元。

二年級以上（含二年級）的在校生，符合以下條件的，可以申請：①熱愛社會主義，熱愛祖國，擁護中國共產黨的領導；②遵守憲法和法律，遵守學校規章制度；③誠實守信，道德品質優良；④在校期間學習成績優秀；⑤家庭經濟困難，生活儉樸。

3. 貸款

（1）學生貸款，是指學生所在學校為那些無力解決在校學習期間生活費的全日制本、專科學生提供的無息貸款。目前各高校學生貸款實際額度一般每年在1,000元以上。學生貸款審定機構應由學生管理部門、財務部門、教師和學生等方面代表組成。

（2）國家教育助學貸款，可分為商業性銀行助學貸款和財政貼息的國家助學貸款。商業性銀行助學貸款，指貸款人向借款人發放的，用於借款人自己或其法定被監護人就讀國內中學、普通高校及攻讀碩士、博士等學位或已獲批准在境外就讀大學及攻讀碩士、博士等學位所需學雜費用（包括出國的路費）的消費貸款；財政貼息的國家助學貸款，是指貸款人向借款人發放的，由中央財政或地方財政貼息，用於借款人本人或其直系親屬、法定被監護人在國內高等學校就讀全日制本、專科或研究生所需學雜費和生活費用的助學貸款。

（3）一般性商業助學貸款，是指各金融機構以信貸原則為指導，對高校學生、學生家長或其監護人辦理的，以支持學生完成學習為目的的一種商業性貸款形式。2016年國家獎助學金類型見表6-1。

表6-1　　　　　　　　國家獎助學金類型（2016年）

助學項目	人數	金額（每人每年）	總額
國家獎學金	5萬人	8,000元	4億元
國家勵志獎學金	78.66萬人	5,000元	39.33億元
國家助學金	556.38萬人	2,000元	297.49億元
中職學生助學金	1,502.66萬人	1,500元	332.13億元
助學貸款	378.21萬人		263.21億元

數據來源：《2016年中國學生資助發展報告》

4. 子女勤工儉學或兼職

在校學生通過半工半讀來負擔自己的教育費用，在接受教育的同時可以累積一定的社會經驗。

（三）中國的子女教育投資規劃現狀

目前，中國家庭對於教育規劃的重要性都有所認識，但對於教育規劃的知識瞭解不夠，很多家庭的資金投資管理方式單一，大多投資於收益率較低的儲蓄上，僅僅依靠累積很難在通貨膨脹的影響下獲得好的投資效果。

2015年修訂的《中華人民共和國義務教育法》第四十二條規定：國家將義務教育全面納入財政保障範圍，義務教育經費由國務院和地方各級人民政府依照本法規定予以保障。國務院和地方各級人民政府用於實施義務教育財政撥款的增長比例應當高於財政經常性收入的增長比例，保證按照在校學生人數平均的義務教育費用逐步增長，保證教職工工資和學生人均公用經費逐步增長。1993年在國務院頒布的《中國教育改革和發展綱要》中明確提出，逐步提高國家財政性教育經費支出占國民生產總值的比例，20世紀末要達到4%，2012年中國首次實現4%這一目標，達到4.3%。

教育部、國家統計局與財政部發布的《關於2015年全國教育經費執行情況統計公告》顯示，2015年，全國教育經費總投入為36,129.19億元，比上年的32,806.46億元增長10.13%。其中，國家財政性教育經費（主要包括公共財政預算安排的教育經費，政府性基金預算安排的教育經費，企業辦學中的企業撥款，校辦產業和社會服務收入用於教育的經費等）為29,221.45億元，比上年的26,420.58億元增長10.60%。1993—2004年國家財政性教育經費支出占GDP比例見表6-2。2005—2016年中國教育經費支出及國家財政性教育經費支出情況見圖6-1。

表6-2　　　　1993—2004年國家財政性教育經費支出占GDP比例

年份	比例（%）	年份	比例（%）
1993	2.51	2005	2.81
1994	2.51	2006	3.01
1995	2.41	2007	3.32
1996	2.46	2008	3.48
1997	2.50	2009	3.59
1998	2.59	2010	3.65
1999	2.79	2011	3.83
2000	2.86	2012	4.28
2001	3.14	2013	4.16
2002	3.32	2014	4.10
2003	3.28	2015	4.26
2004	2.79		

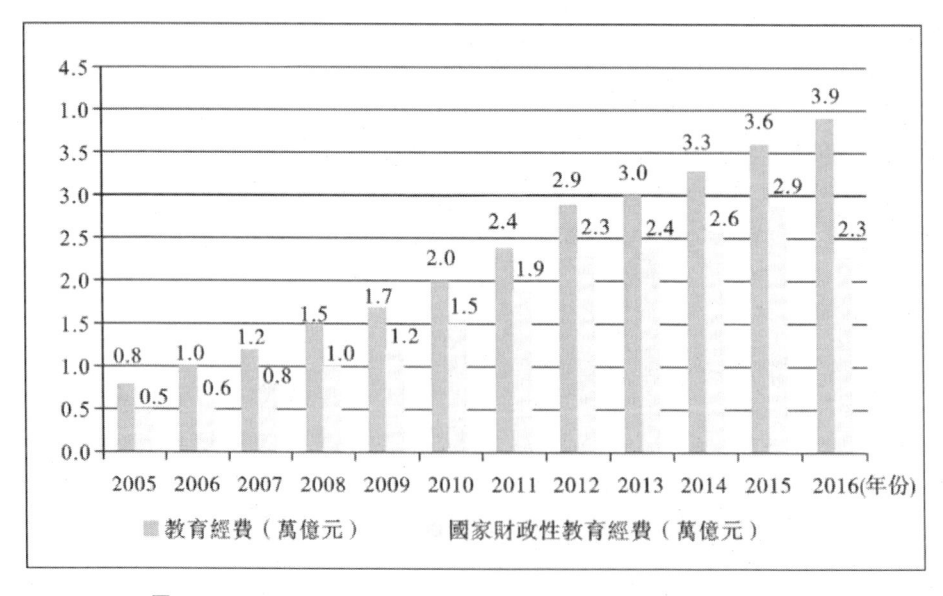

圖6-1　2005—2016年中國教育經費支出及國家財政性教育經費支出

二、子女教育規劃的步驟與實例

（一）子女教育規劃的步驟

子女教育規劃流程圖如圖6-2所示。

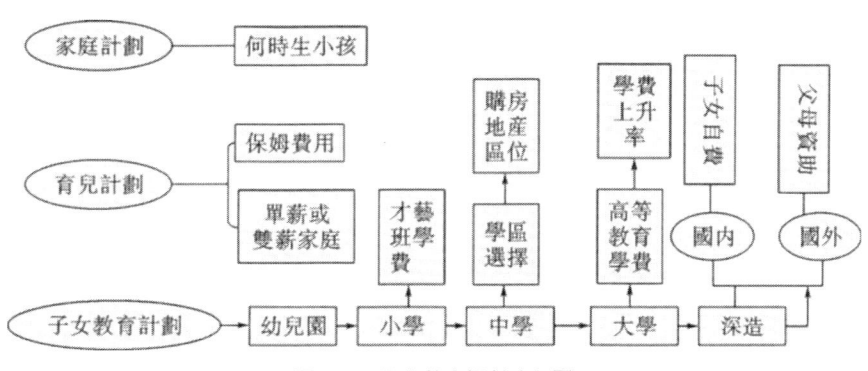

圖6-2 子女教育規劃流程圖

1. 確立子女培養目標

根據艾瑞諮詢集團調研數據顯示，不同年齡段家庭的教育側重點存在明顯差異，但是對孩子道德品質的塑造和生活習慣的培養是各年齡段家長共同看重的。具體而言，「90後」家長因為孩子尚小對學習成績等方面關注度不高，「80後」家長對孩子溝通表達能力的培養顯著高於其他年齡段父母，「70後」家長對孩子學習成績和動手操作能力重視度最相近，「60後」家長因孩子多處於升學期最為關注學習成績。具體見圖6-3。

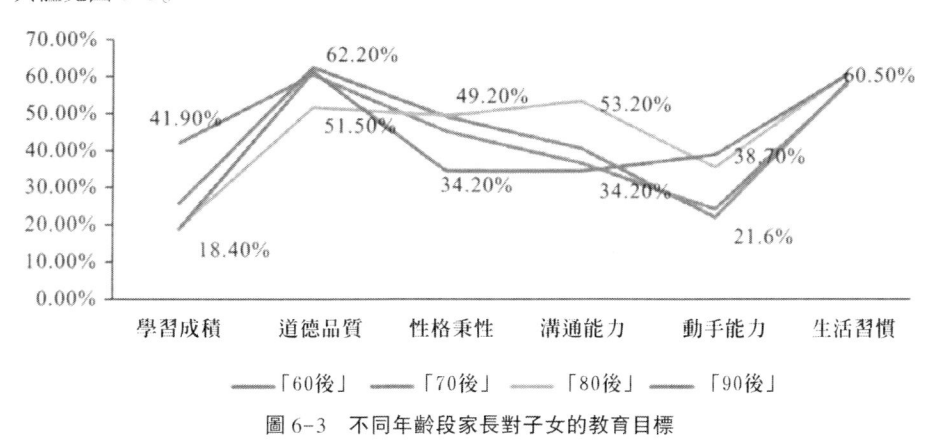

圖6-3 不同年齡段家長對子女的教育目標

根據子女的特長興趣，確定一個適合子女長期發展的目標，然後按照這個設定的目標準備一定的財務資源，做到有備無患，並同時有針對性地引導子女朝著這個方向發展。

2. 根據子女教育目標估算教育支出

(1) 幼兒園階段。

幼兒園教育是孩子的起始教育，家長一般都非常重視。目前幼兒園的收費不僅包括學習費用還包括生活費用，在整個教育支出中占比較高。據統計[①]，每名孩子每學年教育費用約為 9,176 元，其中，保育費和管理費為 7,120 元，占 77.6%，園內興趣班費用為 1,000 元，占 10.9%，園外興趣班及其他費用為 1,056 元，占 11.5%。每名兒童三年幼兒園生活總計至少需要費用 27,528 元。

(2) 義務教育階段。

義務教育是指國家依照法律的規定對適齡兒童和青少年實施的一定年限的強迫教育的制度。中國目前普遍實行九年義務教育制，2017 年 3 月全國兩會期間，代表熱議十二年義務教育，現已有少數地區實行十二年義務教育試點。

義務教育階段即小學六年和初中三年階段。2016 中國家庭教育消費者圖譜顯示，家庭月收入低於 5,000 元的家庭有 58.0% 平均用於教育的月支出低於 300 元，而家庭月收入高於 30,000 元的家庭有 37.0% 每月教育支出高於 2,000 元。中小學家庭用於教育的支出與家庭收入水平成正比，家庭月收入低於 10,000 元的家庭每月用於教育的支出費用集中在 500 元以下。家庭教育支出分為校內教育支出和校外教育支出兩部分。校內支出主要包括學費、雜費和其他選擇性、擴展性收費。家庭在校外的支出主要包括家庭在線上線下向機構或者個人購買的教育類產品和服務，其中包括學科類、興趣類校外培訓。而校外消費是近年來家庭教育費用增加的主要原因。

北京大學中國教育財政科學研究所發布了國內首個專門針對家庭教育支出的大型調查——2017 年中國教育財政家庭調查[②]。根據調查數據，全國小學階段全國平均為 6,583 元，農村為 2,758 元，城鎮為 8,573 元；初中階段全國平均為 8,991 元，農村為 4,466 元，城鎮為 1.1 萬元。義務教育階段的教育支出全國平均合計為 66,471 元。調查顯示，家庭教育支出不僅在城鄉之間存在較大差異，在不同地區和城鎮內部也存在差異。以義務教育階段平均家庭教育支出為例，按照東中西地區劃分，東北部地區最高，為 1.1 萬元；西部 5,567 元，為東北部的一半左右；東部地區為 8,657 元，中部地區為 6,382 元。在城鎮內部，按照一二三線城市劃分，一線城市為 1.68 萬元，二線城市為 1.12 萬元，其他城市為 7,037 元，占一線城市的不到一半左右。

(3) 高中及以上階段。

2017 年中國教育財政家庭調查顯示，普通高中的全國平均教育年支出為

---

① 根據招商信諾調查報告整理所得。

② 這項調查是 2017 年由北大財政所與西南財經大學中國家庭金融調查與研究中心合作完成的調查，調查包括 0~3 歲幼兒早教、3~6 歲幼兒入園情況、6~16 歲以及 16 歲以上在校生的在讀情況、入學選擇、家庭教育支出和政府補貼。調查範圍覆蓋除西藏、新疆和港澳臺地區外的 29 個省份、363 個縣，共涉及 40,011 戶的 127,012 個家庭成員，其中農村 12,732 戶，城鎮 27,279 戶，0~6 歲和 16 歲以上在校生 2.1 萬人，中小學在校生 1.4 萬人。

第二篇 實務篇

1.69 萬元，農村地區為 1.22 萬元，城鎮地區為 1.82 萬元；中職全國平均年支出為 1.07 萬元，農村地區為 9,061 元，城鎮地區為 1.14 萬元。

在高中之後的可以選擇大學本科、專科教育，就 2017 年普通公立大學而言，學費住宿費年平均為 5,700 元，學生在校生活費估計為每月 1,000 元，不考慮其他因素，那麼大學四年所需要的費用合計為 58,800 元。

綜上可估計得到子女教育的費用：

義務教育階段：6,583×6 年+8,991×3 年=66,471（元）

高中階段：16,900×3 年=50,700（元）

大學階段：每年總費用 12,000～18,000 元左右，4 年需要 48,000～72,000 元，取 60,000 元。

碩士研究生：每年 15,000 元，3 年需要 45,000 元。

因此，撫養一個孩子從小學讀到本科，需要的費用約為 18 萬元左右。如果讀完碩士，需要花費 22 萬元左右。如果考慮去國外留學，則所需費用更高，具體費用需要根據所選擇的國家和學校來確定。

3. 目前應該準備的教育投資資金及儲蓄組合

首先分析目前的資產中有多少可配置到子女教育金的需求上，設定有可能達到的長期平均投資報酬率，再選擇合適的投資工具來達成目標。

例 2：假設一個家庭要達到的目標是在孩子 18 歲時有足夠的費用讓孩子上大學本科，並能有實力繼續深造讀碩士研究生。假設孩子現在 6 歲，家長想用定期定額的儲蓄方式來滿足子女的大學教育費用，那麼每年需要儲蓄多少？

分析：上大學本科需要花費 60,000 元，從本科一直讀完碩士估計需要花費 105,000 元。

60,000÷年金終值系數（F/A，10%，12）= 60,000÷21.38=2,806（元）

因此，在兒子 6 歲至 18 歲間每月要提存 2,806÷12=234 元定期定額投資基金來準備念大學的經費。

上大學本科後有 4 年時間可幫子女準備讀碩士的費用 45,000 元。

45,000÷年金終值系數（F/A，10%，4）= 45,000÷4.641=9,696（元）

因此，在兒子 18 歲到 22 歲間每年要提 9,696 元教育基金，即每月提存 808 元。

（二）教育規劃實例

現在是 2015 年，李先生 40 歲，其子 14 歲，計劃兩年後去加拿大留學讀高中直到碩士畢業。李先生家庭經濟實力較強，已為其子準備了 50 萬元出國留學費用。李先生全家都有較充足的保險保障。另外，假設案例中列出的時間點均為年末。

根據教育規劃目標估計教育支出：

經過加拿大的留學諮詢機構估算，李先生之子赴加拿大讀書的費用預計為：高中 3 年，每年約 12 萬元；本科 4 年，每年約 12 萬元；碩士 2 年，每年約 15 萬元。另外考慮物價水平的變化以及學費的變化，假設按平均 3% 的增長率計劃將來的教

育費用，也就是說當前估計的教育費用是按目前價格水平估計的，而上高中時所需的費用已經是兩年之後的價格水平了，因此高中一年級的當時費用應為 $12×(1+3\%)^2=12.7$（萬元），上高中第二年的當時費用為 $12×(1+3\%)^3=13.1$（萬元），後面的教育費用以此類推。如表6-3所示。

表6-3　　　　　　　　　　李先生兒子教育費用估計

留學階段	高中			本科				碩士	
年份	2017	2018	2019	2020	2021	2022	2023	2024	2025
費用(萬元)	12.7	13.1	13.5	13.9	14.3	14.8	15.2	19.6	20.2

李先生家庭的教育規劃：

①對已有的教育資金進行安排。

將現有的50萬分為4筆定期存款，存期分別為2年、3年、4年、5年，假定收益率為2%，每筆存款到期時分別為13.01萬元、13.27萬元、13.53萬元、13.80萬元。

②對不足教育資金的安排。

假定收益率為5%，2015年需要的教育費用現值為：

$14.3+14.8(1+5\%)^{-1}+15.2(1+5\%)^{-2}=75.73$（萬元）

6年內需要累積75.73萬元，每年需要追加的資金為11.13萬元。

③投資安排。

要達到5%的收益率，可安排銀行存款60%、債券10%、基金25%、股票5%，即每年將6.68萬元、1.11萬元、2.78萬元和0.56萬元分別投資到銀行存款、債券、基金和股票。

三、教育規劃工具

(一) 傳統教育投資工具

1. 個人儲蓄

在傳統教育投資規劃工具中個人儲蓄是比較穩定的一類，個人儲蓄是指家庭每期儲存一定金額，當子女入學需要時，就能有一筆資金支付費用。此種方式要求規劃人能自覺定期儲蓄，如果父母在其子女上大學前不幸去世或失去重要經濟來源，則子女教育規劃就會擱淺。

【相關閱讀】

中國的教育儲蓄

教育儲蓄是居民個人為其子女接受非義務教育（指九年義務教育之外的全日制高中、中專、大專和本科、碩士和博士研究生）而每月固定存入，到期支取本息的儲蓄。

開辦對象：在校小學四年級（含）以上學生。

利率：享受整存整取利息。1年期、3年期教育儲蓄按開戶日同期同檔次整存整

第二篇　實務篇

取定期儲蓄存款利率計息；6年期按開戶日5年期整存整取定期儲蓄存款利率計息。

額度：最低起存金額為50元，本金合計最高限額為2萬元。

期限：存期分為1年、3年和6年，一生可享受3次。

2. 定息債券

定息債券是一種票面息率固定的債券，定期購買一定數額的定息債券，然後在需要時賣出，即可獲得資金收益。

3. 人壽保險

人壽保險產品可以作為一種投資，特別是投資型壽險。投資型保險的業務有保障業務和投資業務，其中保障的部分與普通的壽險大致相同，另外它與投資掛勾，具備投資和保障雙重功能。它為客戶設置了資本保值帳戶，提供沒有利息稅的高收益服務。所以人壽保險也可以作為教育投資規劃工具。

除了具備投資功能，人壽保險的保障程度較高，如果家長健在，則每個月需要繳納一定數額的保險費；如中途去世，其子女就可以提前獲得保險金；如果家長健在又希望提前獲得資金，還可以將保單作為抵押進行貸款。

（二）其他教育投資工具

1. 政府債券

政府債券有兩大類，一類是由中央政府發行的，稱之為國家債券，它占政府債券中的絕大部分；另一類就是由地方政府各職能部門發行的債券，稱為地方債券。

政府債券具有安全性高、流動性強，容易變現和可以免稅的優點，是子女教育規劃可供選擇的主要投資工具之一。

【相關閱讀】

中國的地方政府債券發展現狀

2014年上海等10個地區啓動地方政府債券自發自還試點以來，地方政府債券發行規模大幅增長，目前已成為債券市場第一大品種。截至2017年年底，財政部及相關部委針對地方政府債務管理的風險防控體系基本形成，包括：以43號文為代表的法律制度框架構建；地方政府債務限額管理、預算管理；鎖定並置換存量債務；推進地方政府專項債改革；建立地方政府債務預警、應急機制；嚴肅處理和通報違法違規舉債擔保行為，糾正政府和社會資本合作、政府投資基金、政府購買服務中的不規範行為。

2017年地方政府債券發行節奏放緩，發行數量同比減少25支至1,134支，發行規模同比下降27.92%至4.36萬億元。從發行地區看，江蘇、山東、浙江、四川、廣東和貴州是累計發行總額排名前六大省份，截至2017年年底發行總量均超過7,000億元；西藏、深圳發行規模較小，截至2017年年底發行總量均低於500億元。從發行成本上看，受監管超預期、金融去槓桿、資金面偏緊等多重因素的影響，2017年地方政府債整體發行利率較2016年整體上升，公募發行大致利率區間由

2.4%~3.3%大幅上移至3.5%~4.5%。從發行債券特徵看，發行主體信用級別主要集中在AA級，發行期限以3~7年為主。從發行品種看，受到交易所2016年7月對城投企業發債審核標準收緊影響，2017年公司債（含公募和私募）發行規模大幅減少4,876.70億元至2,687.00億元，同比下降64.47%。企業債成為發行規模最大的品種，發行規模為3,323.75億元，占比24.26%。（超）短融、中期票據和非公開定向債務融資工具（PPN）發行以償還到期債務為主要目的，2017年發行占比合計為56.11%，較上年增加14.07個百分點。中期票據因其期限適中、公開發行成本低、無須匹配募投項目等優勢，成為用於償還存量債務的主要融資工具，發行規模同比上升9.45%。不同信用等級的發行主體的發行規模占比和不同發行品種的發行規模占比如圖6-4所示。

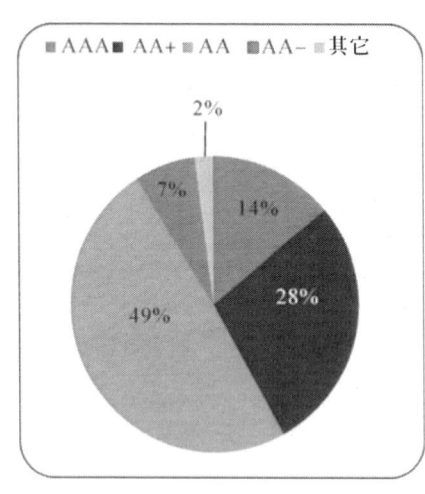

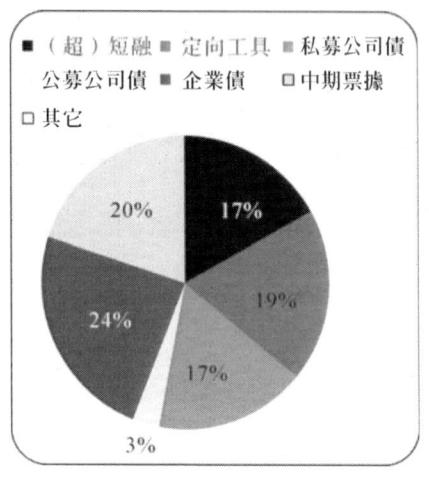

圖6-4　不同信用等級的發行主體的發行規模占比（左）和不同發行品種的發行規模占比（右）
數據來源：根據wind諮詢整理。

在自行舉債融資受到限制、直接融資市場不完善的限制下，地方政府債務強烈依賴銀行貸款，當地方政府性債務在銀行非金融企業貸款中占比達到17%，而負債主體又是缺乏預算管理的融資平臺，金融系統的穩定性與這類典型的預算軟約束主體牢牢綁定，一旦這些企業出現兌付危機，就有可能演變為系統性風險，這也是為什麼剛性兌付一直存在的重要原因之一。

2015年，修訂後的《中華人民共和國預算法》實施，地方政府被賦予舉債融資職能，地方政府正式打開發債融資大門。截至2015年11月，新增地方政府債券達4,888億。

2. 股票和公司債券

這類金融工具因其風險高，一般而言並不是受鼓勵的教育投資工具。但如果教育規劃期限較長（一般要在7年以上），當事人承受風險能力強，且對這兩種投資工具有很好的駕馭能力，這些工具也可以使用，其相對較高的回報率可以幫助家庭

較早完成教育規劃。

需要注意的是，在整個投資組合中，這類投資所占的比重不應過大。

3. 大額存單

大額存單又稱為大額可轉讓存單，是銀行發行的一種固定面額、固定期限、可以在金融市場上轉讓流通的銀行定期存款憑證。大額存單固定面額，是指存單的面額有法律的限定，不得任意變更，一般數額較大，在美國通常為 100 萬美元起售。固定期限，存單期限為 1 個月、3 個月、6 個月、9 個月和 12 個月，不得提前支取，不分段計息。它可以轉讓，這使得存單所有者既可得到定期存款的利息收入，又使資金保持了一定的流動性。

4. 子女教育信託

子女教育信託是指父母委託一家專業信託機構管理自己的一筆財產，並通過合同約定這筆錢用於支付子女未來的教育和生活費用。

5. 教育基金

基金是指通過公開發售基金份額，集中投資者的資金，由基金託管人託管，基金管理人管理和營運資金，以投資組合的方式進行證券投資的一種利益共享、風險共擔的集合投資方式。教育基金，是針對少年兒童在不同生長階段的教育需要進行專項資金投資。教育基金的投資種類分成不同類型，例如選擇銀行的教育儲蓄、基金定投、教育保險等。每種類型的收益和風險特徵都不一樣，因此在進行基金投資時，應根據自己的情況，確定投資哪種類型的基金。

● 第二節　教育規劃實務

一、相關理論概述

教育規劃即教育投資規劃，是指為累積實現預期教育目標所需要的費用而進行的一系列資金管理活動。其分為本人教育投資規劃、子女教育投資規劃。教育規劃的一般流程為：

（1）明確客戶希望其子女未來接受的教育目標，並瞭解實現該目標當前所需費用。

（2）預測該教育目標費用的增長率，計算實現該目標未來所需費用以及客戶自身應該準備的費用。

（3）分別計算一次性投資所需資金和分期投資所需資金。子女教育費用估計參考表見表 6-4。

表6-4　　　　　　　　　　子女教育費用估計參考表

項目	代號	數值	備註
子女年齡	A	6 歲	
距離上大學年數	B	12 年	=18 歲-A
距離繼續深造年數	C	16 年	=22 歲-A
目前大學費用總計	D	60,000 元	4 年，48,000~72,000 元
目前深造費用總計	E	35,000 元	2 年，30,000~40,000 元
學費年成長率	F	5%	3%~7%，以 5%假設
屆時大學學費	G	107,751 元	=D×複利終值系數（n=B，r=F）
屆時研究生費用	H	76,401 元	=E×複利終值系數（n=C，r=F）
教育資金投資回報率	I	4%	3%~5%，取中間值4%
目前的教育準備金	J	30,000 元	可供子女未來教育使用的資金
至上大學時累計額	K	48,031 元	=J×複利終值系數（n=B，r=I）
尚需準備大學費用	L	59,720 元	=G-K
準備大學費用的月投資額	M	331 元	=L÷年金終值系數（n=B，r=I）÷12
準備深造費用的月投資額	N	292 元	=H÷年金終值系數（n=C，r=I）÷12
當前每月定期定額投資額	O	623 元	=M+N

（4）選擇適當的投資工具進行投資。

短期教育投資工具，一般包括學校貸款、政府貸款、資助性機構貸款、銀行貸款等。

長期教育投資工具主要有教育儲蓄、教育保險、政府債券、股票和公司債券、大額存單、子女教育創業信託和投資基金。其中教育儲蓄的優點在於無風險、收益穩定、免利息稅，但是不足在於投資者範圍小（四年級以上）、規模小（2萬元）；教育保險具有客戶範圍廣泛、可分紅、強制儲蓄功能，並且當投保人出意外時，保費可得到豁免。

例3：假設學費上漲率每年 6%，客戶子女目前年齡 10 歲，預計 18 歲上大學，目前大學學費 24,000 元。客戶當前有 10,000 元作為子女教育啟動資金，準備投資於收益率 7%的項目上。請計算：

（1）客戶所需要的未來教育費用總額。

（2）教育費用的缺口是多少？

（3）如何彌補缺口？

分析：

（1）客戶未來教育費用總額：$F=24,000$，$i=6\%$，$N=8$，可得 $P=38,252$

（2）現有資金終值：$P=10,000$，$i=7\%$，$N=8$，可得 $F=17,182$

資金缺口：38,252-17,182=21,070（元）

（3）解決方案：

方案一：一次性追加資金：$F=21,070$，$i=7\%$，$N=8$，需追加 12,263 元。

方案二：每年年末等額追加資金，$F=21,070$，$i=7\%$，$N=8$，每年需繳納資金 2,054 元。

二、實訓目的

1. 學會教育規劃需求分析，瞭解教育目標總費用的構成。
2. 瞭解各階段子女教育需求的不同特點，教育儲備的優勢及局限性，選擇教育金保險應考慮的問題。
3. 通過實訓能學會制訂教育規劃方案。

三、實訓要求

根據實際案例，結合所學的教育規劃的知識，分析其教育規劃需求，計算教育金的缺口，並制訂教育規劃方案。

四、實訓步驟

1. 掌握收集各個教育階段所需費用的基本方法，並且根據實際情況和對未來經濟形勢的估計，分析和估計各個階段教育資金的需求。
2. 根據案例資料，分析教育規劃需求，並根據需求選擇合理的教育投資產品，對投資品諸如教育儲蓄、教育保險、子女教育信託、投資基金等的組合進行優化。

五、實訓報告

計算題：子女教育金規劃

某家庭準備讓子女出國留學，目前留學的費用為 150 萬元，預定子女 10 年後出國時要準備好此筆留學基金，學費成長率為 3%。

（1）為了準備此筆費用，假設投資報酬率可達 8%，則父母每年要投資多少錢？

（2）若父母的年儲蓄投資額為 18 萬元，則需要有多高的報酬率才能達到籌備子女教育金的目標？

案例分析 1

經濟型家庭：吳女士 40 歲，離異；女兒 17 歲，再過一年就要上大學。家庭資產狀況是：一套價值 30 萬元的自住房產；積蓄 3 萬元；股市投資 5,000 元。目前收支狀況是：本人月收入 2,000 元，孩子的父親每月支付撫養費 400 元；吳女士及女兒每月生活費為 1,500 元，每月給父母贍養費 200 元。其資產負債情況和每月收支情況如表 6-5、表 6-6 所示。

表 6-5　　　　　　　　　　　　資產負債狀況　　　　　　　　　　　　單位：元

資產		負債	
房產	300,000		
儲蓄	30,000		
股票	5,000		
資產合計	335,000	負債合計	0
淨資產　335,000			

表 6-6　　　　　　　　　　　　每月收支狀況　　　　　　　　　　　　單位：元

收入		支出	
本人工資	2,000	生活費	1,500
子女扶養費	400	父母贍養	200
收入合計	2,400	支出合計	1,700
每月節餘　700			

理財分析：

1. 吳女士的總資產有＿＿＿＿＿元，資產主要在＿＿＿＿＿，鑑於女兒很快就要上大學，因此，對於吳女士來說，近幾年的主要理財目標是＿＿＿＿＿＿＿＿＿＿＿＿＿＿＿＿＿＿＿＿＿＿＿＿＿＿＿＿＿＿＿＿。

理財的主要原則是＿＿。

2. 教育資金規劃

假設女兒大學本科 4 年需要費用共計＿＿＿＿＿元，具體規劃方案如下：

（1）教育儲蓄計劃：＿＿＿＿＿＿＿＿＿＿＿＿＿＿＿＿＿＿＿＿＿＿＿＿＿＿＿＿＿＿＿＿＿＿＿＿＿＿。

（2）教育助學貸款：＿＿＿＿＿＿＿＿＿＿＿＿＿＿＿＿＿＿＿＿＿＿＿＿＿＿＿＿＿＿＿＿＿＿＿＿＿＿。

（3）其他投資品種：＿＿＿＿＿＿＿＿＿＿＿＿＿＿＿＿＿＿＿＿＿＿＿＿＿＿＿＿＿＿＿＿＿＿＿＿＿＿。

第二篇　實務篇

案例分析 2

富裕型家庭：2017 年，李先生，40 歲。兒子 14 歲，兩年後想去加拿大留學讀高中直到碩士畢業。家庭經濟實力較強，已準備 60 萬元出國留學費用。李先生全家都有較充足的保險保障。

教育方案規劃

第一步：估計教育資金需求

按現在的費用水平，小孩到加拿大讀書：高中三年，每年約 15 萬元；本科四年，每年約 17 萬元；碩士兩年，每年約 20 萬元。但該數據為現在的數據，以後的費用可能增長，我們按年均 2.5% 的增長率計劃將來的教育費用，則將來他兒子在加拿大留學的費用見表 6-7。

表 6-7　　　　　　　　　　　留學費用表

留學階段	高中			本科				碩士	
年份									
子女年齡									
費用(萬元)									

計算過程：

第二步：已有教育資金安排

李先生現在已經為兒子準備了 60 萬元的出國留學費用，建議將該筆資金安排為子女國外前四年的教育費用——前四年的教育費用合計_____萬元。

考慮到兩年後兒子就要出國就讀高中，已有的這一筆資金進行保守的儲蓄投資安排：

_____

假設：兒子出國留學當年，支取其中最快到期的一筆定期存款。該筆資金的定期儲蓄投資收益率假設為年均 2%。如果能保持 2% 收益率，到小孩留學後的第四年末，還可以剩餘_____萬元。

計算過程：

_____

理財規劃實訓教程

第三步：不足教育資金安排

已有 60 萬教育資金只能滿足小孩前四年（高中三年、本科第一年）的教育費用需要，本科後三年和碩士兩年的費用需要另行籌備。按 2.5% 考慮教育費用的增長率，後五年教育費用累計需要_____萬元。

計算過程：_____

_____

如果從現在開始累積不足的教育資金，到已有資金支取完（約本科二年級開始），還剩餘約 6 年時間。如果該筆資金累積能保持年均 5% 的收益率，6 年內要累積 84 萬元資金，每年需要追加教育資金約_____萬元。假設前 6 年的預期收益率為 5%，後 5 年預期收益率為 2%。

計算過程：_____

_____

該筆資金要達到 5% 的年均收益率，按中國金融市場相關投資品種的歷史表現，比較有效的投資安排如下：銀行存款投資比例為_____、債券投資比例為_____、基金投資比例為_____、股票投資比例為_____，即每年初將分別投資_____到銀行存款、債券、基金和股票。

考慮到資金的安全性，建議將該筆資金分成五等份，全部轉移到基本沒有風險的儲蓄或債券產品上。

對上述投資能否最終實現年均 5% 或 2% 的收益率的考慮情況：

_____

_____

_____

特別說明：如果費用增加，某筆定期存款支取時，不能滿足當期小孩教育費用，可用財富累積或當期收入彌補。該安排未考慮人民對加拿大元的匯率變化，但考慮了人民幣升值趨勢，匯率變化應該不會增加孩子在加拿大的教育資金需求。

教師檢查簽字_____　檢查時間_____年____月____日

實訓任務七　保險規劃

保險規劃，又稱風險管理規劃，是指經濟單位通過對風險的識別、衡量和評價，並在此基礎上選擇與優化各種風險管理技術，對風險實施有效控制，妥善處理風險所致的損失，以盡量小的成本去爭取最大的安全保障和經濟利益的行為。

第一節　保險規劃相關理論

一、保險的概念及種類

保險是指投保人根據合同約定，向保險人支付保險費，保險人對於合同約定的可能損失承擔賠償保險金責任（《中華人民共和國保險法》）。

個人理財中相關的保險種類有：

1. 人壽保險

（1）生存保險是以被保險人在保險到期時仍然生存為給付條件。保險人在保險期內死亡，保險責任終止，保險人不給付保險金，也不退回保費；保險人在保險到期後仍然生存，保險人按約定給付保險金。生存保險的目的是滿足被保險人一定期限後仍生存時的資金需要，一般用作被保險人的養老金、教育資金（子女教育保險）和被保險人的婚嫁金。

（2）死亡保險是以被保險人在保險期內死亡為給付條件，包括定期壽險和終身壽險兩種類型。定期壽險，又稱定期死亡保險，保險期並非終身，而是一個約定時段，例如投保後的20年在約定保險期內死亡，保險人按約定給付保險金給受益人。定期壽險既可以作為主險投保，也可以作為其他主險的附加險投保（例如，作為子

女教育險的附加險)。終身壽險,保險期為終身,無論何時死亡,保險人都要按約定給付保險金給受益人。

(3) 兩全保險,又稱生死混合險,是對生存保險和死亡保險的綜合。被保險人生存至保險期滿時,給付滿期保險金(相當於生存保險);被保險人在保險期內死亡時,給付死亡保險金(相當於死亡保險)。目前大多數人壽保險屬於兩全保險,兩全保險的種類包括普通兩全保險、滿期雙倍兩全保險(滿期保險金是死亡保險金的雙倍)、養老附加定期壽險(死亡保險金是滿期保險金的若干倍)和聯合兩全保險(包含兩個或兩個以上被保險人,適合夫妻兩人聯合購買)。

(4) 年金保險,是指在被保險人生存期間,保險人按照合同約定的金額和方式,在約定期限內定期向保險人給付保險金;在被保險人死亡後,保險人停止給付保險金。年金保險的類型包括個人養老金保險、定期年金保險和聯合年金保險。個人養老金保險是指年金受領者從退休之日起領取年金直至死亡,年金受領者在退休年齡前死亡,將退還累積的保險費;定期年金保險是指被保險人生存至一定時期後,可按期領取年金,直至合同規定的期滿日,例如,子女教育金保險,子女在上大學期間可按期領取年金;聯合年金保險是指以兩個或兩個以上的被保險人的生命作為給付年金條件。

(5) 創新型人壽保險。除了以上幾種常見的人壽保險外,隨著保險需求的多樣化,不斷有新的保險品種出現。可調整壽險,允許投保人隨保險需求變化改變險種、保額、保費,例如萬能壽險,保單持有人在繳納一定的首期保費後,保費和保額可隨意調整。分紅壽險,投保人可分享保險公司的可分配盈餘。變額壽險,一種終身壽險,保額隨保費的投資收益變動,死亡給付包括:保單約定的最低死亡給付,隨投資收益變動的死亡給付。不確定保費壽險,即價格浮動型壽險,保險公司會按照當前市價定期調整保費。利率敏感型終身壽險,投保人可以在保費和現金價值之間進行組合,例如,選擇低保費和高現金價值,或者選擇高保費和低現金價值。

2. 意外傷害保險

意外傷害險,是以被保險人意外事故導致的身故或殘疾為給付條件,保險責任僅限於外來的、非本意的、突發的、非疾病的原因導致的身故或殘疾。包括死亡給付、殘疾給付兩種給付方式。

意外傷害險一般屬於短期保險,保險期限不超過一年,如航空意外險的保險期僅限於一次航程。

3. 健康保險

健康保險,是以人的身體為保險標的,以保險期內因疾病和生育導致的經濟損失為給付條件。健康保險不是對生命或身體傷害進行補償,而是對因疾病和生育導致的醫療費用和經濟損失(如誤工)的補償。

健康保險的種類包括醫療保險,在最高保險金額內,對醫療費用支出進行賠付,具體分為普通醫療保險、住院保險、手術保險、綜合醫療保險、重大疾病保險;殘

疾收入保險，是補償因疾病或意外傷害導致的殘疾帶來的收入損失；長期護理保險，是為那些因年老、重病、傷殘需要在家中或療養院長期護理的被保險人，提供醫療護理費用給付。

4. 財產保險

財產保險，是以財產及其有關利益為保險標的的保險。在中國，保險人（保險公司）不得兼營人身保險業務和財產保險業務。個人和家庭常用的財產保險有：機動車輛保險，包括車輛損失險、全車盜搶保險、第三者責任險、車上責任保險、無過失責任保險；房屋保險，包括個人住房保險、貸款抵押房屋保險、住房人身保險、住房責任保險；家庭財產保險，是針對被保險人自有的家庭財產，以及特別約定的家庭財產（珠寶、古玩等）所進行的保險。

5. 責任保險

責任保險，以被保險人的民事賠償責任為投保對象，包括公眾責任險、雇主責任險、產品責任險、職業責任險。公眾責任保險，是以疏忽或意外事故造成他人人身傷亡或財產損失為承保責任；雇主責任保險，是以雇主依照法律或合同應承擔的，雇員因工作遭受傷害的經濟責任為承保責任；產品責任保險，是以產品缺陷造成他人（一般指消費者）人身或財產的損失為承保責任；職業責任保險，是以各種職業者（如醫生、會計師、律師）因工作上的疏忽或過失，造成第三人人身損害或財產損失，依法由其承擔的經濟賠償責任為承保責任。

二、保險規劃的概念及原則

保險規劃是個人理財規劃的一部分，是通過分析個人和家庭的保險需求，選擇合適的保險品種、保險期限、保險金額，減弱和避免風險發生時對個人和家庭生活帶來的影響。

保險規劃的原則，包括轉移風險原則和量力而行原則。轉移風險原則是指分析哪些風險適宜通過保險方式轉移給保險公司，哪些風險不適宜。量力而行原則是指通過保險方式控制風險的成本應在可接受範圍內，符合收益成本比率。

【延伸思考】

小學生張某，男，11歲。19××年年初參加了學生團體平安保險，保險期限為當年3月1日至次年2月28日。當年10月5日張某在家附近的一幢住宅樓施工工地玩耍，被突然從樓上掉下的一塊木板砸在頭上，當即氣絕身亡。

有人認為保險公司應先給付張某的死亡保險金，然後向造成這起事故的施工單位索要與此等額的賠償金（代位求償權）。這種說法對嗎？本案該如何處理？

三、保險規劃的流程安排

（一）確定保險標的

保險標的指保險的對象，保險標的可以是人的壽命和身體，也可以是財產及相關利益，投保人或被保險人對保險標的應具有法律上承認的經濟利益。理財規劃時應優先選擇風險高的保險標的進行投保，例如優先為小孩投保意外傷害險。

（二）選擇保險產品

為保險標的選擇相應的保險產品，在選擇時應注意合理搭配險種，避免重複投保。

【延伸思考】

重複保險問題

某業主將一幢價值為120萬元的房子先後向A、B、C三家保險公司投保，在A公司的保險金額為60萬元，在B公司的保險金額為50萬元，在C公司的保險金額為40萬元。在合同有效期內房子遭遇保險事故，實際損失50萬元。

請問：按保險金額比例責任制（中國保險法規定採用方式）進行分攤，A、B、C三家保險公司各應承擔多少賠款責任？

提示：按保險金額比例責任制進行分攤，總的保險金額是（60+50+40）萬元。

A、B、C三家保險公司各應承擔的賠償比例是：60÷（60+50+40）、50÷（60+50+40）、40÷（60+50+40）。

總共的賠償額是50萬元，所以A、B、C三家保險公司的賠償金額如下：

A公司：50×60÷（60+50+40）= 20（萬元）

B公司：50×50÷（60+50+40）= 16.67（萬元）

C公司：50×40÷（60+50+40）= 13.33（萬元）

（三）確定保險金額

選擇好保險產品後，應確定每個投保產品的保險金額。保險金額是保險公司可能賠付的最高金額，以保險標的的經濟價值或可能損失為依據。

（四）明確保險期限

保險期限是指保險合同生效的期限，保險期限應依據保險需求來確定。

（五）選擇保險公司

選擇時應考慮保險公司的理賠記錄、財務實力、服務質量、風險控制能力，因為保險公司同樣存在破產的風險。

四、保險需求分析

保險規劃的前四個環節（確定保險標的、選擇保險產品、確定保險金額、明確

第二篇 實務篇

保險期限）都屬於保險需求分析。通過保險需求分析可以確定保險類型、保險金額、保險期限。人生不同階段的保險需求如表 7-1 所示。

表 7-1　　　　　　　　　　人生不同階段的保險需求

人生階段	特點	理財活動	保險需求
單身期 (參加工作到結婚)	個性衝動，經濟收入較低，開銷花費較大	加強職業培訓，提高收入水平階段	意外傷害險、責任保險、定期壽險
家庭建立期 (結婚至小孩出生)	家庭收入開始增加，消費水平也逐漸增大	儲蓄購房首付款，增加定期存款、基金等方面的投資	意外傷害險、責任保險、財產保險、定期壽險
家庭成長期 (小孩出生到上大學)	收入進一步提高，財富開始累積，養生、醫療、教育為主要開支	償還房貸、儲備教育金、建立多元化的投資組合	意外傷害險、健康保險、人壽保險、財產保險、子女教育金保險
家庭成熟期 (子女上大學)	收入增加，有一定財富累積，醫療、教育為主要開支	準備退休金，進行多元化投資	意外傷害險、健康保險、養老保險、財產保險
空巢期 (子女獨立至退休)	經濟負擔減輕，儲蓄能力最強	準備退休金，降低投資組合風險	監考保險、投資型保險、年金保險、財產保險
養老期 (退休之後)	收入、消費減少，醫療保健開支增加	以固定收益投資為主	年金保險、醫療保險

1. 人壽保險需求分析

家庭需求法，依據家庭保障需求總額來確定人壽保險的需求金額。家庭保障需求總額包括個人喪葬費用、各類債務、遺屬生活費用、子女教育基金等；可確保的財務來源總額包括存款、其他可變現資產、各類保險給付、其他收入等。壽險需求分析表如表 7-2 所示。

壽險需求 = 家庭保障需求總額 - 可確保的財務來源總額

表 7-2　　　　　　　　　　壽險需求分析表

家庭保障需求	金額
1. 個人喪葬費用	
個人喪葬費用	
2. 遺屬生活費用	
配偶	
子女	
父母	
其他親屬	
遺屬生活費用現值	
3. 子女教育金	

表7-2(續)

家庭保障需求	金額
子女教育金現值	
4. 各類債務	
房屋貸款	
其他債務	
各類債務總額	
家庭保障需求（1+2+3+4）	
可確保財務來源	
5. 存款及其他可變現資產	
6. 保險給付	
社會保障給付	
商業保險給付	
保險給付總額	
7. 其他收入來源	
其他收入來源現值	
可確保財務來源總額（5+6+7）	
壽險需求＝家庭保障需求總額－可確保的財務來源總額	

2. 醫療保險需求分析

醫療保險需求＝疾病導致的醫療費用－已有醫療保障

醫療保險需求分析表如表7-3所示。

表7-3　　　　　　　　　　醫療保險需求分析表

家庭保障需求	金額
1. 因疾病導致的醫療費用	
醫療費用總額	
2. 已有醫療保障	
社會醫療保障	
公司福利	
商業保險	
已有醫療保障總額	
3. 醫療保險需求（1-2）	

3. 其他保險需求

（1）殘疾保險需求＝殘疾後收入的減少＋費用增加額－可獲得的殘疾福利

（2）財產保險的需求分析，根據需要估算家庭財產的保險需求，考慮家電、住宅、古董、珍藏等因素

（3）養老保險的需求分析，根據養老目標，估計退休後的生活開支和退休收入，考慮通貨膨脹率、投資收益率、收入增長率的影響，測算未來的養老保險需求。

第二節　保險規劃實務

一、實訓任務

根據實際案例材料，結合保險的信息搜集和相關經濟理論，分析客戶的保險需求，計算需要的保險額度和保險種類，並且在此基礎上擬定一份符合客戶保險要求的保險品種和保險規劃方案。

二、實訓目的

1. 通過實訓訓練，使學生掌握保險需求的分析方法。
2. 掌握保險規劃方案的制定方法。

三、實訓要求

1. 實訓以小組為單位，成果在課堂完成上交，提交電子版文件，如涉及計算分析過程，同時提交 Excel 文件，要求寫明計算過程。
2. 小組討論，根據老師下發的客戶背景案例，分析客戶的保險需求，計算需要的保險額度，制訂保險規劃方案。

四、實訓步驟

1. 分小組討論，以自身作為案例進行分析，說明目前自己家庭的保險狀況，並分析家庭需要的保險金額和類型。
2. 分析案例材料，根據材料內容分析保險需求，列出保險需求的額度和種類。
3. 制訂保險規劃方案。

五、實訓報告

表 7-4　　　　　　　　家庭每年的保費支出適宜性計算

家庭目前的月收入	（　　　　）元
保費的理財金三角比例/%	7~10
每年的適宜性保費支出/元	（　　　　）元

表 7-5　　　　　　　　　每年的保費支出適宜性計算

五年的「淨生活費」（評估標準：衣食住行、娛樂休閒、水電等，不包括子女教育費用）
每月（　　　）元×12 個月×5 年＝（　　　）元
子女生活教育費用（評估標準：你的子女從現在到長大成人，一共需要多少費用）
子女（　　）人，分別為（　　）萬元，（　　）萬元，（　　）萬元，一共（　　）萬元
房屋貸款（評估標準：尚未償還的貸款本金）
（　　　）元
五年的親屬撫養金（評估標準：當你的收入來源中斷，而且沒有其他人代替你撫養時）
每個月（　　　）元×12 個月×5 年＝（　　　）元
生意資金：（　　　）元（個別規劃）；各項稅金：（　　　）元（個別規劃）
其他費用（評估標準：其他方面的未償還貸款或者負債、其他必須繳付的費用）
車貸（　　）元；信用卡（　　）元；保費（　　）元； 其他（　　）元。　一共（　　）元 人壽保險額（　　　）元

表 7-6　　　　　　　　　意外保險金額試算

你的人壽保險投保額（W1）/元	
你的意外保險投保額（W2）/元	

表 7-7　　　　　　　　　住院醫療保險金額試算

你預期的醫院住院費用（F）/（元/日）	
你預期保障的住院醫療天數（T）/天	
你的住院醫療保險投保額（W3）/元	
因此，綜合計算出投保人的基本人身保險金額為（W）/元	
而根據你的收入你適宜投入的保費/元	
你可以根據這兩個數據在保險市場上尋找適合的保險險種	

案例分析 1：針對以下客戶的具體情況進行保險需求分析[①]

李先生 35 歲，年收入 7.2 萬元；李太太 35 歲，年收入 4.8 萬元；家庭稅後年收入 12 萬元；子女兩個，分別為女孩 7 歲，男孩 5 歲，每個月生活費約為 0.5 萬元（包含孩子的生活費，沒包含教育費）；每個月還房貸 3,000 元；每個月贍養父母 500 元；李先生和李太太是重慶人。

討論：針對本案例中李先生的家庭狀況進行保險需求分析，並提出合理的保險建議。

[①] 本簡案例來源主要為根據廣州城建職業學院的個人理財實訓指導書改編。

第二篇　實務篇

1. 家庭基本情況分析
  （1）家庭年收入_____
  _____
  （2）五年的生活費_____
  _____
  （3）子女生活教育費_____
  _____
  （4）房屋貸款_____
  _____
  （5）親屬扶養金_____
  _____
  （6）生意資金_____
  _____
  （7）各項稅金_____
  _____
  （8）其他_____
  _____

2. 需為夫妻倆投保的人壽保險金額及建議險種以及理由。
  （1）李先生_____
  _____
  _____
  （2）李太太_____
  _____
  _____

3. 兩個孩子的保險安排
  （1）女孩_____
  _____
  _____
  （2）男孩_____
  _____
  _____

4. 適宜投入的保費
  （1）保費占家庭年收入的比例是（寫明理由和計算過程）

（2）適宜投入的保費是（寫明理由和計算過程）

案例分析 2：結合投資連結險分析案例中王小姐的理財是否合理

某保險代理人向王小姐推薦了某公司理財投連險。

（1）保障功能：保障至 80 週歲。提供包括 20 種重大疾病、身故及意外身故在內的三種保障，50 歲之前，給付 100%的帳戶價值，不收任何風險保費。

（2）在投資理財方面，該產品設三個理財帳戶（安逸穩健、策略增長、積極進取）供客戶靈活選擇。這三個帳戶在資本市場不同的投資渠道進行投資，客戶只需設定風險喜好、投資目標，保險公司的投資專家便為客戶隨需而動，三個帳戶可即時自由轉換，不限次數，其間不收取任何費用。

資金定期重新分配，理財功能能夠自動檢測投資者帳戶收益，根據其購買之初所選資金分配比例重新分配。此外，理財帳戶可提取收益。一旦投資者有提取帳戶資金的需要，從第 2~5 年開始，可以免費提取不超過所交保費的 10%的帳戶資金，第 6 年開始便可任意提取享受終身免費。

分析：

案例分析 3：結合終生壽險兩全分紅型保險分析吳小姐的理財是否合理

吳小姐為其才出生 60 多天的女兒購買了一份終身壽險兩全分紅型保險。保險代理人的推算如下：0 歲女孩，保額 5 萬元，年交保費 47,915 元，交費期 5 年，保障終身。

承諾保險利益：

1. 生存保險金：第 6 年開始，每年領取保額 10%，即 5,000 元，領取終身。
2. 分紅利益：每年有現金分紅，第 10 年開始擁有特別紅利。
3. 身故保險金：所交保費的 120%減去已經領取金額，或現金價值，二者取高

賠付。

身故金除外責任：兩年內自殺、投保人或受益人對被保險人的故意傷害、因自身犯罪或因拒捕導致的。

第20年，所領取返還金為75,000元，按中等紅利累積計算有現金紅利94,254元，再加特別紅利8,500元。現金價值為111,834元。第30年，所領取返還金為125,000元，按中等紅利累積計算有現金紅利169,043元，再加特別紅利12,750元。現金價值為105,195元……第100年，所領取返還金為475,000元，按中等紅利累積計算有現金紅利1,909,768元，再加特別紅利42,500元。現金價值為7,036元。

只要交5年，一年只要交4萬多，不但有固定的年金可以拿，還可以分享保險公司的贏利，年年有分紅。相當於現在給孩子買一套簽了終身租約的小房子了，孩子這一輩子就衣食無憂了。

分析：_____
_____
_____
_____
_____
_____

保險規劃綜合案例分析

1. 兩口之家的保險需求分析

王女士今年24歲，丈夫28歲。公公婆婆已經年逾花甲，沒有收入和保險。王女士父母親有自己的收入，也買有保險，基本不需要小兩口操心。丈夫是大學教師，年收入6萬~7萬元，王女士年收入約4萬元，收入穩定。小兩口有商品房一套，市值88萬元，貸款48萬元，還有28年就可以還完。現有存款5萬元。有基金6萬元，已投一年多，虧損7%。王女士和丈夫兩人都在學習，預計3年後兩人的年收入達到15萬元。家庭生活月支出約2,500元。準備兩年後要一個寶寶，買輛代步車。夫妻兩人均有社保，沒有購買其他保險，無股票投資，無外債。

（1）請結合案例，簡要分析王女士家庭存在的財務風險。

(2) 你認為王女士家庭需要增加的保險種類和保額分別為多少，填入表 7-8。

表 7-8　　　　　　　王女士家庭需增加的保險種類和保額

需要者	保險種類	保額

(3) 根據你的保險種類，請上網查找保險公司的相關保險品種，填入表 7-9。

表 7-9　　　　　　　　　保險品種情況

保險公司名稱	保險產品類型	保險產品名稱	保額	年保費支出

據此，王女士一家年保費支出將增加＿＿＿＿元。

註：保險產品，尤其是年保費支出必須和案例家庭的實際收支情況相匹配。

教師檢查簽字＿＿＿＿＿＿　　檢查時間＿＿＿年＿＿月＿＿日

實訓任務八　金融投資規劃

　　投資規劃是指專業人員（如金融理財師或理財顧問）為客戶制訂方案，或代替客戶對其一生或某一特定階段或某一特定事項的現金流在不同時間、不同投資對象上進行配置，以獲取與風險相對應的最優收益的過程。

　　投資規劃是個人理財規劃的一個重要組成部分，如何滿足客戶需要是制定投資規劃的關鍵。合適的投資規劃是根據不同客戶或同一客戶不同時期的理財目標而設計的，不同的理財目標要借助於不同的投資產品來實現。

● 第一節　投資規劃相關理論概述

一、投資的概念及其種類

　　廣義的投資是指經濟主體（企業和個人）為獲得未來收益而墊支資本轉為資產的過程，這一過程因存在風險而呈現不確定性。廣義的投資包括生產性投資和金融投資。生產性投資即直接投資，也稱作實業投資，是通過購置生產資料的活動增加經濟生產能力，實現經濟的增長；金融投資是指投資於金融資產或金融工具的投資活動或經濟行為，是通過貨幣所有權的轉移取得投資的回報。

　　狹義的投資就是指金融投資，特別是證券投資。

　　投資根據投資對象可分為實物投資和證券投資。實物投資是指投資者為獲取預期收益，以貨幣購買現實的物質資產，形成固定資產、流動資產和無形資產的投資活動。實物資產的投資會形成社會資本存量和生產能力的增加。

　　證券投資是指投資者買賣股票、債券、基金等有價證券以及這些有價證券的衍

生品，以獲取利息和資本利得的投資行為和投資過程。證券投資屬於金融投資，是最具典型意義的金融投資。

二、投資工具的種類

1. 股票投資

股票是股份公司為籌集資金而發行給股東作為持股憑證並借以取得股息和紅利的一種有價證券。股票的基本分類見表8-1。

表8-1　　　　　　　　　　　　　　股票的基本分類

分類標準	種　類
根據股東權利不同	普通股、優先股、後配股
根據上市地區不同	A股、B股、H股、N股、S股
根據業績不同	ST股、垃圾股、績優股、藍籌股
根據股票是否記載股東姓名	記名股票、無記名股票
根據股票是否記明每股金額	有面值股票、無面值股票
根據股票所代表的權利大小	普通股票、特別股票
根據股票持有者有無表決權	表決權股票、無表決權股票

2. 債券投資

債券是發行者依照法定程序發行，並約定在一定期限內還本付息的有價證券，是表明投資者與籌資者之間債權債務關係的書面債務憑證。

債券是一種表明債權債務關係的憑證，證明持券者有按約定的條件（如面值、票面利率和償還期等）向發行人取得利息和到期收回本金的權利。具體地說，持券者就是債權人；債券的發行者是債務人，包括國家、地方政府、公司或金融機構。由於收益相對固定，投資風險相對較低，一些債券還具有稅收優勢，因此，債券往往成為人們比較青睞的投資品種。特別是在高利率時期，投資者更願意投資債券，以確保獲得穩定的高收益率。中國債券主要種類見表8-2。

表8-2　　　　　　　　　　　　　中國債券主要種類

	憑證式國債	記帳式國債	儲蓄國債(電子式)
交易場所	銀行櫃臺	銀行櫃臺 交易所 銀行間債券市場	銀行櫃臺 網上銀行
認購辦法	現金直接購買	開立帳戶購買	開立帳戶購買
可否流通	不可流通	可流通	不可流通
付息方式	利隨本清	多種方式	多種方式
兌付方式	臨櫃兌付	自動到帳	自動到帳
發行對象	個人、機構	個人、機構	個人

第二篇　實務篇

3. 證券投資基金

證券投資基金是一種利益共享、風險共擔的集合證券投資方式，通過發行投資基金單位，集中投資者的資金，由基金託管人託管，由基金管理公司管理和運用資金，從事股票債券等金融工具的投資，並將投資收益按投資者的投資比例進行分配的一種間接投資方式。

4. 期貨投資

期貨合約是指協議雙方同意在約定的某個日期，按照約定的條件買賣一定標準數量的標的資產的標準化協議。期貨交易是集中的在交易所中以公開競價進行的，根據其標的資產不同可分為商品期貨和金融期貨兩類。金融期貨包括利率期貨（以債券工具為標的資產）、外匯期貨（以外匯為標的資產）和股指期貨（以股票指數為標的資產）。

5. 期權投資

金融期權是指賦予其購買者在規定期限內按雙方約定的價格（簡稱協議價格）或執行價格購買或出售一定數量某種金融資產的權利的合約。其實質是一種權利的單方面有償讓渡，購買期權者以支付一定數量的期權費為代價，得到一種權利，有權買進或賣出，或是可以放棄。相反，期權的賣方在收取一定數量的期權費後，在一定時間內無條件服從買方的選擇，出售或購進證券。

6. 外匯投資

外匯是指貨幣在各國間的流動，以及把一個國家的貨幣兌換成另一個國家的貨幣，借以清償國際債權、債務關係的一種專門性的經營活動，是國際匯兌的簡稱。這是外匯的動態定義。外匯的靜態定義是指以外幣表示的可用於國際結算的支付憑證。狹義的外匯是以外國貨幣表示的、為各國普遍接受的、可用於國際債權債務結算的各種支付手段。主要包括：外國貨幣、包括鑄幣、鈔票等；外幣支付憑證，包括票據、銀行存款憑證、郵政儲蓄憑證等；外幣有價證券，包括政府公債、國庫券、公司債券、股票、息票等；特別提款權、歐洲貨幣單位等；其他外匯資產。

7. 信託投資

信託是指委託人基於對受託人的信任，將其財產權委託給受託人，由受託人按委託人的意願以自己的名義，為受益人的利益或者特定目的，進行管理或者處分的行為。信託是一種以財產為核心，以信任為基礎，由他人受託管理的財產管理方式。信託是一種涉及三方當事人的法律關係，是圍繞著一定財產而發生的法律關係，它以信任為基礎，受託人忠實地為受益人進行利益管理。信託是財產上的所有權和其利益相分離的一種法律關係。信託可分為資金信託和財產信託兩類。

資金信託是指委託人基於對信託投資公司的信任，將自己合法擁有的資金直接委託給信託投資公司，由信託投資公司按委託人的意願以自己的名義，為受益人的

237

利益或特定目的管理、運用和處分資金的行為。集合資金信託計劃是由信託公司擔任受託人，按照委託人意願，為受益人的利益，將兩個以上（含兩個）委託人交付的資金進行集中管理、運用或處分的資金信託業務活動。

財產信託是指委託人將自己的動產、不動產等非貨幣形式的財產、財產權，委託給信託投資公司按照約定的條件和目的進行管理或者處分的行為。

8. 黃金投資

黃金投資是人們累積和保護財富最古老的方式之一。作為一種全球的資產，黃金能較好地抵禦通貨膨脹，具有良好的保值能力，同時也是一種重要的投資工具，因此，黃金投資成為家庭投資理財的一項重要選擇。

9. 理財產品投資

隨著理財產品市場的不斷發展，理財產品的概念也在不斷演化。從廣義角度而言，一切與投資或資產配置相關的金融及非金融工具，當被居民或家庭甚至企業、政府等機構用於財富管理時，都可以稱為理財產品。從狹義角度而言，理財產品是指由金融機構（如商業銀行、證券公司、信託公司等）發行的，根據合同約定將所募集資金投資於金融或非金融產品，並將取得的投資收益分配給投資人或受益人的一種金融投資工具。

三、投資規劃流程安排

投資規劃的基本流程是確定投資目標，在投資目標的基礎上制定投資策略，這個過程中應該對投資報酬的現值和終值進行測算和分析，制訂一個科學合理的投資計劃，最後實施投資策略，並持續反饋和調整。投資規劃流程如圖8-1。

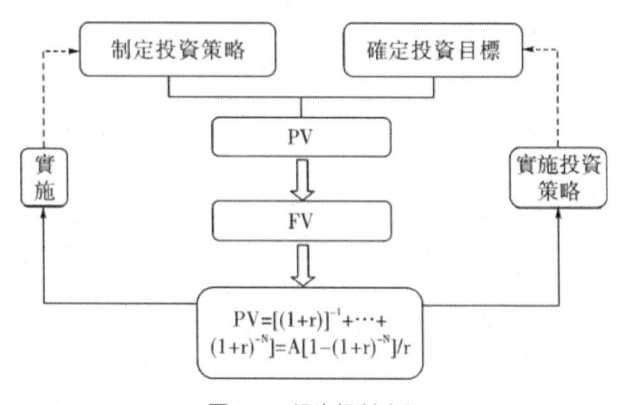

$$PV=[(1+r)]^{-1}+\cdots+(1+r)^{-N}=A[1-(1+r)^{-N}]/r$$

圖 8-1　投資規劃流程

第二節　投資規劃實務

一、實訓任務

根據所抽取的案例，結合課本案例分析客戶的投資需求，並根據客戶的實際情況，制訂出一個完整的客戶投資規劃方案。

二、實訓目的

1. 投資分析實訓操作目的是使實訓者具備基本的調研和分析能力。
2. 通過本部分的實訓操作，要求實訓者瞭解投資工具的種類以及每類投資工具的特點、操作方法，市場行情分析的方法。
3. 通過實訓練習使實訓者能夠分析投資需求，正確衡量投資的風險和收益，並制訂投資規劃方案。

三、實訓要求

1. 實訓以小組為單位，成果在課堂完成上交，提交電子版文件，如涉及計算分析過程，同時提交 Excel 文件。
2. 根據實際案例，結合所學的知識，分析案例的投資需求，制訂投資規劃方案。

四、實訓步驟

1. 選擇你感興趣的一種投資，介紹該實物投資的特點及具體操作手法。
2. 對該類投資的當前及未來市場行情做簡要分析。
3. 情景模擬，小組中的一位同學扮演客戶，其他同學扮演客戶經理，分析客戶的投資需求；總結並為客戶制訂投資規劃方案。
4. 由指導教師對部分實訓者或每個實訓者的部分內容進行抽查，實訓者口頭闡述自己的實訓成果。

五、實訓報告

1. 簡單描述你選擇的投資品種

註：參考種類：股票、債券、基金、外匯、理財產品、黃金（紙黃金）、郵票、書畫作品等。在選擇種類時，必須在每一種類下進行細化，如郵票要選擇其中一個

題材、某個主題或某種型號的品種，書畫要選擇某位作家的某個系列的作品等。

2. 簡述該類投資的特點、風險點、交易場所及投資技巧。

3. 對該實物投資的當前及未來市場行情做簡要分析。

任務單1：投資規劃方案設計

（一）分析客戶的風險承受能力和投資偏好

投資有風險，不同風險偏好和承受能力的客戶，應選擇不同的投資產品或投資組合。以下測試，幫助您更好地瞭解自己的風險偏好和風險承受能力。

1. 客戶風險偏好測試

（1）風險投資於您而言：

A. 覺得很危險　　B. 可以嘗試低風險　　C. 比較感興趣　　D. 非常感興趣

第二篇　實務篇

（2）您的親友會以下列哪句話來形容您：

A. 您從來都不冒險

B. 您是一個小心、謹慎的人

C. 您經仔細考慮後，會願意承受風險

D. 您是一個喜歡冒險的人

（3）假設您參加一項有獎競賽節目，並已勝出，您希望獲得的獎勵方案：

A. 立刻拿到 1 萬元現金

B. 有 50% 的機會贏取 5 萬元現金的抽獎

C. 有 25% 的機會贏取 10 萬元現金的抽獎

D. 有 5% 的機會贏取 100 萬元現金的抽獎

（4）因為一些原因，您的駕照在未來的三天無法使用，您將：

A. 搭朋友的便車、坐出租或公車

B. 白天不開，晚上交警少的時候可能開

C. 小心點開車就是了

D. 開玩笑，我一直都是無照駕駛的

（5）有一個很好的投資機會剛出現。但您得借錢，您會選擇融資嗎？

A. 不會　　B. 也許　　C. 會

（6）您剛剛有足夠的儲蓄實踐自己一直夢寐以求的旅行，但是出發前三個星期，您忽然被解雇。您會：

A. 取消旅行

B. 選擇另外一個比較普通的旅行

C. 依照原定的計劃，因為您需要充足的休息來準備尋找新的工作

D. 延長路程，因為這次旅行可能成為您最後一次豪華旅行

（7）如果投資金額為 50 萬元，以下四個投資選擇，您個人比較喜歡：

A. 最好的情況會賺 2 萬元（4%），最差的情況下沒有損失

B. 最好的情況會賺 8 萬元（16%），最差的情況下損失 2 萬元（4%）

C. 最好的情況會賺 26 萬元（52%），最差的情況下損失 8 萬元（16%）

D. 最好的情況會賺 48 萬元（96%），最差的情況下損失 24 萬元（48%）

（8）如果您收到了 25 萬元的意外財產，您將：

A. 存到銀行

B. 投資債券或債券型基金

C. 投資股票或股票型基金

D. 投入到生意中

2. 客戶風險承受能力測試

（1）您現在的年齡：

A. 60歲以上　B. 46~60歲　C. 36~45歲　D. 26~35歲　E. 25歲以下

（2）您的健康狀況如何：

A. 一直都不是很好，要經常吃藥和去醫院

B. 有點不好，不過目前還沒什麼大問題，我擔心當我老了的時候會變得惡劣

C. 至少現在還行，不過我家裡人有病史

D. 還行，沒大毛病

E. 非常好

（3）是否有過投資股票、基金或債券的經歷？

A. 沒有　　B. 有，少於3年　C. 有，3~5年　　D. 有，超過5年

（4）您目前投資的主要目的是？

A. 確保資產的安全性，同時獲得固定收益

B. 希望投資能獲得一定的增值，同時獲得波動適度的年回報

C. 傾向於長期的成長，較少關心短期的回報和波動

D. 只關心長期的高回報，能夠接受短期的資產價值波動

（5）您投資的總額占您個人（或家庭）總資產（含房產等）的：

A. 低於10%　B. 10%~25%　C. 25%~40%　D. 40%~55%　E. 55%以上

（6）您預期的投資期限是：

A. 少於1年　　B. 1~3年　C. 3~5年　　D. 5~10年　E. 10年以上

（7）在您投資60天後，價格下跌20%。假設所有基本面均未改變，您會怎麼做？

A. 為避免更大的擔憂，全部賣掉再試試其他的

B. 賣掉一部分，其餘等著看看

C. 什麼也不做，靜等收回投資

D. 再買入。它曾是好的投資，現在也是便宜的投資

（8）您有沒有想過如果有一天您的財務狀況發生很大的變化，比如說突然有一筆很大的開支，這筆開支可能會動用您10%的個人資產甚至更多：

A. 沒想過，我感覺這種大變化不會在我身上發生

B. 經常想，我很擔心整個生活都將變得一團糟，可是我又有什麼辦法呢

C. 想過一兩次，感覺挺可怕的

D. 曾經想過一兩次，但是我還年輕，無所謂的

（9）您對您目前的財務狀況滿意嗎？

A. 不太好，常常要借錢

B. 剛剛好，我要特別小心打理

C. 我做得還行，一直按照我人生的規劃在順利進行

D. 特別好，現在想買什麼就買什麼

(10) 當您退休後，您計劃做什麼：
A. 節儉地生活，避免把錢花光
B. 繼續工作掙錢，因為我的養老金估計不夠用
C. 享受人生，周遊世界
D. 努力花錢，直到去見上帝之前還要給上帝帶上一件最奢侈的禮物

評分標準及分類：A——1分　B——2分　C——3分　D——4分　E——5分
風險偏好類型（最低8分，最高31分）
8~15分　風險厭惡型
16~25分　風險中性
26分以上　風險偏好型
風險承受能力類型（最低10分，最高44分）
10~15分　非常保守型
16~20分　溫和保守型
21~30分　中庸穩健型
31~38分　溫和進取型
39分以上　非常進取型

客戶風險偏好和風險承受能力分析

結果：
　　客戶的風險偏好測試得分為_____分，屬於_____型客戶。風險承受能力測試得分為_____分，屬於_____型客戶。
分析：

建議：

(二) 根據客戶的風險和財務情況，為客戶構建一份投資組合
實訓內容：大學生的投資規劃
實訓步驟：先分析客戶的投資需求，制定理財目標，對目標進行詳細分析，並制定完成時間表，確定投資組合。

理財規劃實訓教程

根據當前生活狀況或對未來的規劃，按照下列的提示制定一個短期理財目標和一個長期理財目標。

步驟一：根據個人生活狀況制定現實的理財目標。

（1）短期目標：＿＿＿＿＿＿＿＿＿＿＿＿＿＿＿＿＿＿＿＿＿＿＿＿＿

（2）長期目標：＿＿＿＿＿＿＿＿＿＿＿＿＿＿＿＿＿＿＿＿＿＿＿＿＿

步驟二：對你的目標進行具體化、量化論述

（1）＿＿＿＿＿＿＿＿＿＿＿＿＿＿＿＿＿＿＿＿＿＿＿＿＿＿＿＿＿＿

（2）＿＿＿＿＿＿＿＿＿＿＿＿＿＿＿＿＿＿＿＿＿＿＿＿＿＿＿＿＿＿

（3）＿＿＿＿＿＿＿＿＿＿＿＿＿＿＿＿＿＿＿＿＿＿＿＿＿＿＿＿＿＿

步驟三：制定完成上述目標的時間表

（1）＿＿＿＿＿＿＿＿＿＿＿＿＿＿＿＿＿＿＿＿＿＿＿＿＿＿＿＿＿＿

（2）＿＿＿＿＿＿＿＿＿＿＿＿＿＿＿＿＿＿＿＿＿＿＿＿＿＿＿＿＿＿

（3）＿＿＿＿＿＿＿＿＿＿＿＿＿＿＿＿＿＿＿＿＿＿＿＿＿＿＿＿＿＿

步驟四：明確為實現目標所要構建的投資組合，說明投資品種種類、資金配置及其理由

（1）＿＿＿＿＿＿＿＿＿＿＿＿＿＿＿＿＿＿＿＿＿＿＿＿＿＿＿＿＿＿

（2）＿＿＿＿＿＿＿＿＿＿＿＿＿＿＿＿＿＿＿＿＿＿＿＿＿＿＿＿＿＿

（3）＿＿＿＿＿＿＿＿＿＿＿＿＿＿＿＿＿＿＿＿＿＿＿＿＿＿＿＿＿＿

（4）＿＿＿＿＿＿＿＿＿＿＿＿＿＿＿＿＿＿＿＿＿＿＿＿＿＿＿＿＿＿

任務單2：辨析金融資產與實物資產

Lanni Products是一家新興的計算機軟件開發公司，它現有計算機設備價值30,000美元，以及由Lanni Products的所有者提供的20,000美元現金。在下面的交易中，指明交易涉及的實物資產和（或）金融資產。在交易過程中有金融資產的產生和損失嗎？

A. Lanni Products公司向銀行貸款。它共獲得50,000美元現金，並且簽發了一張票據保證3年內還款。

B. Lanni Products公司使用這筆現金和它自有的20,000美元為其一新的財務計劃軟件開發提供融資。

C. Lanni Products公司將其軟件產品賣給微軟公司（Microsoft），微軟以它的品牌供應給市場，Lanni Products公司獲得微軟股票1,500股作為報酬。

D. Lanni Products公司以每股80美元的價格賣出微軟公司的股票，並用所獲部分資金償還貸款。

請分析這四個投資分別屬於哪種類型的投資：

第二篇　實務篇

A. _____
B. _____
C. _____
D. _____

任務單 3：根據案例為自己規劃一個比較合適的未來五年的投資規則

　　陳先生 2008 年畢業後進入一家民營建築公司上班，當時的平均月收入在 3,000 元左右，隨著工齡的增加，現在已經有了近 4,000 元的收入。工資不算高，平時花錢很厲害，所以陳先生上班以後便定下了一個計劃，那就是爭取五年內買車、買房。為了實現這個計劃，他執行了嚴格的生活、理財計劃。

　　生活方面：不在外面租房子居住，與多位同事一起使用單位提供的宿舍，節約出一筆房租費、水電氣費；盡量在單位食堂吃飯，平均每天的飯費不超過 15 元；每個月的電話費不超過 100 元。

　　理財方面：第一年把每個月的閒錢拿到銀行零存整取；第二年把存款拿去買一年期固定收益型理財產品；從第三年開始把積蓄平分成三份，一份用於炒股，一份用於買國債，一份用於買理財產品。

　　陳先生說，他一方面省吃儉用，一方面堅持長期理財，去年按揭了一套住房，今年年初買了一輛 6 萬元的代步車，最後還剩下 1 萬餘元作為當年應急存款。

　　陳先生說，由於最近股市震盪比較厲害，銀行理財產品也不景氣，所以在理財時就應大幅度降低收益預期，能夠賺到幾個百分點就撤退。他現在啟動了大家公認為屬於傻瓜式理財的基金定投，每個月投入 500 元，計劃連續投資 10 年。目的是減少震盪行情可能帶來的風險。

　　陳先生通過幾年時間的摸索，覺得理財其實是一種生活方式。工薪族一定不要認為小錢沒用，一定要堅持把自己的小錢變成大錢，只要堅定不移地運用各種理財手段，無論是股票、基金，還是國債、定期存款，只要別讓閒錢在活期帳戶睡懶覺，每年或多或少都會有收益。

　　陳先生認為，工薪族每個月領到工資以後，最好把未來一個月的開支放在一邊，然後把閒錢投放到理財市場「錢生錢」。工薪族理財也不能一味地求穩，必要的時候還得搏一把，否則小錢也難變成大錢。有時候也不能光靠省錢，如果自己沒有在股市裡賺了一筆，買房子的首付還是有問題的。

　　陳先生現在很受同學的羨慕，雖然工資沒有一些同學高，但是經過自己的規劃，達到了比較高的生活質量，用他自己的話來說就是打持久戰，六年實現了有車、有房。

　　案例來源：張元綠. 理財故事：讓小錢變大錢 [EB/OL]. [2010-06-10]. finance.ce.cn/rouing/201006/10/t20100610_034.

理財規劃實訓教程

請討論：根據案例中的陳先生的模式，試著為自己制定一個比較適合的未來五年的投資規劃。

首先，陳先生理財過程中的可取之處有哪些？

_____
_____

其次，針對自身現有的條件和對未來的期望設計一個五年的投資規劃，應該選擇哪些投資品種？各類投資資產的分配比例如何？

第一年_____

第二年_____

第三年_____

第四年_____

第五年_____

最後，陳先生的投資理財規劃對你有何啟示？

_____
_____
_____
_____

教師檢查簽字_____　檢查時間_____年____月____日

實訓任務九　退休規劃和遺產規劃

開篇引例

　　11月13日上海均瑤發出公告:「根據王均瑤董事長生前安排,其持有的本公司50%的股權中,5%的股權轉讓給現股東王均金先生,5%的股權轉讓給現股東王均豪先生,40%的股權轉讓給其長子(未成年),並委託王均金先生、王均豪先生共同代為管理。」11月18日,均瑤集團新董事長王均金出面「澄清」:①這40%的股權是留給親屬及長子的;②這40%的股權並非指均瑤集團公司,而是上海均瑤,前者有25個億,後者僅8億。

　　按照11月13日上海均瑤的公告,王均瑤長子40%,他兩位掌管集團的叔叔各擁有35%和25%的股權;按照11月18日的「更正」,這個40%為親屬及長子共同支配,那麼這兩位叔叔又在重要的親屬之列,也可以再控制40%中的部分產權。王均瑤長子兄妹3人,還有生母和繼母。如果按前一個說法,問題會簡單得多,也許矛盾僅限王均瑤長子兄妹;如果按後者標準,整個王氏家族將面臨產權再分配。

　　啟示:

　　不少的企業家苦於找不到合適的「接班人」:子女不是不肖就是不孝,難以繼承家業;現代化的公司產權制度和治理結構還沒有完善,還無法使所有權與決策權和經營權相對分離;家族企業如何實現永續經營和可持續發展已經成為民營企業家最大的苦惱和心病。

第一節 退休規劃相關理論概述

一、退休規劃的概念及原則

退休，指員工在達到一定年齡或為企業服務一定年限的基礎上，按照國家的有關法規和員工與企業的勞動合同而離開企業的行為。一般在55~65歲退休，國內社會養老保險規定的退休年齡，不考慮延遲退休，男職工年滿60週歲，女幹部年滿55週歲，女工人年滿50週歲退休。退休規劃，是為保證個人的退休生活而制定和實施的理財規劃。

由於在退休後收入將減少，無法保證支出的維持，傳統的養兒防老等傳統養老方式又難以為繼，「廣覆蓋、低保障」的社會養老保險僅能滿足老年人基本生活保障，隨著醫療支出的增加，老年人對生活品質的要求提高，退休規劃顯得十分必要。在退休規劃中，應遵循以下幾個重要的原則：

（1）宜早不宜遲。養老規劃是長期規劃，投資時間越長，複利效應越大，及早進行養老規劃，可以用較長的在職時間攤薄養老成本。

（2）注重安全。離退休時間較近時，應選擇儲蓄和低風險債券；離退休時間較遠時，可選擇收益和風險相對較高的產品。

（3）採取多樣化的退休金儲備方式。以社會養老保險和商業養老保險滿足退休後的基本支出，以報酬率較高的有價證券投資滿足退休後的生活品質支出。

累積期、投資收益、年累積額對退休儲備金的影響見表9-1。

表9-1　　累積期、投資收益、年累積額對退休儲備金的影響

	退休本金累積額度（元）								
	每年累積 20,000				每年累積 50,000			
	年收益率				年收益率			
	4%	6%	8%	10%	4%	6%	8%	10%
10年	240,122	263,616	289,731	318,748	600,305	659,040	724,328	796,871
20年	595,562	735,712	915,239	1,145,500	1,488,904	1,839,280	2,288,098	2,863,750
25年	832,918	1,097,290	1,462,119	196,941	2,082,295	2,743,226	3,655,297	4,917,353
30年	1,121,699	1,581,164	2,265,664	3,289,880	2,704,247	3,952,909	5,664,161	8,224,701
35年	1,473,044	2,228,696	3,446,336	5,420,487	3,682,611	5,571,739	8,615,840	13,551,218
40年	1,900,510	3,095,239	5,181,130	8,851,851	4,751,276	7,738,098	12,952,826	22,129,628

二、養老保險體系

1. 社會養老保險

社會養老保險，是國家為保障公民退休後的基本生活而建立的社會保險。它起

源於 1889 年，俾斯麥在德國首次建立現代社會養老保險制度。社會保險包括五大險種，分別為養老保險、醫療保險、失業保險、工傷保險和生育保險。

社會養老保險制度的特點有：①由國家立法強制實行，單位和個人必須參加；②養老保險費用由國家、企業、個人共同負擔；③養老保險具有社會性，影響面廣，費用支出龐大。

2. 企業年金

企業年金（企業補充養老保險），由企業退休基金提供的養老金。企業年金具有以下特徵：①由企業自願建立，國家不強制建立，不直接干預；②年金繳費，或由企業承擔，或由企業和職工共同承擔；③繳費人自主決定年金管理模式、管理主體（養老金管理公司、基金公司等）。

中國企業年金建立的基本原則為：①自願參與原則；②個人帳戶原則，企業年金所有權屬於個人；③信託原則，企業年金進行信託管理；④市場化管理原則，政府不直接介入；⑤效率優先，兼顧公平原則。

按年金計發辦法，企業年金分兩種，待遇確定型企業年金（DB 型）和繳費確定型企業年金（DC 型）。待遇確定型企業年金（DB 型）是指員工退休後每年可領取的企業年金數額不變，類似於一般的商業養老保險，一般不設立個人帳戶，由企業全額繳費，累積的年金一般投資於低風險的固定收益資產。繳費確定型企業年金（DC 型）是指員工退休後每年可領取的企業年金數額受投資收益率影響，一般設立個人帳戶，由企業和員工共同繳費，累積的年金部分投資於風險適當的權益類資產，如藍籌股。

【閱讀資料】

美國的企業年金：401K 計劃

401K 計劃是一種繳費確定型企業年金，可減免年金計劃的投資收益所得稅。允許延遲納稅，允許職工將部分稅前工資存入養老金計劃，不必立即支付個人所得稅；退休後從養老金計劃取出本金和投資收益時，需要付個人所得稅。降低納稅等級，在累進稅制下退休後個人收入少，納稅等級降低，應納稅額減少。

3. 中國養老保險制度

中國家庭的養老金主要來自於社會養老保險、農村養老保險、企業年金和家庭資金（個人儲蓄、個人養老保險、子女贍養）。除此以外，還有城市最低生活保障、社會救濟等。

社會養老保險，覆蓋所有城鎮企業和職工，養老保險費用由國家、企業、職工共同負擔。繳費上採用社會統籌和個人帳戶相結合的方式，個人繳費（工資總額的 8%）進入個人帳戶，單位繳費（通常是工資總額的 12%以上）進入社會統籌帳戶。個人繳費工資總額上限為當地平均工資的 300%，下限為當地平均工資的 60%。中

國長期以來實行現收現付制，這種模式下政府承擔的最終債務風險非常大，而完全累積模式轉制成本太高，不適合中國現行經濟發展的需要，因此中國當前已從現收現付模式轉向部分累積模式，亦即社會統籌帳戶進行部分的代際轉移。

$$社會養老保險金 = 基礎養老金 + 個人帳戶養老金$$
$$基礎養老金 = 退休前一年本地區職工月平均工資 \times 20\%$$
$$個人帳戶養老金 = 個人帳戶本息和 \div 120$$

例1：假設李先生平均月薪12,000元，劉女士平均月薪1,200元，當地月平均工資為3,000元。請問：（1）李先生每月應繳多少社會養老保險金？（2）劉女士每月應繳多少社會養老保險金？

李先生月薪高於當地月平均工資的300%，每月應繳養老保險金 = 9,000×8% = 720（元）

劉女士月薪低於當地月平均工資的60%，每月應繳養老保險金 = 1,800×8% = 144（元）

例2：假設王先生平均月薪4,000元（假設今後收入不變），養老保險繳費期為20年，個人帳戶投資收益率為5%，20年後北京市月平均工資為3,000元，那麼退休後，他每月能領到多少養老金？

每月能領到的養老金 = 3,000×20% + 4,000×8%×12×(F/A, 5%, 20) ÷ 120 = 600 + 127,000÷120 = 1,658（元）

【閱讀資料】

退休金雙軌制

中國現行的是「退休金雙軌制」，有兩套並行的養老金體系，一套是政府部門、事業單位的退休制度，由財政統一支付「吃皇糧的人民公僕」的養老金；另一套是社會企業單位的「繳費型」統籌制度，單位和職工本人按一定標準繳納。機關事業單位退下來的人員的養老金和企業退下來的人員的養老金，具體將表現為三個不同：

一是統籌的辦法不一樣，即企業人員是單位和職工本人按一定標準繳納，機關事業單位的則由國家財政統一籌資；二是支付的渠道不一樣，即企業人員由自籌帳戶上支付，而機關事業單位則由國家財政統一支付；三是享受的標準不一樣，即機關事業單位的養老金標準遠遠高於企業退休人員，差距為3~5倍。養老金待遇最高相差50倍，從被訪者來看，最低為200元，最高為10,000元。

資料來源：趙婧妤. 養老金雙軌制的歷史原因及其負面效應 [J]. 法制與社會, 2016 (24).

三、退休規劃工作流程

退休養老規劃是為保證客戶在將來有一個自立、尊嚴、高品質的退休生活，而從現在開始積極實施的規劃方案。退休規劃核心在於進行退休需求的分析和退休規劃工具的選擇。退休規劃的工具具體來說包括社會養老保險、企業年金、商業養老

第二篇 實務篇

保險以及其他儲蓄和投資方式。

1. 確定退休目標

需要確定的兩個退休目標。一是退休時間，退休時間越推後，所能累積的養老金越多，退休後所需的養老金就越少，同時隨著經濟結構的轉變和人均壽命的增加，考慮普遍存在推遲退休年齡的趨勢。二是退休後的生活水平，通常人們希望退休後不降低當前的生活水平，另外退休後的醫療支出和生活享受支出可能有所增加。

2. 估算退休後的支出

退休後的支出可分為兩類：經常性開支類，包括基本生活服務費開支、醫療費用開支；非經常性開支類，包括子女婚娶、旅遊支出等。

退休後支出的一般估算方法為，退休後支出＝維持當前生活水平所需支出＋老年階段增加的開銷（醫療護理）－老年階段減少的開銷（如子女教育費用、房屋按揭費用、保險支出、交通費等）。同時需要考慮投資報酬率和通貨膨脹率。

除了上述方法之外，還可以將退休前收入或支出的一定比例作為支出的簡單估算：

(1) 以退休前支出的某一比例估算，如支出的 70%～80%；

(2) 以退休前收入的某一比例估算，如收入的 60%～70%。

退休第一年支出估計見表 9-2。

表 9-2　　　　　　　　退休第一年支出估計　　　　　　　　單位：元

支出項目	目前年支出	退休後年支出（當前價格）	價格變化	複利終值系數（n=20）	退休後第一年支出
飲食	12,000	8,000	3%	1.806	14,448
服裝美容	5,000	3,000	1%	1.22	3,660
房租	0	0	3%	1.806	0
房屋按揭貸款	30,000	0	0	1	0
水電氣、電話費	5,000	3,000	4%	2.191	6,573
交通	6,000	5,000	4%	2.191	10,955
子女大學教育費用	12,000	0	6%	3.207	0
休閒娛樂	6,000	10,000	6%	3.207	32,070
旅遊	12,000	16,000	6%	3.207	51,312
醫療保健	5,000	10,000	6%	3.207	32,070
保險	5,000	0	0	1	0
其他	5,000	5,000	5%	2.653	13,265
生活總支出	103,000	60,000	5.1%	2.739	164,353

3. 估算退休後的收入

個人退休後的收入來源包括社會養老保險、企業年金、商業養老保險、資產投資收益、資產變現收益、子女贍養費、遺產繼承、兼職工作收入等。但是在實際估

251

算中往往會存在一定的偏差。退休收入估算存在偏差的原因有兩個：一是養老規劃週期很長，悲觀或樂觀情緒容易使養老規劃產生較大偏差；二是缺乏收入估算的經驗和知識。

4. 估算退休金缺口（退休金淨值）

退休金缺口＝預計的養老金支出－預計的養老金收入

退休準備金＝當前資產中留作養老儲備金的部分＋未來每年儲蓄留作養老儲備金的部分

5. 制定退休規劃

根據退休金缺口，制定退休規劃，利用各種方法彌補退休金缺口。退休金缺口的彌補方法有：

（1）提高當前收入水平、提高儲蓄比例、降低退休後開支、延長工作年限、提高投資收益等。

（2）退休生活分段。退休前期，65歲以前，尚有工作能力，可選擇兼職工作；退休中期，65~75歲，具備積極的生活能力，退休支出高峰期，可外出旅遊，發展業餘愛好；退休後期，75歲以後，以居家為主，醫療護理支出增加。

6. 選擇退休規劃工具

養老投資原則：以社會養老保險和商業養老保險滿足退休後的基本支出；以報酬率較高的有價證券投資滿足退休後的生活品質支出；注重安全性、收益性、多樣性、流動性。

根據上述原則，可選擇的主要養老投資工具包括社會養老保險、企業年金、商業養老保險、銀行存款、國債、高等級企業債券、銀行理財產品、基金、股票（主要投資於藍籌股）、實物投資，如房產。個人應根據自身的風險和財務情況，同時考慮退休需求來選擇合適的投資工具。

7. 執行計劃

在制訂好退休計劃、選擇好養老投資工具後，就進入執行計劃階段。養老規劃週期一般很長，應嚴格執行養老規劃，養成強制儲蓄的習慣。

8. 反饋與調整

如果市場環境、客戶養老目標沒有發生重大變化，只需要定期（每年）檢查退休規劃的執行情況。

第二節　財產傳承規劃

財產分配規劃，是指為了使家庭財產及其所產生的收益在家庭成員之間實現合理的分配而做的財務規劃。

第二篇 實務篇

財產傳承規劃是為了保證家庭財產實現代際相傳、安全讓渡而設計的財務方案，也就是遺產規劃，是當事人在其健在時通過選擇遺產管理工具和制訂遺產分配方案，將擁有或控制的各種資產或負債進行安排，確保在自己去世或喪失行為能力時能夠實現一定的目標，是從財務的角度對個人一生財產進行的整體規劃。

一、收集客戶信息，界定財產權屬關係

（一）婚姻

1. 婚姻成立的條件

雙方親自訂立並且意思表示真實。實質要件：

（1）必須是異性男女，中國不承認同性婚姻。
（2）男女雙方必須在自願的基礎上達成合意。
（3）必須達到法定婚齡。男的不得低於22週歲，女的不得低於20週歲。
（4）必須符合一夫一妻制，即不得重婚。
（5）必須不是直系血親和三代以內的旁系血親。
（6）雙方必須均未患有醫學上認為不應結婚或暫緩結婚的疾病。

形式要件：登記

《中華人民共和國婚姻法》第八條規定：「要求結婚的男女雙方必須親自到婚姻登記機關進行結婚登記，符合本法規定的，予以登記，發給結婚證，取得結婚證，即確立夫妻關係」。婚姻成立的時間是完成登記頒發結婚證之時。

2. 夫妻關係

夫妻關係分為夫妻人身關係和夫妻財產關係。前者要求夫妻關係地位平等、獨立；都享有姓名權；夫妻之間的忠實義務；人身自由權；住所選定權；禁止家庭暴力、虐待、遺棄；計劃生育義務。夫妻財產關係是指夫妻財產的所有權（夫妻一方的財產所有權和夫妻雙方的共同財產所有權）；相互扶養義務；相互繼承遺產的權利。

3. 分割繼承

夫妻有相互繼承遺產的權利，夫妻在婚姻關係存續期間所獲得的共同財產，除事先約定的以外，在分割遺產時應當先預提其配偶所擁有的雙方共同財產的一半，剩餘的則為被繼承人的遺產。夫妻互為第一順序法定繼承人。

（1）夫妻法定財產，分為夫妻法定共有財產和夫妻法定特有財產。

夫妻法定共有財產是發生在婚姻存續期間的財產，包括工資、獎金；生產、經營的收益；知識產權的收益（知識產權取得的經濟利益，屬於夫妻共同財產，不包括署名權等）；金融資產；因繼承或贈與所得的財產，但遺囑或贈與合同中確定只歸夫或妻一方的財產除外；其他。

夫妻法定特有財產，又稱夫妻個人財產或夫妻保留財產，可由一方自由進行管

理、使用、收益和處分，而不需要徵得另一方的同意。包括：一方的婚前財產；一方因身體受到傷害獲得的醫療費、殘疾人生活補助費等費用；遺囑或贈與合同中確定只歸屬於夫妻其中一方的財產；一方專用的生活用品；其他應當歸一方的財產。

（2）夫妻約定財產。夫妻財產約定制有三種類型：一般共同制（全部共有）；部分共同制（部分共有，部分各自所有）；分別共同制（全部各自所有）。

（3）夫妻債務，指在婚姻關係存續期間，夫妻雙方或一方為維持共同生活的需要，或出於共同生活目的從事經營活動所引起的債務。

夫妻個人債務是指夫妻約定為個人負擔的債務或者一方從事無關家庭共同生活時所產生的債務。主要包括：①一方的婚前債務。如夫妻一方為購置房屋等財產負擔的債務，該房屋沒有用於婚後共同生活的，應當認定為個人債務。②夫妻雙方依法約定由個人負擔的債務。夫妻雙方將本屬共同生活所負的債務，約定由一方負擔的，可以視為夫妻個人債務。這種約定原則上不對債權人產生對抗效力，除非債權人事先知道該約定或者事後追認該約定。③夫妻一方因個人不合理的開支，如賭博、吸毒、酗酒所負債務。④遺囑或贈與合同中確定只歸夫或妻一方的財產為一方個人財產，附隨這份遺囑或贈與合同而來的債務也應由接受遺囑或贈與的一方單獨承擔，他方無清償責任。⑤夫妻一方未經對方同意，擅自資助沒有扶養義務人所負擔的債務。⑥夫妻一方未經對方同意，獨自籌資從事生產或者經營活動所負債務，且其收入確未用於共同生活的。⑦其他依法應由個人承擔的債務，包括夫妻一方實施違法犯罪行為、侵權行為所負的債務。

夫妻共同債務，指在夫妻關係存續期間，夫妻雙方或一方為共同生活所產生的債務。主要包括：①夫妻為家庭共同生活所負的債務。如購置共同生活用品所負債務；購買、裝修共同居住的住房所負的債務；為支付一方醫療費用所負的債務。②夫妻共同從事生產、經營活動所負的債務。③履行法定贍養義務所負的債務。④為支付夫妻一方或雙方的教育、培訓費用所負的債務。⑤為支付正當必要的社會交往所負的債務。⑥夫妻一方或雙方為履行法定扶養義務所負的債務。⑦夫妻協議約定為共同債務的債務。

夫妻共同財產中的股權構成。夫妻雙方分割共同財產中的股票、債券、投資基金份額等有價證券以及未上市股份有限公司時，協商不成或者按市價分配有困難的，人民法院可以按照數量比例分配。

房屋財產。①夫妻一方婚前付了全部房款，並取得房產證，該房屋屬於婚前財產。②夫妻一方婚前以個人財產購買房屋，並按揭貸款，把房屋產權證登記在個人名義下，該房屋為個人財產，按揭也為個人債務。③夫妻一方婚前支付了部分房款，但婚後才取得房產證，即使是婚後雙方共同還貸，其仍應屬於一方的婚前個人財產。④如果夫妻一方婚前已支付部分房貸，婚後夫妻共同還貸，或一方用個人財產還貸且房屋升值，在進行財產分配時，房產證還沒有拿到，先不界定房屋歸屬權，等雙方拿到房產證後再確定。⑤一方在婚前購房且房產證登記在其名下，其配偶有證據

第二篇　實務篇

證明也有出資，分割房屋財產時，該房屋仍為登記人的個人財產，但對配偶方所付房款，一方應當予以賠償。

(二) 親子關係

子女包括婚生子女、非婚生子女、收養子女和有撫養教育關係的子女。法律上的親子關係分為兩種類型：一類是自然血親的父母子女關係，包括父母與婚生子女、父母與非婚生子女；另一類是擬制血親的父母子女關係，包括養父母與養子女、繼父母與受其撫養的繼子女。父母子女關係建立的原因可能有所不同，但權利義務是相同的：

(1) 父母對子女有撫養教育的義務，而父母對成年子女的撫養教育義務則是有條件的、相對的。對以下情況的成年子女，父母有能力負擔時，需要承擔教育撫養的義務：

①喪失勞動力或喪失部分勞動力，其收入不足以維持生活的成年子女；

②尚在校就讀的成年子女；

③確無獨立生活的能力和條件。

(2) 父母有管教和保護未成年子女的權利和義務。父母沒有管教好子女，致使子女對他人造成傷害，父母要承擔賠償責任。凡未成年人造成他人傷害的，其父母都有義務對受損害方給予賠償；如果父母已經離婚，未成年人對他人造成傷害的，一般由與子女共同生活的一方承擔民事責任；如果獨立承擔責任確實有困難，可以與另一方共同承擔責任。

(3) 非婚生子女、繼父母、繼子女的合法權益受到法律的保護，繼父母如果撫養教育了繼子女，可享受被繼子女瞻養的權利。

(4) 父母子女有互相繼承遺產的權利。

(5) 子女被合法收養時，其與生父母之間的權利義務消除。

(三) 兄弟姐妹

血緣關係中最近的旁系血親，包括全血緣的兄弟姐妹和半血緣的兄弟姐妹。有負擔能力的兄姐，對父母死亡或無力撫養的未成年弟妹，有撫養義務；有負擔能力的兄弟姐妹對無勞動能力而且生活困難的兄弟姐妹應給予經濟上的幫助。

(四) 祖父母、外祖父母

祖父母、外祖父母是孫子女、外孫子女除父母以外最近的直系親屬。有負擔能力的祖父母、外祖父母，對父母已經死亡或無力撫養的孫子女、外孫子女有撫養的義務。

祖父母、外祖父母負擔撫養義務需同時具備三個條件：父母雙方死亡或一方死亡另一方確無撫養能力或父母均無撫養能力；孫子女未成年；祖父母、外祖父母有負擔能力。

二、提供諮詢服務

（一）婚姻家庭財產風險因素分析

（1）經營的風險。夫妻雙方對合夥企業債務承擔無限連帶責任（夫妻共同財產）；對公司，個人財產與經營的實業財產部分會有風險，而公司股東嚴重損害公司債權人利益的對公司債務承擔連帶責任。

（2）婚姻變動中的財產風險。婚後財產共有制容易導致糾紛，可能出現利用婚姻詐騙財產、轉移共同財產的風險，跨國婚姻還應該額外考慮法律風險因素。

（3）子女撫養教育的相關財產風險。一般情況下子女教育等財產投入風險；離異情況下子女撫養教育財產風險；夫妻一方去世情況下子女撫養教育財產被侵占的風險。

（4）財產傳承風險。主要有遺產的爭奪風險和產業的傳承風險。

（二）界定客戶財產權屬

財產所有權，是指財產所有人依照法律對其財產享有佔有、使用、收益和處分的權利，分為個人所有財產和夫妻共有財產。

個人所有財產包括個人的合法收入；不動產；金融資產，如儲蓄、債券、基金份額和股票等；其他財產，如生活用品、古董、圖書資料等。

共有財產可分為按份共有和共同共有。按份共有，指各共有人按照確定的份額對共有財產分享權利和分擔義務；共同共有，指兩個或者兩個以上的人基於共同關係，共同享有某物的所有權。家庭中的夫妻關係、家庭成員關係和繼承關係屬於共同共有關係。對於共有財產的分割，應遵循法律原則、約定原則和平等協商、和睦團結的原則。分割的方式主要有三種：

（1）實物分割，先進行實物分割，對剩餘的無法進行實物分割的財產再進行其他方法的處理。

（2）變價分割，將共有財產變換成貨幣後由共有人分割。

（3）作價補償，共有人之一希望取得該物，其他共有人不希望取得該物，可進行作價分割。

（三）財產分配規劃諮詢

這部分需要對夫妻的財產權屬、離婚、子女監護等事項進行確定，夫妻財產分為夫妻法定財產和約定財產，具體的財產屬性在上文中已經詳細闡述，這裡不再贅述。

【相關閱讀】

辭職補償金能否作為夫妻共同財產分割

馮某（男）、劉某（女）於2001年結婚。婚後由於各種原因雙方相處不合。2005年2月，劉某單位經濟效益不佳，為鼓勵員工再就業，單位規定對辭職員工經

濟補償，劉某遂申請辭職，並領取了5萬元辭職補償金。2006年，二人協議離婚，在5萬元的辭職補償金的問題上發生分歧。5萬元補償金是否可以成為共同財產進行分割？

分析：「辭職補償金」不是勞動者一般意義上的工資、獎金所得，它與勞動者個人身分具有嚴格、密切的關係，不管婚姻關係是否存在，這種針對辭職而獲得的財產的事實是獨立的，而與婚姻關係無明顯、內在的必然聯繫。這種補償金是對辭職者以後個人基本生活的一種最低保障。從單位得到的補償金，是基於辭職而產生，是其以放棄長期穩定的勞動期待收入為代價換來的。

三、遺產與遺囑

(一) 遺產和遺囑

1. 遺產

遺產只能是公民死亡時遺留的財產，只有在被繼承人死亡時留下的沒有被處分掉的財產才是遺產。遺產的內容具有財產性和概括性，既包括財產權利，也包括財產義務。注意遺產中不包括的事項有：與被繼承人人身不可分的人身權利；與人身有關的和專屬性的債權債務，因為這些債權債務具有不可轉讓性，都不屬於遺產；國有資源的使用權。如科學試驗權、承包經營權等。

2. 遺囑

遺囑是單方民事法律行為、死後發生效力、依法律規定處分財產的民事行為。遺囑人只能在法定繼承人的範圍內指定繼承人。遺囑的適用順序是先適用遺囑扶養協議，後適用遺囑繼承或遺贈，最後適用法定繼承。

遺囑的主要形式有：

(1) 公證遺囑：必須由遺囑人親自到公證機關辦理，不能由他人代理，採用書面形式。公證遺囑有遺囑公證書，經過公證的遺囑一般不得變更或者撤銷。如果有幾份遺囑同時存在，以最後的公證遺囑為準。

(2) 自書遺囑：不能代筆，也不能打印，得簽名。

(3) 代書遺囑：兩個以上的見證人，代書人也可以為見證人。

(4) 錄音遺囑。錄音遺囑是指遺囑人用錄音的形式製作的自己口述的遺囑。為防止錄音遺囑被人篡改或錄制假遺囑，《中華人民共和國繼承法》第十七條第四項明確規定：「以錄音形式設立的遺囑，應當有兩個以上的見證人在場見證。」見證的方法可以採取書面或錄音的形式，錄音遺囑製作完畢後，應當場將錄音遺囑封存，並由見證人簽名，註明年、月、日。

(5) 口頭遺囑。《中華人民共和國繼承法》第十七條第五項規定：「遺囑人在危急情況下，可以立口頭遺囑。口頭遺囑應當有兩個以上見證人在場見證。危急情況解除後，遺囑人能夠用書面或者錄音形式立遺囑的，所立的口頭遺囑無效。」

(二) 財產繼承

1. 法定繼承權

法定繼承是指在被繼承人沒有對其遺產的處理立有遺囑的情況下，由法律規定繼承人的範圍、繼承順序、遺產分配的原則的一種繼承形式。其與遺囑繼承相對，又稱無遺囑繼承。法律特徵有：①法定繼承是以一定的人身關係為前提，即依繼承人和被繼承人之間的婚姻、血緣關係而確定的。②法定繼承人的範圍、繼承順序和遺產分配份額，都是強制性規範，除由死者生前依法以遺囑方式加以改變外，其他任何人都無權變更。

法定繼承人的順序：第一順序為：配偶、子女、父母；第二順序：兄弟、姐妹、祖父母、外祖父母。前項子女、父母、兄弟姐妹包括血親和擬制血親。繼承開始後，由第一順序繼承人繼承，第二順序繼承人不繼承。沒有第一順序繼承人繼承的，由第二順序繼承人繼承。

2. 遺囑繼承權

遺囑繼承是指按照立遺囑人生前所留下的符合法律規定的合法遺囑的內容要求，確定被繼承人的繼承人及各繼承人應繼承遺產份額。

《中華人民共和國民法通則》規定，公民有處分自己合法所有的個人財產的權利，被繼承人在死亡之前對自己合法所有的個人財產進行處分，在其死後生效，充分體現了中國法律對公民個人財產的保護，但是，這種處分應符合法律的規定，應充分考慮老人、婦女、兒童、胎兒及殘疾人和無生活來源人的利益，違反法律規定的遺囑，是不受法律保護的。

3. 代位繼承與轉繼承

代位繼承只適用於法定繼承，必須是被繼承人的晚輩直系血親。轉繼承既可以發生在法定繼承中，也可發生在遺囑繼承中。

4. 繼承權的放棄與喪失

這是指繼承人在繼承開始後到遺產處理以前做出的放棄其繼承遺產的意思表示。下列行為導致繼承權的喪失：故意殺害被繼承人；為爭奪遺產而殺害其他繼承人；遺棄被繼承人或者虐待被繼承人情節嚴重的；偽造、篡改或者銷毀遺囑，情節嚴重的。

四、財產分配與傳承規劃方案制定流程

第一步，收集客戶信息，分析審核財產的權屬證明原件，保留該財產權屬證明複印件，並指導其填寫相關表格。

第二步　計算和評估遺產。

第三步，分析財產傳承規劃工具。

詳細分析遺囑、遺囑信託、人壽保險信託三種工具，根據需要選擇合適工具。

第二篇　實務篇

並協助其合法有效地利用規劃工具，對相關注意事項及時提醒，以保證有關文件的有效性。（與信託產品結合的工具運用具有一定優勢。）

第四步，形成財產傳承方案。

第五步，適時調整財產傳承規劃方案。

● 第三節　退休與財產傳承規劃實務

一、實訓任務

1. 能夠根據實際案例，分析退休規劃面臨的現狀。
2. 遵循退休規劃的原則，針對需求客戶進行相應的退休規劃。
3. 根據案例，進行財產分配與傳承規劃。

二、實訓目的

1. 通過實訓練習使學生形成退休規劃的理念。
2. 掌握退休需求的分析方法，正確理解終值和現值的概念，學會估計退休支出和收入。
3. 掌握制定退休規劃的流程，學會制定退休規劃。
4. 掌握遺產傳承安排的基本流程。

三、實訓要求

1. 實訓以小組為單位，成果在課堂完成上交，提交電子版文件，如涉及計算分析過程，同時提交 Excel 文件，寫明計算過程。
2. 根據實際案例，結合所學的退休規劃的知識，計算出退休所需要的費用及其收入，在此基礎上計算出退休費用的缺口，據此制訂退休規劃方案。

四、實訓步驟

1. 結合案例內容和當前的退休政策，分析討論案例；
2. 根據客戶目標，制定客戶需求的退休規劃；
3. 結合案例，討論財產傳承規劃方案；
4. 由指導教師對部分實訓者或每個實訓者的部分內容進行抽查，實訓者上臺展示，口頭闡述自己的實訓成果。

注意事項（含安全操作規程等）：注意做好組內成員分工，積極參與實訓。注意表格製作的規範與合理。

五、實訓報告

案例分析1：退休規劃需求分析

張先生現年35歲，在銀行從事大堂經理工作，稅後收入4,500元，預計60歲退休，退休後再生活20年。假設張先生從今以後的稅後投資報酬率是4%，且保持不變。張先生目前有房貸60萬元，貸了25年，貸款年利率為6.5%，採用等額本息還款法。張先生有一個兒子，目前正在上小學一年級，其妻子在某航空公司從事空姐職業，稅後月收入4,000元。目前家庭成員身體都比較健康，沒有購置任何保險，每年有一次全家體檢和出行計劃。

根據當前的退休政策以及物價變化，結合自己的生活常識，查閱相關資料，估算張先生一家在退休後第一年的支出，填列表9-3。

表9-3　　　　　　　　　張先生退休後第一年的支出

支出項目	目前年支出	退休後年支出（當前價格）	價格變化幅度	複利終值系數（n=__）	退休後第一年支出
飲食					
服裝美容					
房租					
房屋按揭貸款					
水電氣費、電話費					
交通					
子女教育費用					
休閒娛樂					
旅遊					
醫療保健					
保險					
其他					
生活總支出					

假設張先生一家預計退休後第一年支出為26.5萬元。請回答以下問題。

（1）如果不考慮退休後的通貨膨脹，請計算張先生退休時需要儲備多少養老金才能滿足養老需要？

（2）假設張先生退休後，平均通貨膨脹率是3%，請計算張先生退休時需要儲

備多少養老金才能滿足養老需要？

（3）假設張先生退休後每月領取社會養老保險金 2,000 元，退休時保險金的缺口是多少？

（4）從現在起 25 年內，每年應定期定額儲蓄多少錢才能彌補上述退休金缺口。

案例分析 2：制訂退休理財規劃綜合方案[①]

吳先生今年 45 歲，是外資企業的二級經理，稅後月收入 10,000 元，年末有 2 萬元分紅；45 歲的妻子為一家金融機構職員，月收入 4,000 元；兩人計劃在 60 歲時退休，退休後希望生活 30 年；女兒在上大二，2 萬元的年末分紅足夠支付她一年的教育費用。

除去家庭月支出 8,000 元和保費月支出 1,000 元，每月可有 5,000 元的節餘。一家人的現有住房面積 90 平方米左右，價值 55 萬元，按揭已還訖。另外，還持有市值 30 萬元的股票和 40 萬元的人民幣定期存款。為了兩年後女兒出國留學，吳先生準備了 3 萬歐元（折合人民幣 29 萬元）。夫妻倆今後的退休金共計 2,000 元。

吳先生的家庭收支表和家庭資產負債表如表 9-4 和表 9-5 所示。

表 9-4　　　　　　　　　吳先生的家庭收支表

家庭年度收入	金額/元	家庭年支出	金額/元
吳先生年收入	140,000	年生活費用支出	96,000
張太太年收入	48,000	保費支出	12,000
存款利息收入（按 1 年計）	8,064	教育支出	20,000
股票收益	15,000		
收入總計	211,064	支出合計	12,800
年度盈餘＝83,064 元，　家庭儲蓄能力 30%			

[①] 案例來源：宗學哲. 30 之後靠錢賺錢 [M]. 北京：京華出版社，2007.

表9-5　　　　　　　　吳先生的家庭資產負債表

家庭資產	金額/萬元	家庭負債	金額/萬元
定期存款	40	0	0
股票	30		
3萬歐元	折合人民幣29		
房產	55		
資產合計	154		

分析步驟：

（1）請從家庭生活支出和資產結構兩個方面分析吳先生的家庭財務狀況。

家庭生活支出分析：

資產結構分析：

（2）請按照下面的流程給吳先生的家庭進行退休規劃。

①估算退休支出。

A. 生活支出

問題一：吳先生的家庭目前每月的基本生活開支為多少元？

問題二：若吳先生與妻子希望退休後能夠維持目前的生活水平，假定通貨膨脹保持年均3%的增長幅度，那麼老兩口在退休當年的月生活支出為多少元？

第二篇 實務篇

問題三：老兩口在退休當年的月生活支出在扣除退休後按月領取的國家基本養老金 2,000 元後，要維持退休後 30 年的生活支出，以去除通貨膨脹後的實際投資報酬率 5% 計算，退休當年須儲備好多少元的退休金？

B. 醫療費用的支出

問題一：假定兩人退休後平均每年在醫療保健上的花費為 10,000 元，那麼 30 年的總花銷為多少元？

問題二：以上兩項合計就是吳先生家庭需要的養老儲備金，為多少元？

②估算養老金收入

根據吳先生當前的投資組合和投資報酬率可以測算兩人從現在到退休所能儲備的養老金資產。

問題一：吳先生的養老準備金來源有哪幾個？

問題二：根據吳先生目前資產分配比例來算，假定其銀行存款與股票投資的預期綜合投資報酬率為 5%。每年的投資收益加上原有 70 萬生息資產，退休當年預計能儲備多少元養老準備金？

③估算養老金缺口

問題一：按照吳先生現有的資產投資配置，尚存在養老金缺口多少元？

（3）請幫助吳先生進行退休理財規劃，建議其購買何種理財產品？並說明理由。

案例分析 3：設計遺產規劃方案①

周梅（女）早年喪偶，擔心自己去世後三個子女會因遺產分割產生糾紛，於是在 2002 年 3 月自己寫了一份遺囑，並到公證機關進行了公證；為防止三個子女不執行遺囑，周梅在 2002 年 6 月重新寫了一份遺囑，並在其中指定讓王律師充當遺囑執行人，以監督遺囑的執行。2003 年 9 月，她無意中聽到有理財規劃師在為客戶制定財產傳承規劃，便來到一家理財規劃專業機構，就自己的財產傳承事宜向專業的理財規劃師諮詢。

問題一：周梅的兩份遺囑的效力如何界定？

問題二：評價一下王律師的介入對周梅財產傳承願望實現的意義。

問題三：如果你是周梅的理財規劃師，你會按照什麼程序為其制定財產傳承規劃？（請將你對周梅財產傳承規劃提出的建議列入其中）。

---

① 案例來源：2006 年理財規劃師（二級）綜合評審考試題。

第二篇　實務篇

案例分析4：財產傳承規劃

陳旺（男）和梁娥（女）夫婦倆生育有三個兒子，陳強、陳達、陳勝。老大陳強早已成家，和妻子趙丹生育一個女兒陳楠，老二陳達大學剛畢業參加工作，老三陳勝身體有殘疾一直跟隨父母生活。1999年4月，陳強遭遇車禍去世，趙丹帶女兒改嫁，很少和陳家聯繫。2000年5月，因為家庭矛盾，陳達在當地一家媒體上公布和陳旺脫離父子關係，後與家人失去聯繫。2003年8月，陳旺突發心臟病去世。在外地的陳達聞訊趕回來，協助料理完喪事後，要求分割遺產。經過估算，陳旺的家庭財產總值共有200萬元。

1. 陳旺的遺產總值是多少？說明分析過程。

2. 按照法定繼承原則，該如何對陳旺的遺產進行分配？

3. 如果陳旺生前欲聘請你為其訂立一份財產傳承規劃，請列出你的具體操作程序和遺產規劃建議。

教師檢查簽字＿＿＿＿＿＿＿＿＿＿　　檢查時間＿＿＿＿年＿＿月＿＿日

實訓任務十　綜合理財規劃

綜合理財規劃方案是針對個人理財的所有目標進行分析、規劃後形成的方案，包括現金規劃、投資規劃、教育規劃、退休規劃、保險規劃、住房規劃等內容。

在進行理財規劃後最終會形成一個理財規劃報告，這也是理財諮詢和規劃的最後一步，它是在對客戶的理財需求和風險偏好進行了詳細的分析和評估後，根據現有資產的風險收益特徵進行分析，完成大類資產配置、個股個債的選擇工作和市場時機的選擇工作，最後形成理財規劃報告。

理財規劃報告要求具有一定的專業性，具有針對性，多用圖表，結合文字分析，要有建設性意見。

一般而言，理財規劃的基本結構至少應該包含四個部分。第一部分是基本信息評估，包括個人基本信息和財務基本信息，財務基本信息主要指資產負債表和現金收支表；第二部分是理財規劃目標確定，包括理財目標規劃和風險評估；第三部分是產品推薦，包括對產品的具體分析和產品組合的推薦；最後是總結。

一、實訓任務

1. 能夠根據實際案例，進行綜合理財規劃的需求和策略分析。
2. 撰寫綜合理財規劃書。

二、實訓目的

1. 通過實訓使學生掌握理財規劃的基本流程。
2. 能夠制訂並撰寫一份規範的綜合理財規劃方案。

第二篇　實務篇

三、實訓要求

1. 實訓以小組為單位,成果在課堂完成上交,提交形式為紙質版文件。
2. 根據實際案例,結合所學的理財規劃的知識,計算出保險、教育、退休、住房等所需要的費用及其收入,在此基礎上計算出資金缺口,據此制訂綜合理財規劃方案。

四、實訓步驟

1. 回顧理財規劃的內容和主要流程,根據案例材料,分析討論案例;
2. 根據客戶目標,制定客戶需求的綜合理財規劃;
3. 根據案例題目,結合自己搜集的資料,估計數據,撰寫理財規劃方案;
4. 由指導教師對部分實訓者或每個實訓者的部分內容進行抽查,實訓者上臺展示,口頭闡述自己的實訓成果。

五、實訓報告

任務1　分析綜合理財案例

綜合案例分析資料

李華現年36歲,出生於1973年4月,畢業於清華大學,博士研究生學歷,是某市一家知名企業的IT工程師,稅後月收入為10,000元,每年年底有一筆分紅,稅後約30,000元。李華在工作空閒的時候有時會接一些私活,因此有一些不固定的收入,合計每年約8,000元。妻子張玲1978年2月出生,現年31歲,大學本科學歷,是一名中學教師,稅後月收入是3,000元,該中學採取的是14個月工資制,年中年末不另外發獎金。夫妻倆的工作都非常穩定。他們有一個女兒李琳,2003年5月出生,現年6歲,今年9月將上小學一年級。

李華的家庭在當地屬於中高收入家庭,資產狀況如下:現金2萬元,活期存款2萬元;3年期定期存款3萬元,將於明年年底到期;國債1萬元;基金市值1萬元,金融資產每年能夠取得投資收益約2,000元。自有兩室一廳住房市值250萬元左右,家用轎車市值15萬元左右,其他家庭使用資產估值約3萬元。李先生3年前因為買房向朋友借款3萬元,計劃在年底歸還,住房抵押貸款尚有餘額約50萬元,採用的是公積金與商業組合貸款,其中商業貸款餘額37萬元。

收支方面,李華的太太做過初步統計:家庭每月基本生活開支約3,000元,主要集中在伙食費(1,500元)和交通費(800元);女兒的學費每年支出3,000元,醫藥費支出約1,500元;他們夫妻倆都購買了商業養老保險,總保額50萬元,年保費

支出 3,000 元；全家每年的旅遊和娛樂支出合計約 5,000 元；贍養父母約 5,000 元。

李先生有幾個目標希望實現：①隨著女兒逐漸長大，希望給她更大的生活空間，因此計劃 3 年內換一套三室一廳的房子，總價控制在 300 萬元左右；②隨著年齡的增大，希望增加自己和太太的保障；③他們計劃在 30 年後正式退休，因此希望能夠為退休累積一筆資金；④為女兒讀高中準備一筆擇校費，希望女兒大學畢業後能夠到美國留學深造，因此需要準備一筆教育金。這個家庭對理財方面並不在行，他們對自己的理財目標、實現目標的具體方式和實踐沒有概念。

請模擬理財經理的角色，利用自己的專業知識，對李先生的財務狀況進行基本分析，並幫助他瞭解自己的財務目標、基本信息和投資偏好。

第一部分　客戶基本資料

客戶基本信息

信息欄	本　人	太　太	子　女
姓　名			
性　別			
年　齡			
職　位			
工作單位			
工作穩定度			
健康狀況			
擬退休年齡			
擬完成教育			

第二部分　客戶財務狀況描述

資產負債表

年　　月　　日　　　　　　　　　　　單位：

資　產	金　額	負　債	金　額
1. 金融資產		1. 短期負債	
		短期負債合計	
		2. 長期負債	
金融資產合計			

第二篇　實務篇

續表

資　產	金　額	負　債	金　額
2. 實物資產		長期負債合計	
		負債總計	
使用資產合計		淨資產	
個人資產合計		負債與淨資產合計	

年度收支表

年　月　日至　年　月　日　　　　　　　　　單位：元

收　入	金　額	支　出	金　額
1. 工作收入		1. 基本支出	
		基本支出合計	
工作收入合計		2. 其他支出	
2. 投資收入			
投資收入合計			
3. 其他收入			
其他收入合計		其他支出合計	
收入總計		支出總計	
淨節餘			

第三部分　客戶財務狀況分析

1. 家庭資產和負債狀況分析

（1）負債分析

負債結構分析公式：_____

標準：_____

客戶家庭負債比例：_____

圖示：

分析結果：
_____
_____

(2) 資產分析

資產結構分析公式：_____
客戶使用資產比例：_____
標準：_____
分析結果：_____

資產負債結構分析：
_____
_____

②投資性資產比例：_____　　標準：_____

結構：

分析：_____

2. 家庭收入支出分析
(1) 盈餘與支出
結構：

分析：_____

(2) 收入
結構：

分析：_____

(3) 支出
結構：

分析：_____

(4) 財務比率分析
①償付比率
公式：_____
分析：_____
②負債總資產比率
公式：_____
分析：_____
③負債收入比率
公式：_____
分析：_____
④儲蓄比率
公式：_____
分析：_____
⑤流動性比率
公式：_____
分析：_____
⑥投資與淨資產比率
公式：_____
分析：_____

⑦投資回報率

公式：_____

分析：_____

3. 財務狀況分析結論

優勢：

(1) _____

(2) _____

(3) _____

不足：

(1) _____

(2) _____

(3) _____

第四部分　客戶理財目標規劃

1. 理財目標規劃

目標類型	目標實現年限	優先程度	具體表述
短期目標			
中期目標			
長期目標			

2. 客戶風險屬性分析

	10 分	8 分	6 分	4 分	2 分	得分
年齡（36歲）	總分50分，25歲及以下者50分，每多一歲少1分，75歲以上0分。					
就業狀況	公教人員	上班族	佣金收入者	自營事業者	失業	
家庭負擔	未婚	雙薪無子女	雙薪有子女	單薪有子女	單薪養三代	
置產狀況	投資不動產	自宅無房貸	房貸<50%	房貸>50%	無自宅	
投資經驗	10年以上	6~10年	2~5年	1年以內	無	
投資知識	有專業證照	財經專業畢業	自修	懂一些	一片空白	
總　分						

第二篇　實務篇

第五部分　綜合理財規劃

（一）現金及投資規劃

投資性資產配置調整表

目前金融資產分佈			調整後的投資狀況			
項　目	餘　額	比　例	項　目	投資調整	收益率	比　例
合　計			合　計			

調整後收益率：_____

投資建議：_____

_____

_____

（二）子女教育投資規劃

（1）重點高中擇校費

重點高中費用估算表

當前擇校費	實現時間	費用增長率	客戶的屆時費用

（2）大學教育費用

當前中國大學本科 4 年費用估算表

	年數	學費/年	雜費/年	住宿費/年	生活費用/年	交通費/年
總計						

12 年後大學費用估算

當前大學費用	實現時間	費用增長率	客戶的屆時費用

(3) 美國深造費用

美國碩士費用估算

學費/年	生活費/年	年　數	總　計

16年後客戶女兒

當前留學費用	實現時間	費用增長率	匯率（假設按照當前匯率）	客戶的屆時費用

子女教育費用規劃

所需金額合計	準備年數	投資報酬率	每年投資金額

分析（給出投資建議）：_____
_____
_____
_____
_____
_____。

(三) 換房目標分析

換房資金估算表

項　目	
家庭人數	
每人所需平方米數	
房屋總面積	
當前新房單價	
擬幾年後換房	
新房價格增長率	
屆時新房總價	
計劃裝修費用	
3年後換房所需金額合計	

第二篇　實務篇

首付款比例及來源分析：_____
_____
_____
_____。

換房規劃

新房總價	首付款金額	貸款總額		貸款年限	月還款額
		公積金貸款	商業貸款		

新增月還款額合理性分析：_____
_____
_____
_____。

（四）退休目標分析

預計退休後年支出	預計退休後生存年限	退休後所需總費用	投資報酬率	每年投資金額

分析（給出投資意見）：_____
_____
_____
_____。

（五）保險需求

李先生的家庭是否需要增加保險額度？_____（是/否）。
原因是 _____。

（1）人壽保險、人生意外保險需求分析
分析：_____
_____
_____。

（2）財產保險需求分析
分析：_____
_____
_____。

保險產品推薦

險種	產品名稱	保額	繳費情況	產品特色

任務 2　撰寫理財規劃方案

一、實訓任務

根據所學的相關知識，任意選擇一個題目進行理財規劃。小組中一人扮演客戶，其餘人員扮演理財經理，綜合考慮客戶的理財需求和現狀制訂規劃方案，並撰寫規範的理財規劃方案書。題目包括：退休規劃、教育規劃、保險規劃、住房規劃、投資規劃。

二、實訓要求

1. 基本要求：根據所學，完成客戶提出的理財目標。要求計算正確，規劃合理。

2. 高級要求：根據客戶的資料和現實的經濟情況，分析客戶財務狀況現狀，發現客戶可能存在理財問題，並對目前缺乏效率的財務問題進行優化。

3. 以小組為單位，按照規範格式制訂詳細的理財規劃方案，提交形式為紙質版文件。所需資料不足的可查閱相關資料，或做出合理假設。

題目一：

客戶基本情況：

（1）周先生 30 歲，職業股民，稅後年工資收入 0 元，股票紅利年平均 4,000 元，股票買賣收入年平均 55,000 元。

（2）未婚妻李小姐 28 歲，每月稅後收入 3,000 元，有社保。

（3）公積金帳戶餘額 2 萬元。

（4）家庭資產：自住房屋 50 萬元，股票市值 20 萬元。

家庭支出情況：家庭年支出 3.6 萬元。

第二篇　實務篇

基本假設：
　　年收入成長率5%。
　　年支出成長率4%。
　　商業貸款利率6%，公積金貸款利率4.9%。
　　房價成長率5%。
　　學費成長率3%。
　　通貨膨脹率4%。
　　預期壽命90歲。

理財目標：
（1）結婚目標：兩年內結婚，費用5萬元。
（2）購房目標：三年內購買婚房，費用70萬元，首付最低比例20%。
（3）生小孩目標：五年後生小孩，年支出2萬元。

題目二：
客戶情況：高先生夫婦今年40歲，兒子14歲。
資產狀況：夫婦月收入均為4,000元；兩年期存款30萬元；一輛經濟型汽車，市價約5萬元；居住於70平方米的一居室樓房（估價為6,000元/平方米）；高先生持有養老保險單價值100,000萬元，年保費支出5,500，退休後每年可獲得養老金3,500元。月生活費3,000元；車輛使用費20,000元/年，孩子教育費30,000元/年，贍養老人費用20,000元/年。

理財目標：
（1）準備4年後孩子上大學的費用及出國留學費用。
（2）再購買一套70萬元的住房，首付比例20%，貸款利率8.2%。
（3）考慮60歲退休，退休後生活25年，月支出要求為5,000元。

題目三：
客戶情況：王女士，29歲；丈夫，32歲；均為金融從業人員。女兒3歲，雙方父母健在。
資產狀況：兩人年收入共計15萬元，其中王女士收入約占1/3；家庭支出12萬元/年。住房價值64萬元，汽車價值23.5萬元。活期存款2萬元；一年定期存款3萬元。現有銀行房貸48萬元，還款期為20年，月供款3,000元。兩人單位上均購買了基本保險，女兒有6萬元保額的教育險。雙方父母都有良好的退休保障，不需要王女士夫婦的經濟支持。通貨膨脹率假設為4%。

理財需求：
（1）盡快還完房貸。

(2) 為孩子準備上學基金。

(3) 五年後準備換車，換一輛價值 50 萬的車。

題目四：

客戶基本狀況：

謝先生今年 40 歲，是北京市一家政府機構的公務員，謝先生稅前月薪 8,000 元，年終獎金 2 萬元。謝太太是律師，今年 35 歲，稅前月薪 1 萬元，年終獎 5 萬元。夫妻倆有個上小學四年級的兒子謝明明，今年 10 歲，每年學費 12,000 元。

一家三口每月的生活花銷為 5,000 元。謝太太名下有一套位於市區的 120 平方米的房子，現值 300 萬元，沒有房貸。謝先生名下有 35 萬元定存和 30 萬元股票基金。謝太太名下有 8 萬元活期存款和 10 萬元國債，國債年化收益率為 5%。夫妻倆都有住房公積金，帳戶餘額合計 20 萬元。謝太太目前的養老保險帳戶有 8 萬元，繳費年限 10 年。

假設條件：

(1) 夫妻的年工作收入增長率為 5%，夫妻兩人養老金的年增長率為 5%。

(2) 謝先生公務員退休後，可領到退休前月薪的 80% 當養老金。

理財目標：

(1) 換房規劃：出售現在的房子，盡快換房。目前有兩處選擇，一個是市區的住宅，180 平方米，總價 500 萬元。一個是郊區的別墅，250 平方米，總價 550 萬元。根據規定市區住宅最高貸款為房屋總價的 60%，別墅最高貸款為房屋總價的 50%。

(2) 購車規劃：如果購買郊區別墅，就需要購車，目標金額 20 萬元。

(3) 子女教育規劃：謝明明 18 歲上大學每年學費現值 2 萬元，大學畢業後準備送兒子去加拿大多倫多大學讀碩士，讀 2 年。

教師檢查簽字＿＿＿＿＿＿＿＿＿＿＿＿　　　檢查時間＿＿＿＿＿年＿＿＿月＿＿＿日

附錄1　複利終值系數表

期數	1%	2%	3%	4%	5%	6%	7%	8%	9%	10%
1	1.01	1.02	1.03	1.04	1.05	1.06	1.07	1.08	1.09	1.1
2	1.020,1	1.040,4	1.060,9	1.081,6	1.102,5	1.123,6	1.144,9	1.166,4	1.188,1	1.21
3	1.030,3	1.061,2	1.092,7	1.124,9	1.157,6	1.191	1.225	1.259,7	1.295	1.331
4	1.040,6	1.082,4	1.125,5	1.169,9	1.215,5	1.262,5	1.310,8	1.360,5	1.411,6	1.464,1
5	1.051	1.104,1	1.159,3	1.216,7	1.276,3	1.338,2	1.402,6	1.469,3	1.538,6	1.610,5
6	1.061,5	1.126,2	1.194,1	1.265,3	1.340,1	1.418,5	1.500,7	1.586,9	1.677,1	1.771,6
7	1.072,1	1.148,7	1.229,9	1.315,9	1.407,1	1.503,6	1.605,8	1.713,8	1.828	1.948,7
8	1.082,9	1.171,7	1.266,7	1.368,6	1.477,5	1.593,8	1.718,2	1.850,9	1.992,6	2.143,6
9	1.093,7	1.195,1	1.304,8	1.423,3	1.551,3	1.689,5	1.838,5	1.999	2.171,9	2.357,9
10	1.104,6	1.219	1.343,9	1.480,2	1.628,9	1.790,8	1.967,2	2.158,9	2.367,4	2.593,7
11	1.115,7	1.243,4	1.384,2	1.539,5	1.710,3	1.898,3	2.104,9	2.331,6	2.580,4	2.853,1
12	1.126,8	1.268,2	1.425,8	1.601	1.795,9	2.012,2	2.252,2	2.518,2	2.812,7	3.138,4
13	1.138,1	1.293,6	1.468,5	1.665,1	1.885,6	2.132,9	2.409,8	2.719,6	3.065,8	3.452,3
14	1.149,5	1.319,5	1.512,6	1.731,7	1.979,9	2.260,9	2.578,5	2.937,2	3.341,7	3.797,5
15	1.161	1.345,9	1.558	1.800,9	2.078,9	2.396,6	2.759	3.172,2	3.642,5	4.177,2
16	1.172,6	1.372,8	1.604,7	1.873	2.182,9	2.540,4	2.952,2	3.425,9	3.970,3	4.595
17	1.184,3	1.400,2	1.652,8	1.947,9	2.292	2.692,8	3.158,8	3.7	4.327,6	5.054,5
18	1.196,1	1.428,2	1.702,4	2.025,8	2.406,6	2.854,3	3.379,9	3.996	4.717,1	5.559,9
19	1.208,1	1.456,8	1.753,5	2.106,8	2.527	3.025,6	3.616,5	4.315,7	5.141,7	6.115,9
20	1.220,2	1.485,9	1.806,1	2.191,1	2.653,3	3.207,1	3.869,7	4.661	5.604,4	6.727,5
21	1.232,4	1.515,7	1.860,3	2.278,8	2.786	3.399,6	4.140,6	5.033,8	6.108,8	7.400,2
22	1.244,7	1.546	1.916,1	2.369,9	2.925,3	3.603,5	4.430,4	5.436,5	6.658,6	8.140,3
23	1.257,2	1.576,9	1.973,6	2.464,7	3.071,5	3.819,7	4.740,5	5.871,5	7.257,9	8.954,3
24	1.269,7	1.608,4	2.032,8	2.563,3	3.225,1	4.048,9	5.072,4	6.341,2	7.911,1	9.849,7
25	1.282,4	1.640,6	2.093,8	2.665,8	3.386,4	4.291,9	5.427,4	6.848,5	8.623,1	10.834,7
26	1.295,3	1.673,4	2.156,6	2.772,5	3.555,7	4.549,4	5.807,4	7.396,4	9.399,2	11.918,2
27	1.308,2	1.706,9	2.221,3	2.883,4	3.733,5	4.822,3	6.213,9	7.988,1	10.245,1	13.11
28	1.321,3	1.741	2.287,9	2.998,7	3.920,1	5.111,7	6.648,8	8.627,1	11.167,1	14.421
29	1.334,5	1.775,8	2.356,6	3.118,7	4.116,1	5.418,4	7.114,3	9.317,3	12.172,2	15.863,1
30	1.347,8	1.811,4	2.427,3	3.243,4	4.321,9	5.743,5	7.612,3	10.062,7	13.267,7	17.449,4

續上表

期數	11%	12%	13%	14%	15%	16%	17%	18%	19%	20%
1	1.11	1.12	1.13	1.14	1.15	1.16	1.17	1.18	1.19	1.2
2	1.232,1	1.254,4	1.276,9	1.299,6	1.322,5	1.345,6	1.368,9	1.392,4	1.416,1	1.44
3	1.367,6	1.404,9	1.442,9	1.481,5	1.520,9	1.560,9	1.601,6	1.643	1.685,2	1.728
4	1.518,1	1.573,5	1.630,5	1.689	1.749	1.810,6	1.873,9	1.938,8	2.005,3	2.073,6
5	1.685,1	1.762,3	1.842,4	1.925,4	2.011,4	2.100,3	2.192,4	2.287,8	2.386,4	2.488,3
6	1.870,4	1.973,8	2.082	2.195	2.313,1	2.436,4	2.565,2	2.699,6	2.839,8	2.986
7	2.076,2	2.210,7	2.352,6	2.502,3	2.66	2.826,2	3.001,2	3.185,5	3.379,3	3.583,2
8	2.304,5	2.476	2.658,4	2.852,6	3.059	3.278,4	3.511,5	3.758,9	4.021,4	4.299,8
9	2.558	2.773,1	3.004	3.251,9	3.517,9	3.803	4.108,4	4.435,5	4.785,4	5.159,8
10	2.839,4	3.105,8	3.394,6	3.707,2	4.045,6	4.411,4	4.806,8	5.233,8	5.694,7	6.191,7
11	3.151,8	3.478,6	3.835,9	4.226,2	4.652,4	5.117,3	5.624	6.175,9	6.776,7	7.430,1
12	3.498,5	3.896	4.334,5	4.817,9	5.350,3	5.936	6.580,1	7.287,6	8.064,2	8.916,1
13	3.883,3	4.363,5	4.898	5.492,4	6.152,8	6.885,8	7.698,7	8.599,4	9.596,4	10.699,3
14	4.310,4	4.887,1	5.534,8	6.261,3	7.075,7	7.987,5	9.007,5	10.147,2	11.419,8	12.839,2
15	4.784,6	5.473,6	6.254,3	7.137,9	8.137,1	9.265,5	10.538,7	11.973,7	13.589,5	15.407
16	5.310,9	6.130,4	7.067,3	8.137,2	9.357,6	10.748	12.330,3	14.129	16.171,5	18.488,4
17	5.895,1	6.866	7.986,1	9.276,5	10.761,3	12.467,7	14.426,5	16.672,2	19.244,1	22.186,1
18	6.543,6	7.69	9.024,3	10.575,2	12.375,5	14.462,5	16.879	19.673,3	22.900,5	26.623,3
19	7.263,3	8.612,8	10.197,4	12.055,7	14.231,8	16.776,5	19.748,4	23.214,4	27.251,6	31.948
20	8.062,3	9.646,3	11.523,1	13.743,5	16.366,5	19.460,8	23.105,6	27.393	32.429,4	38.337,6
21	8.949,2	10.803,8	13.021,1	15.667,6	18.821,5	22.574,5	27.033,6	32.323,8	38.591	46.005,1
22	9.933,6	12.100,3	14.713,8	17.861	21.644,7	26.186,4	31.629,3	38.142,1	45.923,3	55.206,1
23	11.026,3	13.552,3	16.626,6	20.361,6	24.891,5	30.376,2	37.006,2	45.007,6	54.648,7	66.247,4
24	12.239,2	15.178,6	18.788,1	23.212,2	28.625,2	35.236,4	43.297,3	53.109	65.032	79.496,8
25	13.585,5	17.000,1	21.230,5	26.461,9	32.919	40.874,2	50.657,8	62.668,6	77.388,1	95.396,2
26	15.079,9	19.040,1	23.990,5	30.166,6	37.856,8	47.414,1	59.269,7	73.949	92.091,8	114.48
27	16.738,7	21.324,9	27.109,3	34.389,9	43.535,3	55.000,4	69.345,5	87.259,8	109.59	137.37
28	18.579,9	23.883,9	30.633,5	39.204,5	50.065,6	63.800,4	81.134,2	102.97	130.41	164.84
29	20.623,7	26.749,9	34.615,8	44.693,1	57.575,5	74.008,5	94.927,1	121.50	155.19	197.81
30	22.892,3	29.959,9	39.115,9	50.950,2	66.211,8	85.849,7	111.06	143.37	184.68	237.38

附錄 2　複利現值系數表

期數	1%	2%	3%	4%	5%	6%	7%	8%	9%	10%
1	0.990,1	0.980,4	0.970,9	0.961,5	0.952,4	0.943,4	0.934,6	0.925,9	0.917,4	0.909,1
2	0.980,3	0.961,2	0.942,6	0.924,6	0.907	0.89	0.873,4	0.857,3	0.841,7	0.826,4
3	0.970,6	0.942,3	0.915,1	0.889	0.863,8	0.839,6	0.816,3	0.793,8	0.772,2	0.751,3
4	0.961	0.923,8	0.888,5	0.854,8	0.822,7	0.792,1	0.762,9	0.735	0.708,4	0.683
5	0.951,5	0.905,7	0.862,6	0.821,9	0.783,5	0.747,3	0.713	0.680,6	0.649,9	0.620,9
6	0.942	0.888	0.837,5	0.790,3	0.746,2	0.705	0.666,3	0.630,2	0.596,3	0.564,5
7	0.932,7	0.870,6	0.813,1	0.759,9	0.710,7	0.665,1	0.622,7	0.583,5	0.547	0.513,2
8	0.923,5	0.853,5	0.789,4	0.730,7	0.676,8	0.627,4	0.582	0.540,3	0.501,9	0.466,5
9	0.914,3	0.836,8	0.766,4	0.702,6	0.644,6	0.591,9	0.543,9	0.500,2	0.460,4	0.424,1
10	0.905,3	0.820,3	0.744,1	0.675,6	0.613,9	0.558,4	0.508,3	0.463,2	0.422,4	0.385,5
11	0.896,3	0.804,3	0.722,4	0.649,6	0.584,7	0.526,8	0.475,1	0.428,9	0.387,5	0.350,5
12	0.887,4	0.788,5	0.701,4	0.624,6	0.556,8	0.497	0.444	0.397,1	0.355,5	0.318,6
13	0.878,7	0.773	0.681	0.600,6	0.530,3	0.468,8	0.415	0.367,7	0.326,2	0.289,7
14	0.87	0.757,9	0.661,1	0.577,5	0.505,1	0.442,3	0.387,8	0.340,5	0.299,2	0.263,3
15	0.861,3	0.743	0.641,9	0.555,3	0.481	0.417,3	0.362,4	0.315,2	0.274,5	0.239,4
16	0.852,8	0.728,4	0.623,2	0.533,9	0.458,1	0.393,6	0.338,7	0.291,9	0.251,9	0.217,6
17	0.844,4	0.714,2	0.605	0.513,4	0.436,3	0.371,4	0.316,6	0.270,3	0.231,1	0.197,8
18	0.836	0.700,2	0.587,4	0.493,6	0.415,5	0.350,3	0.295,9	0.250,2	0.212	0.179,9
19	0.827,7	0.686,4	0.570,3	0.474,6	0.395,7	0.330,5	0.276,5	0.231,7	0.194,5	0.163,5
20	0.819,5	0.673	0.553,7	0.456,4	0.376,9	0.311,8	0.258,4	0.214,5	0.178,4	0.148,6
21	0.811,4	0.659,8	0.537,5	0.438,8	0.358,9	0.294,2	0.241,5	0.198,7	0.163,7	0.135,1
22	0.803,4	0.646,8	0.521,9	0.422	0.341,8	0.277,5	0.225,7	0.183,9	0.150,2	0.122,8
23	0.795,4	0.634,2	0.506,7	0.405,7	0.325,6	0.261,8	0.210,9	0.170,3	0.137,8	0.111,7
24	0.787,6	0.621,7	0.491,9	0.390,1	0.310,1	0.247	0.197,1	0.157,7	0.126,4	0.101,5
25	0.779,8	0.609,5	0.477,6	0.375,1	0.295,3	0.233	0.184,2	0.146	0.116	0.092,3
26	0.772	0.597,6	0.463,7	0.360,7	0.281,2	0.219,8	0.172,2	0.135,2	0.106,4	0.083,9
27	0.764,4	0.585,9	0.450,2	0.346,8	0.267,8	0.207,4	0.160,9	0.125,2	0.097,6	0.076,3
28	0.756,8	0.574,4	0.437,1	0.333,5	0.255,1	0.195,6	0.150,4	0.115,9	0.089,5	0.069,3
29	0.749,3	0.563,1	0.424,3	0.320,7	0.242,9	0.184,6	0.140,6	0.107,3	0.082,2	0.063
30	0.741,9	0.552,1	0.412	0.308,3	0.231,4	0.174,1	0.131,4	0.099,4	0.075,4	0.057,3

續上表

期數	11%	12%	13%	14%	15%	16%	17%	18%	19%	20%
1	0.900,9	0.892,9	0.885	0.877,2	0.869,6	0.862,1	0.854,7	0.847,5	0.840,3	0.833,3
2	0.811,6	0.797,2	0.783,1	0.769,5	0.756,1	0.743,2	0.730,5	0.718,2	0.706,2	0.694,4
3	0.731,2	0.711,8	0.693,1	0.675	0.657,5	0.640,7	0.624,4	0.608,6	0.593,4	0.578,7
4	0.658,7	0.635,5	0.613,3	0.592,1	0.571,8	0.552,3	0.533,7	0.515,8	0.498,7	0.482,3
5	0.593,5	0.567,4	0.542,8	0.519,4	0.497,2	0.476,1	0.456,1	0.437,1	0.419	0.401,9
6	0.534,6	0.506,6	0.480,3	0.455,6	0.432,3	0.410,4	0.389,8	0.370,4	0.352,1	0.334,9
7	0.481,7	0.452,3	0.425,1	0.399,6	0.375,9	0.353,8	0.333,2	0.313,9	0.295,9	0.279,1
8	0.433,9	0.403,9	0.376,2	0.350,6	0.326,9	0.305	0.284,8	0.266	0.248,7	0.232,6
9	0.390,9	0.360,6	0.332,9	0.307,5	0.284,3	0.263	0.243,4	0.225,5	0.209	0.193,8
10	0.352,2	0.322	0.294,6	0.269,7	0.247,2	0.226,7	0.208	0.191,1	0.175,6	0.161,5
11	0.317,3	0.287,5	0.260,7	0.236,6	0.214,9	0.195,4	0.177,8	0.161,9	0.147,6	0.134,6
12	0.285,8	0.256,7	0.230,7	0.207,6	0.186,9	0.168,5	0.152	0.137,2	0.124	0.112,2
13	0.257,5	0.229,2	0.204,2	0.182,1	0.162,5	0.145,2	0.129,9	0.116,3	0.104,2	0.093,5
14	0.232	0.204,6	0.180,7	0.159,7	0.141,3	0.125,2	0.111	0.098,5	0.087,6	0.077,9
15	0.209	0.182,7	0.159,9	0.140,1	0.122,9	0.107,9	0.094,9	0.083,5	0.073,6	0.064,9
16	0.188,3	0.163,1	0.141,5	0.122,9	0.106,9	0.093	0.081,1	0.070,8	0.061,8	0.054,1
17	0.169,6	0.145,6	0.125,2	0.107,8	0.092,9	0.080,2	0.069,3	0.06	0.052	0.045,1
18	0.152,8	0.13	0.110,8	0.094,6	0.080,8	0.069,1	0.059,2	0.050,8	0.043,7	0.037,6
19	0.137,7	0.116,1	0.098,1	0.082,9	0.070,3	0.059,6	0.050,6	0.043,1	0.036,7	0.031,3
20	0.124	0.103,7	0.086,8	0.072,8	0.061,1	0.051,4	0.043,3	0.036,5	0.030,8	0.026,1
21	0.111,7	0.092,6	0.076,8	0.063,8	0.053,1	0.044,3	0.037	0.030,9	0.025,9	0.021,7
22	0.100,7	0.082,6	0.068	0.056	0.046,2	0.038,2	0.031,6	0.026,2	0.021,8	0.018,1
23	0.090,7	0.073,8	0.060,1	0.049,1	0.040,2	0.032,9	0.027	0.022,2	0.018,3	0.015,1
24	0.081,7	0.065,9	0.053,2	0.043,1	0.034,9	0.028,4	0.023,1	0.018,8	0.015,4	0.012,6
25	0.073,6	0.058,8	0.047,1	0.037,8	0.030,4	0.024,5	0.019,7	0.016	0.012,9	0.010,5
26	0.066,3	0.052,5	0.041,7	0.033,1	0.026,4	0.021,1	0.016,9	0.013,5	0.010,9	0.008,7
27	0.059,7	0.046,9	0.036,9	0.029,1	0.023	0.018,2	0.014,4	0.011,5	0.009,1	0.007,3
28	0.053,8	0.041,9	0.032,6	0.025,5	0.02	0.015,7	0.012,3	0.009,7	0.007,7	0.006,1
29	0.048,5	0.037,4	0.028,9	0.022,4	0.017,4	0.013,5	0.010,5	0.008,2	0.006,4	0.005,1
30	0.043,7	0.033,4	0.025,6	0.019,6	0.015,1	0.011,6	0.009	0.007	0.005,4	0.004,2

附錄 3　年金終值系數表

期數	1%	2%	3%	4%	5%	6%	7%	8%	9%	10%
1	1	1	1	1	1	1	1	1	1	1
2	2.01	2.02	2.03	2.04	2.05	2.06	2.07	2.08	2.09	2.1
3	3.030,1	3.060,4	3.090,9	3.121,6	3.152,5	3.183,6	3.214,9	3.246,4	3.278,1	3.31
4	4.060,4	4.121,6	4.183,6	4.246,5	4.310,1	4.374,6	4.439,9	4.506,1	4.573,1	4.641
5	5.101	5.204	5.309,1	5.416,3	5.525,6	5.637,1	5.750,7	5.866,6	5.984,7	6.105,1
6	6.152	6.308,1	6.468,4	6.633	6.801,9	6.975,3	7.153,3	7.335,9	7.523,3	7.715,6
7	7.213,5	7.434,3	7.662,5	7.898,3	8.142	8.393,8	8.654	8.922,8	9.200,4	9.487,2
8	8.285,7	8.583	8.892,3	9.214,2	9.549,1	9.897,5	10.259,8	10.636,6	11.028,5	11.435,9
9	9.368,5	9.754,6	10.159,1	10.582,8	11.026,6	11.491,3	11.978	12.487,6	13.021	13.579,5
10	10.462,2	10.949,7	11.463,9	12.006,1	12.577,9	13.180,8	13.816,4	14.486,6	15.192,9	15.937,4
11	11.566,8	12.168,7	12.807,8	13.486,4	14.206,8	14.971,6	15.783,6	16.645,5	17.560,3	18.531,2
12	12.682,5	13.412,1	14.192	15.025,8	15.917,1	16.869,9	17.888,5	18.977,1	20.140,7	21.384,3
13	13.809,3	14.680,3	15.617,8	16.626,8	17.713	18.882,1	20.140,6	21.495,3	22.953,4	24.522,7
14	14.947,4	15.973,9	17.086,3	18.291,9	19.598,6	21.015,1	22.550,5	24.214,9	26.019,2	27.975
15	16.096,9	17.293,4	18.598,9	20.023,6	21.578,6	23.276	25.129	27.152,1	29.360,9	31.772,5
16	17.257,9	18.639,3	20.156,9	21.824,5	23.657,5	25.672,5	27.888,1	30.324,3	33.003,4	35.949,7
17	18.430,4	20.012,1	21.761,6	23.697,5	25.840,4	28.212,9	30.840,2	33.750,2	36.973,7	40.544,7
18	19.614,7	21.412,3	23.414,4	25.645,4	28.132,4	30.905,7	33.999	37.450,2	41.301,3	45.599,2
19	20.810,9	22.840,6	25.116,9	27.671,2	30.539	33.76	37.379	41.446,3	46.018,5	51.159,1
20	22.019	24.297,4	26.870,4	29.778,1	33.066	36.785,6	40.995,5	45.762	51.160,1	57.275
21	23.239,2	25.783,3	28.676,5	31.969,2	35.719,3	39.992,7	44.865,2	50.422,9	56.764,5	64.002,5
22	24.471,6	27.299	30.536,8	34.248	38.505,2	43.392,3	49.005,7	55.456,8	62.873,3	71.402,7
23	25.716,3	28.845	32.452,9	36.617,9	41.430,5	46.995,8	53.436,1	60.893,3	69.531,9	79.543
24	26.973,5	30.421,9	34.426,5	39.082,6	44.502	50.815,6	58.176,7	66.764,8	76.789,8	88.497,3
25	28.243,2	32.030,3	36.459,3	41.645,9	47.727,1	54.864,5	63.249	73.105,9	84.700,9	98.347,1
26	29.525,6	33.670,9	38.553	44.311,7	51.113,5	59.156,4	68.676,5	79.954,4	93.324	109.181,8
27	30.820,9	35.344,3	40.709,6	47.084,2	54.669,1	63.705,7	74.483,8	87.350,8	102.723,1	121.099,9
28	32.129,1	37.051,2	42.930,9	49.967,6	58.402,6	68.528,1	80.697,7	95.338,8	112.968,2	134.209,9
29	33.450,4	38.792,2	45.218,9	52.966,3	62.322,7	73.639,8	87.346,5	103.965,9	124.135,4	148.630,9
30	34.784,9	40.568,1	47.575,4	56.084,9	66.438,8	79.058,2	94.460,8	113.283,2	136.307,5	164.494

續上表

期數	11%	12%	13%	14%	15%	16%	17%	18%	19%	20%
1	1	1	1	1	1	1	1	1	1	1
2	2.11	2.12	2.13	2.14	2.15	2.16	2.17	2.18	2.19	2.2
3	3.342,1	3.374,4	3.406,9	3.439,6	3.472,5	3.505,6	3.538,9	3.572,4	3.606,1	3.64
4	4.709,7	4.779,3	4.849,8	4.921,1	4.993,4	5.066,5	5.140,5	5.215,4	5.291,3	5.368
5	6.227,8	6.352,8	6.480,3	6.610,1	6.742,4	6.877,1	7.014,4	7.154,2	7.296,6	7.441,6
6	7.912,9	8.115,2	8.322,7	8.535,5	8.753,7	8.977,5	9.206,8	9.442	9.683	9.929,9
7	9.783,3	10.089	10.404,7	10.730,5	11.066,8	11.413,9	11.772	12.141,5	12.522,7	12.915,9
8	11.859,4	12.299,7	12.757,3	13.232,8	13.726,8	14.240,1	14.773,3	15.327	15.902	16.499,1
9	14.164	14.775,7	15.415,7	16.085,3	16.785,8	17.518,5	18.284,7	19.085,9	19.923,4	20.798,9
10	16.722	17.548,7	18.419,7	19.337,3	20.303,7	21.321,5	22.393,1	23.521,3	24.708,9	25.958,7
11	19.561,4	20.654,6	21.814,3	23.044,5	24.349,3	25.732,9	27.199,9	28.755,1	30.403,5	32.150,4
12	22.713,2	24.133,1	25.650,2	27.270,7	29.001,7	30.850,2	32.823,9	34.931,1	37.180,2	39.580,5
13	26.211,6	28.029,1	29.984,7	32.088,7	34.351,9	36.786,2	39.404	42.218,7	45.244,5	48.496,6
14	30.094,9	32.392,6	34.882,7	37.581,1	40.504,7	43.672	47.102,7	50.818	54.840,9	59.195,9
15	34.405,4	37.279,7	40.417,5	43.842,4	47.580,4	51.659,5	56.110,1	60.965,3	66.260,7	72.035,1
16	39.189,9	42.753,3	46.671,7	50.980,4	55.717,5	60.925	66.648,8	72.939	79.850,2	87.442,1
17	44.50	48.88	53.74	59.12	65.08	71.67	78.98	87.07	96.02	105.93
18	50.40	55.75	61.73	68.39	75.84	84.14	93.41	103.74	115.27	128.12
19	56.94	63.44	70.75	78.97	88.21	98.60	110.28	123.41	138.17	154.74
20	64.20	72.05	80.95	91.02	102.44	115.38	130.03	146.63	165.42	186.69
21	72.27	81.70	92.47	104.77	118.81	134.84	153.14	174.02	197.85	225.03
22	81.21	92.50	105.49	120.44	137.63	157.42	180.17	206.34	236.44	271.03
23	91.15	104.60	120.20	138.30	159.28	183.60	211.80	244.49	282.36	326.24
24	102.17	118.16	136.83	158.66	184.17	213.98	248.81	289.49	337.01	392.48
25	114.41	133.33	155.62	181.87	212.79	249.21	292.10	342.60	402.04	471.98
26	128.00	150.33	176.85	208.33	245.71	290.09	342.76	405.27	479.43	567.38
27	143.08	169.37	200.84	238.50	283.57	337.50	402.03	479.22	571.52	681.85
28	159.82	190.70	227.95	272.89	327.10	392.50	471.38	566.48	681.11	819.22
29	178.40	214.58	258.58	312.09	377.17	456.30	552.51	669.45	811.52	984.07
30	199.02	241.33	293.20	356.79	434.75	530.31	647.44	790.95	966.71	1,181.88

附錄 4 年金現值系數表

期數	1%	2%	3%	4%	5%	6%	7%	8%	9%	10%
1	0.990,1	0.980,4	0.970,9	0.961,5	0.952,4	0.943,4	0.934,6	0.925,9	0.917,4	0.909,1
2	1.970,4	1.941,6	1.913,5	1.886,1	1.859,4	1.833,4	1.808	1.783,3	1.759,1	1.735,5
3	2.941	2.883,9	2.828,6	2.775,1	2.723,2	2.673	2.624,3	2.577,1	2.531,3	2.486,9
4	3.902	3.807,7	3.717,1	3.629,9	3.546	3.465,1	3.387,2	3.312,1	3.239,7	3.169,9
5	4.853,4	4.713,5	4.579,7	4.451,8	4.329,5	4.212,4	4.100,2	3.992,7	3.889,7	3.790,8
6	5.795,5	5.601,4	5.417,2	5.242,1	5.075,7	4.917,3	4.766,5	4.622,9	4.485,9	4.355,3
7	6.728,2	6.472	6.230,3	6.002,1	5.786,4	5.582,4	5.389,3	5.206,4	5.033	4.868,4
8	7.651,7	7.325,5	7.019,7	6.732,7	6.463,2	6.209,8	5.971,3	5.746,6	5.534,8	5.334,9
9	8.566	8.162,2	7.786,1	7.435,3	7.107,8	6.801,7	6.515,2	6.246,9	5.995,2	5.759
10	9.471,3	8.982,6	8.530,2	8.110,9	7.721,7	7.360,1	7.023,6	6.710,1	6.417,7	6.144,6
11	10.367,6	9.786,8	9.252,6	8.760,5	8.306,4	7.886,9	7.498,7	7.139	6.805,2	6.495,1
12	11.255,1	10.575,3	9.954	9.385,1	8.863,3	8.383,8	7.942,7	7.536,1	7.160,7	6.813,7
13	12.133,7	11.348,4	10.635	9.985,6	9.393,6	8.852,7	8.357,7	7.903,8	7.486,9	7.103,4
14	13.003,7	12.106,2	11.296,1	10.563,1	9.898,6	9.295	8.745,5	8.244,2	7.786,2	7.366,7
15	13.865,1	12.849,3	11.937,9	11.118,4	10.379,7	9.712,2	9.107,9	8.559,5	8.060,7	7.606,1
16	14.717,9	13.577,7	12.561,1	11.652,3	10.837,8	10.105,9	9.446,6	8.851,4	8.312,6	7.823,7
17	15.562,3	14.291,9	13.166,1	12.165,7	11.274,1	10.477,3	9.763,2	9.121,6	8.543,6	8.021,6
18	16.398,3	14.992	13.753,5	12.659,3	11.689,6	10.827,6	10.059,1	9.371,9	8.755,6	8.201,4
19	17.226	15.678,5	14.323,8	13.133,9	12.085,3	11.158,1	10.335,9	9.603,6	8.950,1	8.364,9
20	18.045,6	16.351,4	14.877,5	13.590,3	12.462,2	11.469,9	10.594	9.818,1	9.128,5	8.513,6
21	18.857	17.011,2	15.415	14.029,2	12.821,2	11.764,1	10.835,5	10.016,8	9.292,2	8.648,7
22	19.660,4	17.658	15.936,9	14.451,1	13.163	12.041,6	11.061,2	10.200,7	9.442,4	8.771,5
23	20.455,8	18.292,2	16.443,6	14.856,8	13.488,6	12.303,4	11.272,2	10.371,1	9.580,2	8.883,2
24	21.243,4	18.913,9	16.935,5	15.247	13.798,6	12.550,4	11.469,3	10.528,8	9.706,6	8.984,7
25	22.023,2	19.523,5	17.413,1	15.622,1	14.093,9	12.783,4	11.653,6	10.674,8	9.822,6	9.077
26	22.795,2	20.121	17.876,8	15.982,8	14.375,2	13.003,2	11.825,8	10.81	9.929	9.160,9
27	23.559,6	20.706,9	18.327	16.329,6	14.643	13.210,5	11.986,7	10.935,2	10.026,6	9.237,2
28	24.316,4	21.281,3	18.764,1	16.663,1	14.898,1	13.406,2	12.137,1	11.051,1	10.116,1	9.306,6
29	25.065,8	21.844,4	19.188,5	16.983,7	15.141,1	13.590,7	12.277,7	11.158,4	10.198,3	9.369,6
30	25.807,7	22.396,5	19.600,4	17.292	15.372,5	13.764,8	12.409	11.257,8	10.273,7	9.426,9

續上表

期數	11%	12%	13%	14%	15%	16%	17%	18%	19%	20%
1	0.900,9	0.892,9	0.885	0.877,2	0.869,6	0.862,1	0.854,7	0.847,5	0.840,3	0.833,3
2	1.712,5	1.690,1	1.668,1	1.646,7	1.625,7	1.605,2	1.585,2	1.565,6	1.546,5	1.527,8
3	2.443,7	2.401,8	2.361,2	2.321,6	2.283,2	2.245,9	2.209,6	2.174,3	2.139,9	2.106,5
4	3.102,4	3.037,3	2.974,5	2.913,7	2.855	2.798,2	2.743,2	2.690,1	2.638,6	2.588,7
5	3.695,9	3.604,8	3.517,2	3.433,1	3.352,2	3.274,3	3.199,3	3.127,2	3.057,6	2.990,6
6	4.230,5	4.111,4	3.997,5	3.888,7	3.784,5	3.684,7	3.589,2	3.497,6	3.409,8	3.325,5
7	4.712,2	4.563,8	4.422,6	4.288,3	4.160,4	4.038,6	3.922,4	3.811,5	3.705,7	3.604,6
8	5.146,1	4.967,6	4.798,8	4.638,9	4.487,3	4.343,6	4.207,2	4.077,6	3.954,4	3.837,2
9	5.537	5.328,2	5.131,7	4.946,4	4.771,6	4.606,5	4.450,6	4.303	4.163,3	4.031
10	5.889,2	5.650,2	5.426,2	5.216,1	5.018,8	4.833,2	4.658,6	4.494,1	4.338,9	4.192,5
11	6.206,5	5.937,7	5.686,9	5.452,7	5.233,7	5.028,6	4.836,4	4.656	4.486,5	4.327,1
12	6.492,4	6.194,4	5.917,6	5.660,3	5.420,6	5.197,1	4.988,4	4.793,2	4.610,5	4.439,2
13	6.749,9	6.423,5	6.121,8	5.842,4	5.583,1	5.342,3	5.118,3	4.909,5	4.714,7	4.532,7
14	6.981,9	6.628,2	6.302,5	6.002,1	5.724,5	5.467,5	5.229,3	5.008,1	4.802,3	4.610,6
15	7.190,9	6.810,9	6.462,4	6.142,2	5.847,4	5.575,5	5.324,2	5.091,6	4.875,9	4.675,5
16	7.379,2	6.974	6.603,9	6.265,1	5.954,2	5.668,5	5.405,3	5.162,4	4.937,7	4.729,6
17	7.548,8	7.119,6	6.729,1	6.372,9	6.047,2	5.748,7	5.474,6	5.222,3	4.989,7	4.774,6
18	7.701,6	7.249,7	6.839,9	6.467,4	6.128	5.817,8	5.533,9	5.273,2	5.033,3	4.812,2
19	7.839,3	7.365,8	6.938	6.550,4	6.198,2	5.877,5	5.584,5	5.316,2	5.07	4.843,5
20	7.963,3	7.469,4	7.024,8	6.623,1	6.259,3	5.928,8	5.627,8	5.352,7	5.100,9	4.869,6
21	8.075,1	7.562	7.101,6	6.687	6.312,5	5.973,1	5.664,8	5.383,7	5.126,8	4.891,3
22	8.175,7	7.644,6	7.169,5	6.742,9	6.358,7	6.011,3	5.696,4	5.409,9	5.148,6	4.909,4
23	8.266,4	7.718,4	7.229,7	6.792	6.398,8	6.044,2	5.723,4	5.432,1	5.166,8	4.924,5
24	8.348,1	7.784,3	7.282,9	6.835,1	6.433,8	6.072,6	5.746,5	5.450,9	5.182,2	4.937,1
25	8.421,7	7.843,1	7.33	6.872,9	6.464,1	6.097,1	5.766,2	5.466,9	5.195,1	4.947,6
26	8.488,1	7.895,7	7.371,7	6.906,1	6.490,6	6.118,2	5.783,1	5.480,4	5.206	4.956,3
27	8.547,8	7.942,6	7.408,6	6.935,2	6.513,5	6.136,4	5.797,5	5.491,9	5.215,1	4.963,6
28	8.601,6	7.984,4	7.441,2	6.960,7	6.533,5	6.152	5.809,9	5.501,6	5.222,8	4.969,7
29	8.650,1	8.021,8	7.470,1	6.983	6.550,9	6.165,6	5.820,4	5.509,8	5.229,2	4.974,7
30	8.693,8	8.055,2	7.495,7	7.002,7	6.566	6.177,2	5.829,4	5.516,8	5.234,7	4.978,9

國家圖書館出版品預行編目(CIP)資料

理財規劃實訓 / 萬思杻 著.-- 第一版.
-- 臺北市：崧博出版：財經錢線文化發行，2018.10
　　面；　公分
ISBN 978-957-735-551-5(平裝)
1.理財 2.投資
563　　107016710

書　名：理財規劃實訓
作　者：萬思杻 著
發行人：黃振庭
出版者：崧博出版事業有限公司
發行者：財經錢線文化事業有限公司
E-mail：sonbookservice@gmail.com
粉絲頁　　　　　網　址：
地　址：台北市中正區延平南路六十一號五樓一室
8F.-815, No.61, Sec. 1, Chongqing S. Rd., Zhongzheng Dist., Taipei City 100, Taiwan (R.O.C.)
電　話：(02)2370-3310　傳　真：(02) 2370-3210
總經銷：紅螞蟻圖書有限公司
地　址：台北市內湖區舊宗路二段 121 巷 19 號
電　話：02-2795-3656　　傳真：02-2795-4100　網址：
印　刷：京峯彩色印刷有限公司（京峰數位）

　　本書版權為西南財經大學出版社所有授權崧博出版事業有限公司獨家發行電子書及繁體書繁體版。若有其他相關權利及授權需求請與本公司聯繫。

定價：500元
發行日期：2018 年 10 月第一版
◎ 本書以POD印製發行